HAYMONverlag

Was bedeutet Feminismus – nicht nur als Mutter, sondern als Mutter im kapitalistischen, patriarchalen System? Welche Kämpfe tragen Mütter aus? Und wer sieht hin, sieht die Kämpfe, aus denen sie nicht als Sieger*innen hervorgehen können? Zentrale Fragen, die Linda Biallas aufwirft, aber auch solche, für die es nicht immer allgemein gültige Antworten gibt. Denn: Menschen sind verschieden, und vor allem: Voraussetzungen sind unterschiedlich. Nur die Strukturen selbst scheinen so unerschütterlich wie kaum etwas anderes. Inklusive der Rolle, die einer Mutter zugeschrieben wird, und den Eigenschaften, die sie mitbringen sollte. Sicher ist jedenfalls: dass sich diese Rolle niemals erfüllen lässt. Muttersein in unserem leistungsorientierten System bedeutet vor allem in einer ernüchternden Realität zu leben, die Geschlechterrollen zementiert und Mütter als die wichtigsten Versorgungstragenden einer Gesellschaft im Stich lässt. Linda Biallas erzählt in diesem Buch von Ungleichheit und Erziehungsmodellen, Care-Arbeit und Beziehungsarbeit und legt den Finger in die Wunden unserer Gesellschaft. Außer Frage steht: Schlichte Symptombekämpfung reicht nicht, um ein gutes Leben für alle zu ermöglichen.

Linda Biallas

Mutter, schafft

Die Rolle der Mutter im Kapitalismus und Patriarchat: ein Aufruf zur Revolution

Inhalt

Vorwort

Ich bin zweifache Mutter und Sozialarbeiterin, und meine Kinder haben nicht denselben Vater. Das ist etwas, das meinen Blick auf die Bedingungen, denen lohnabhängig Beschäftigte – Arbeiterinnen und Arbeiter im Allgemeinen und Mütter im Besonderen – im Kapitalismus[1], im Patriarchat, unterworfen sind, noch ein Stück weit mehr fokussiert und geschärft hat, denn ich lebe nicht in der klassischen „Kernfamilie", der bürgerlichen Kleinfamilie. Keiner der Väter wohnt bei uns, wir leben im sogenannten Wechselmodell. Mein großes Kind geht in die Grundschule, und trotz aller Widrigkeiten zu Beginn ist es seinem Vater und mir gelungen, heute eine freundschaftliche Beziehung zu führen, in der wir uns die Elternschaft paritätisch teilen und uns gegenseitig unterstützen. Mein kleineres Kind ist im Kitaalter, auch mit dessen Papa ist die Elternbeziehung familiär, obwohl wir keine „richtige" Familie sind und keine Liebesbeziehung mehr führen. Auch das ist etwas, dass das kapitalistische System nicht vorsieht, denn vor allem die bürgerliche Kleinfamilie – Vater-Mutter-Kind(er) – ist es, die dieses System am Laufen hält.

Ich bin Teil einer Generation, deren Eltern die Gewissheit hatten, dass alles immer besser wird. Den Menschen geht es immer besser, den Frauen geht es immer besser, die Gesundheits- und Nahrungsversorgung der ganzen Welt wird immer besser. Manches davon stimmt, zumindest statistisch gesehen. Für die früheren Generationen

1 Für die Lektüre wichtige Begriffe werden im Glossar im hinteren Teil des Buches erläutert.

hat diese Annahme durchaus Evidenz, insbesondere die „Tatsache", dass die Kinder es einmal besser haben werden. Die Verschlechterung, die unsere Generation bezüglich Mutterschaft erlebt, ist relativ neu, und die alten Gewissheiten sind für uns nicht mehr als eine Erzählung aus der guten alten Zeit. Nicht, dass nicht nachvollziehbar wäre, dass unsere Großeltern und Eltern, die Kriegs- und die Nachkriegsgeneration, dieser Überzeugungen waren und sind. Aber in vielerlei Hinsicht ist die Realität eine andere. Als Frau spürt man das deutlich. Man spürt die Unterschiede. Auch wenn sie manchmal nicht greifbar sind oder einen scheinbar nicht direkt betreffen.

Als Frau und insbesondere als Mutter ist nichts besser geworden, und eigentlich war es auch vorher nicht gut. Aber was genau ist denn nicht gut? Und was hat das mit dem Patriarchat zu tun? Was mit dem Kapitalismus? Was ist das für ein Geschlechterverhältnis, in dem die Reproduktionsarbeit auf eine Art und Weise Frauen angelastet wird, die geeignet ist, persönliche Ressourcen die ganze Zeit überzustrapazieren? Was ist das für ein System, das dazu geeignet ist, die Teilhabe von Frauen und insbesondere Müttern an der öffentlichen Sphäre, an Lohnarbeit, an Politik einzuschränken, und ihre ressourcenbezogene Versorgung nicht gewährleisten kann?

Ich habe dieses Buch geschrieben, weil ich finde, dass wir genauer hingucken sollten. Dahin, wo es nicht gut läuft. Dieses Buch weist auf Missstände hin und kritisiert diese rücksichtslos, um in der Negation Vorschläge oder Alternativen aufzuzeigen. Wir müssen da hingucken, wo unser Wirtschaftssystem und unsere Mutterschaftsbilder das Zusammenleben in der Gesellschaft, unser Familienleben determinieren.

Ich konzentriere mich dabei auf Deutschland, auf die herrschenden Zustände in der Bundesrepublik, auf die Gesetze und Rahmenbedingungen, aber auch auf traditionell deutsche und neoliberale Ideologien. Obwohl sich rechtliche Rahmenbedingungen in Teilen unterscheiden, sind gerade aus Deutschland bekannte reaktionäre Frauen- und Mutterbilder auch in Österreich anzutreffen. Österreich ist Bestandteil, teilweise sogar Zuspitzung deutscher Ideologie. Auch andere grundlegende Mechanismen von Kapitalismus und Patriarchat sind übertragbar, sogar in globalerem Umfang, auch wenn sich der Umgang mit Mutterschaft zum Teil unterscheidet.

Ich habe dieses Buch geschrieben, um zum Ausdruck zu bringen, dass ich nicht einverstanden bin, nicht einverstanden sein kann. Weder mit dem Kapitalismus noch mit dem Patriarchat noch damit, dass Ideologien unreflektiert und somit Zustände unverändert bleiben.

Berlin, September 2022

1. Von der Feministin zur Mutter

Mutterschaft ist ein zentrales feministisches Thema. Leider weiß das nur fast niemand. Manchmal unterhalte ich mich mit Frauen, die jünger sind als ich, die noch keine Kinder haben, und manchmal erzählen diese dann, dass sie nicht wissen, ob und wann sie überhaupt Kinder bekommen wollen oder können, weil sie nicht wissen, wie sie „das alles“ machen sollen. Die Boyfriends sitzen dann meist daneben und sagen nichts. Frauen hingegen, die schon Mütter sind, erzählen häufig, wie erstaunt sie waren und wie erschrocken, wie viel Arbeit „das alles“ ist und wie sie sowohl gesellschaftlich als auch in der eigenen Paarbeziehung damit alleingelassen werden.

Mutterschaft ist kaum ein Thema im Feminismus der Jüngeren, im modernen, im popkulturellen Feminismus, im Choice Feminismus. Ich finde, das sollten wir ändern. Nicht nur, weil Mütter als Menschen und als zentrale Figuren in der Reproduktionsarbeit sicher versorgt und nicht unterdrückt und ausgebeutet werden sollten, sondern auch, weil am Beispiel Mutterschaft deutlich zutage tritt, wie Kapitalismus und Patriarchat ihre fatale Wirkung entfalten.

Ich fand Feminismus schon immer gut und Geschlechterrollen schon immer kacke

Als ich in der ersten Klasse war, fand ich die Kurzhaarfrisur eines Mitschülers so cool, dass ich gesagt habe: „Mama, ich will kurze Haare haben!“ Und meine Mutti hat mir die Haare abgeschnitten. Ich hatte nicht das Gefühl, dass die kurzen Haare etwas daran geändert hätten, dass ich ein Mädchen bin, und mein Gerechtigkeitsempfinden sagte mir, dass es nur fair ist, wenn ich mit meinen Haaren machen kann, was ich möchte, und dass es absolut unfair ist, wenn für Mädchen in dieser Hinsicht andere Regeln gelten als für Jungen. Dass Mädchen eigentlich keine kurzen Haare tragen sollten, habe ich durchaus auch als Erstklässlerin mitbekommen, ich erinnere mich zum Beispiel an den Verkäufer an einem Stand auf dem Wochenmarkt, der mir dann jeden Samstag, wenn ich mit meiner Mutti dort war, etwas zum Probieren auf die Hand „für den jungen Mann“ gab.

In den 1990er-Jahren ein Kind gewesen zu sein, ein Mädchen gewesen zu sein, hat mich mit vielen Mixed Messages aufwachsen lassen. Einerseits erinnere ich mich an wenige Situationen, die so richtig offen sexistisch waren, ich hatte immer das Gefühl, dass so ein gewisser „Heutzutage-können-Mädchen-alles-schaffen“-Girlpower-Spirit herrschte. Gleichzeitig gab es aber trotzdem superviele klischeehafte Ideen darüber, wie Mädchen zu sein haben, die an mich herangetragen wurden. Aus Protest gegen die Idee, dass Mädchen auf jeden Fall Pferde mögen und die „Wendy“ lesen, waren Kühe lange Zeit meine Lieblingstiere.

Wenn ich sage, ich fand Feminismus schon immer gut, dann meine ich damit nicht, dass ich als Kind schon einen ausgeprägten Begriff davon hatte, was Feminismus ist. Denn den hatte ich nicht. Ich hatte vor allem ein großes Unrechtsbewusstsein und eine Abneigung dagegen, in eine bestimmte Richtung gedrängt zu werden, nur weil ich ein Mädchen bin.

Das erste Mal konkret für mich formulieren, dass ich benachteiligt werde, konnte ich, als wir die Noten im Informatikunterricht in der Mittelstufe bekamen. Mehrere Jungen aus meiner Klasse hatten bei gleicher Leistung eine 1 bekommen und ich aber eine 2. Und das, obwohl ich, im Gegensatz zu den Jungen, zusätzlich zu meiner eigenen fehlerfreien Leistung auch noch den anderen Mädchen im Kurs während des Unterrichts beim HTML-Programmieren immer wieder unterstützend zur Seite gestanden hatte. Ganz so, wie es die Geschlechterrolle Frau vorsieht. Ich hatte also eigentlich noch mehr „geleistet“ als die Jungen. Ich weiß noch genau, wie ich nach der Notenvergabe im Flur stand und überlegte, bei wem ich mich über diese Angelegenheit beschweren könnte, ob ich zum Beispiel meinem Mathematiklehrer von meinem Verdacht erzählen sollte. Er hatte mich im Unterricht immer fair behandelt und schien sich darüber zu freuen, dass ich gut in Mathe war. Letztendlich überwog aber die Angst, nicht ernst genommen zu werden, und ich habe nichts gesagt.

Viele Anekdoten über Ungleichbehandlung und Sexismus, die in meiner Kindheit und frühen Jugend passiert sind, konnte ich als Teenager besser einordnen, als ich angefangen habe, mich mit Politik, Gesellschaft und feministischer Theorie zu beschäftigen. In feministischen Büchern Begründungen dafür zu finden, wie und warum sexistische Vorfälle passieren, das hat mir das Gefühl gegeben, dass da jemand ist, der mir glaubt.

Obwohl ich aus meiner Jugend einiges über erlebten Sexismus erzählen kann, wurde mir trotzdem vermittelt, dass ich es im Leben zu etwas bringen kann. Dass ich es „trotzdem“ zu etwas bringen kann. Eine meiner Lieblingsanekdoten ist zum Beispiel die, dass mir irgendwann aufgefallen ist, dass es immer die Jungs sind, die die Joints bauen. Ich habe dann gelernt, Joints zu bauen, um dem etwas entgegenzusetzen. Oder der Moment, als ich das Gefühl zulassen konnte, dass es mich verletzt, wenn von mir erwartet wird, immer die „nicht so schlimmen“ Kleinigkeiten weglächeln zu müssen, die mich aufgrund meines Geschlechts herabwürdigen – wenn zum Beispiel vermeintlich Schwächere mit „Du Pussy!“ bedacht werden oder gesagt wird: „Bestimmt 'ne Frau“, wenn da ein schlecht eingeparktes Auto steht. Auch deutlich unangenehmere Erlebnisse, wie sie leider vielen Frauen passieren, sind Teil meiner Erfahrung. Ich denke da an die verschiedenen sexuellen Übergriffe, die ich erlebt habe.

Trotz allem bin ich mit dem Gefühl erwachsen geworden, dass ich als Frau zwar nicht gleichberechtigt bin, aber doch durch Engagement so einiges wieder wettmachen könne. Schließlich hatten trotz der vielen Benachteiligungen und Situationen, die sich scheiße anfühlten, doch zumindest alle großen Eckpunkte geklappt. Ich habe (als Erste in meiner Familie) die allgemeine Hochschulreife erreicht, ich habe einen Freiwilligendienst absolviert, ich habe, zugegebenermaßen nach einer längeren Orientierungsphase, ein Studium aufgenommen und auch abgeschlossen.

Oh fuck, ich bin schwanger

Während des Studiums bin ich dann ungeplant schwanger geworden und habe mich dazu entschieden, ein Kind zu bekommen – und von all den Wahrheiten darüber, was man als Frau in unserer Gesellschaft alles so schaffen kann, war plötzlich keine mehr wahr.

Bevor ich Kinder hatte, habe ich das Frausein in dieser Gesellschaft immer ein Stück weit als ein „Einerseits-Andererseits“ wahrgenommen: Einerseits werde ich als Frau benachteiligt und sexistisch diskriminiert, andererseits habe ich Handlungsspielraum und Möglichkeiten in dieser Gesellschaft. Durch die Schwangerschaft hat sich mein Blick auf die Notwendigkeit von Feminismus sehr fokussiert, und die Missstände, die in unserer Gesellschaft für Mütter allgegenwärtig sind, haben sich mir mit meiner ersten ungeplanten Schwangerschaft und den Erfahrungen mit dem ersten Kind schmerzlich offenbart. Alles vorher, so sehr mich manche Vorfälle doch getroffen haben, waren „nur" Anekdoten im Vergleich zu den Erfahrungen, die ich als junge Mutter und Alleinerziehende gemacht habe.

Ich war von Anfang an alleinerziehend, bereits während der ersten Schwangerschaft. Wir waren noch nicht lange zusammen, als ich schwanger wurde. Der werdende Vater, also mein damaliger Partner, hat sich von mir getrennt, weil er keine Verantwortung für mich übernehmen könne, geschweige denn für ein Kind. Er hat die ganze Verantwortung auf mich abgewälzt, als hätte ich schwanger werden wollen. Als hätte ich in einer Situation sein wollen, in der ich mich für oder gegen ein Kind entscheiden musste. Als wäre irgendetwas fair daran, sich aus der Affäre zu ziehen mit einem: „Du hättest ja abtreiben können, deswegen ist die Schwangerschaft jetzt dein Problem."

„Pro-Choice" sollte nicht bedeuten, dass Männer mitreden dürfen, um Frauen von einem Schwangerschaftsabbruch zu überzeugen, weil Verantwortung für das eigene Ejakulat zu übernehmen, eine Idee ist, die ihnen noch nie gekommen ist. Warum ich mich letztendlich für die Schwangerschaft entschieden habe, trotz allem, ist an und für sich völlig egal. Werdende Mütter haben immer ein Setting verdient, in dem sie genug Ressourcen und Unterstützung haben, sich für ein Kind entscheiden zu können. Genauso wie Frauen einen nicht kriminalisierten und stigmatisierten Zugang zum Schwangerschaftsabbruch haben sollten.

Ich habe eine Weile gebraucht zu realisieren, dass meine Beziehung vorbei war und ich alleinerziehend sein würde, und ich war während der Schwangerschaft die ganze Zeit traurig. Ich glaube, ich habe ausnahmslos jeden Tag geweint. Ich trauerte um mein altes Leben. Ich hatte nie bewusst von der bürgerlichen Kleinfamilie geträumt oder mir vorgestellt, ein Haus zu bauen oder zu heiraten. Ich fand Heiraten immer komisch und blöd – ich will doch gar nicht von meinem Vater an meinen Ehemann übergeben werden, hä? Als ich dann schwanger war, wurde mir klar, dass ich dennoch bestimmte Vorstellungen davon hatte, wie ich mir das Kinderkriegen in einer Paarbeziehung wünschte: innig und einander zugewandt. So sehr hätte ich mir gewünscht, dass mein Expartner seine Hand auf meinen Bauch legen würde, um zu fühlen, wie das Baby tritt. Dass er sagen würde: „Wir schaffen das schon." Nichts davon ist passiert, und das tat sehr häufig sehr weh. Ich habe jede Woche allein im Internet nachgelesen, was alles Neues in der Entwicklung des Embryos passiert, und da war niemand, dem ich davon erzählen konnte. War ihm das einfach egal? Fand er die winzigen Bodys und Schühchen, die ich für das Baby kaufte, nicht niedlich? Ich freute mich so sehr auf mein Baby – warum war da denn niemand, der sich mit mir freute?

Nicht nur emotional war diese Zeit eine große Herausforderung. Bei mir ist alles gleichzeitig passiert, und das in relativ kurzer Zeit: Studium, Berufseinstieg, Mutter werden, Verantwortung übernehmen. Es war hart, so schnell erwachsen werden zu müssen, mich von einer Studentin zur alleinerziehenden Mutter zu entwickeln, die alles schafft, weil alles geschafft werden muss.

Herzlich willkommen in der Mutterrolle, bitte geben Sie Ihre persönlichen Interessen an der Kreißsaaltür ab

Zu der Herausforderung, Mutter zu werden, trug auch bei, dass es in Deutschland nicht üblich ist, gleichzeitig Mutter und finanziell unabhängig und junge Frau mit Freizeitinteressen zu sein. Mutterschaft bedeutet in Deutschland Ehe, klassische Rollenverteilung, beruflich vorher etwas erreicht haben, weil das als Frau mit Kind nicht mehr geht.

Die Idee von Mutterschaft hängt damit zusammen, einiges aufgeben zu müssen: Autonomie, eigene Interessen, Freizeit. Rückblickend denke ich, dass ich mit Mitte 20, als ich zum ersten Mal Mutter wurde, wirklich gedacht habe, dass man dann mit Mitte 30 bereit dafür sein würde, mehr Kompromisse für die Mutterschaft zu machen. Aber ich bin auch jetzt mit Mitte 30 nicht dazu bereit, so viel von meinen persönlichen Interessen zu opfern, weil es so wenig Raum dafür gibt, etwas anderes zu sein als „nur Mutter".

Mutter zu werden, bedeutet nicht nur, ein Kind zu gebären und danach plötzlich einfach so Mutter zu sein – genauso wenig, wie bei Co-Müttern, also Müttern, die ohne Liebesbeziehung gemeinsame Elternschaft leben, oder Müttern von Pflegekindern, Müttern, die ein Kind adoptiert haben, Patchworkmüttern nur der rechtliche Status, der Verwaltungsakt der Moment ist, in dem die Mutterschaft beginnt oder der die Mutterschaft ausmacht.

Mutter zu werden, kann ein längerer Prozess sein, eine Auseinandersetzung mit sich selbst, den Erfahrungen der eigenen Kindheit, den Erfahrungen mit den eigenen Eltern. Diese Auseinandersetzung mit der Mutterrolle kann in verschiedenen Konstellationen schon vor der

Geburt, vor der Adoption, vor dem offiziellen Muttersein beginnen. Ich stelle mir immer wieder vor, dass Frauen, die geplant schwanger werden, bestimmt schon vorher überlegen, wie sie leben wollen, wie sie arbeiten wollen, wie das Kinderzimmer eingerichtet werden soll. Bei mir war das nicht so. Mir war vorher auch gar nicht so richtig klar, was und vor allem wie viel ich erfüllen sollte, um als gute Mutter zu gelten. Ich hatte eine grobe Vorstellung davon, dass gute Mütter nur Wolle-Seide-Bodys kauften, natürlich voll stillten, Brei immer frisch selbst kochten, also viel mehr dünsteten, und zwar Biogemüse, na klar. Außerdem würden sie immer gerne vorlesen und nie den Fernseher anmachen, den ganzen Tag Lust haben, mit dem Kind zu spielen, und vieles mehr.

Mutter zu werden, bedeutet in jedem Fall, dass so einiges erledigt werden muss. Also habe ich Babykleidung und Möbel akquiriert, mich informiert über das Stillen und über Milchnahrung und darüber, welche Themen aus dem Bereich Kinderkriegen der Esoterik zuzuordnen sind und nicht der Wissenschaft (Blähungen durch Ernährung der Mutter, Bernsteinketten gegen Zahnschmerzen, Aromatherapie bei der Geburt). Ich habe aufgehört zu rauchen und zu trinken und versucht, irgendwie den Entwicklungsschritt von der Studentin, die sich für Politik, Partymachen und Ausschlafen interessiert, zur alleinerziehenden Mutter, die plötzlich nicht nur für sich selbst verantwortlich ist, zu bewerkstelligen.

Ich habe mich nicht nur gefragt, ob mein Kind im ersten Lebensjahr Zucker essen darf, ab welchem Zeitpunkt ich wie viel Medienkonsum gut finde, wie sich meine Perspektive auf meine eigene Kindheit durch die Mutterschaft verändern würde, sondern mir auch Fragen gestellt, die nicht nur im Persönlichen beantwortet werden können, sondern die Art und Weise betreffen, wie wir leben und wirtschaften: Warum soll ich in der Familie so viel Care-Arbeit alleine machen? Warum soll ich das gerne machen müssen? Weil ich eine Frau bin? Weil die Trennung von Lohn- und Care-Arbeit und die Festlegung von Care-Arbeit als unbezahlte Ressource, die aus Liebe absolviert wird, ein unveränderbarer Fakt ist? Mir war nicht klar, dass es diese „Vereinbarkeit", von der immer die Rede ist, eigentlich gar nicht so richtig gibt.

Die klassische Geschlechterrolle für Mütter ist die Mutterrolle, und die funktioniert, sehr vereinfacht gesagt, so: Mutti opfert sich gerne ohne Gegenleistung für die Kinder auf, aus Mutterliebe, weil sie so selbstlos ist, so sind Frauen eben. Die Karrierenachteile (wobei die klassische Mutterrolle eigentlich noch nicht einmal eine Arbeitstätigkeit von Müttern vorsieht), die Belastung durch die Second Shift nach der Lohnarbeit in Form von die Kinder von der Kita abholen und beschäftigen, den Haushalt alleine schmeißen, dann die Altersarmut, all das nimmt sie gerne in Kauf, die Mutter, denn das Lächeln der Kinder macht alles wieder gut. Sie macht das nicht fürs Geld, das wäre kaltherzig und irgendwie materialistisch, so sind Mütter nicht. Ganz so, als würden Mütter im Unrecht sein, wenn sie sich sichere finanzielle Verhältnisse wünschten, obwohl sie natürlich durch Schwangerschaft, Wochenbett, Stillzeit weniger an der Lohnarbeit partizipieren können. Dabei ist es eigentlich andersherum: Das kapitalistische System, in dem wir leben, hat sehr viel mit der Art, wie die Mutterrolle angelegt ist, zu tun und „die Wirtschaft" profitiert davon, dass Frauen neue Arbeiterinnen und Arbeiter gebären und sie im Prinzip nix dafür zurückgeben muss. Kinder zu bekommen, gilt praktischerweise als private Entscheidung in der Familie, in der dann die idealtypische Aufteilung vorherrschen soll: Vater – Lohnarbeit. Mutter – Care-Arbeit.

Der Zeitpunkt und die Konstellation, in der ich Kinder bekommen habe, entsprechen nicht der klassischen Vorstellung darüber, wann und wie Leute Kinder bekommen. Mutter zu werden, das war für mich höchstens ein Vielleicht, ein Irgendwann. Eigentlich hatte ich so gut wie nie drüber nachgedacht, ob ich überhaupt einmal Kinder bekommen wollte und wie das dann sein sollte. Deswegen hatte ich bis dahin auch kaum Anlass, mich in Bezug auf mich selbst damit auseinandersetzen zu müssen, was Mutterschaft für mich bedeuten könnte, und vor allem hatte ich kaum Anlass dazu, mich mit der riesigen gesellschaftlichen Erwartungshaltung an (werdende) Mütter auseinanderzusetzen. Noch nicht einmal in dieses „Kinder kriegen will ich schon irgendwann später mal", von dem viele Freundinnen sprachen, stimmte ich mit ein, so wenig relevant war das Thema in meinem Leben.

Das erklärt ein Stück weit, weshalb meine Mutterschaft ein riesiger Entwicklungsschritt für mich war. Trotzdem kann ich mir vorstellen, dass es auch Frauen, die die Mutterschaft geplant haben, überrascht und erschreckt, mit welcher Vehemenz die gesellschaftlichen Erwartungen an Mütter herangetragen werden, und wie eng der gesellschaftliche Rahmen für Mütter gesteckt ist. Mutter zu werden, heißt nicht nur, sich die eigenen emotionalen, die pädagogischen, die zwischenmenschlichen Fragen zu stellen. Mutter zu werden, heißt auch, sich mit der übergroßen gesellschaftlichen Erwartungshaltung an Mütter auseinandersetzen zu müssen.

Meine damalige Beschäftigung mit Feminismus und der Rolle der Frau in unserer Gesellschaft hat mich nicht darauf vorbereitet, was für einen krassen Einschnitt das Mutterwerden im Leben einer Frau darstellt und was es in unserer Gesellschaft für einen „Rückschritt" darstellt in Bezug auf „Frauen können alles erreichen". Das hängt auch damit zusammen, dass es wenig Kontinuitäten im Feminismus gibt. Nicht nur gibt es unterschiedliche Theorien und Schwerpunkte, sondern jede Generation Frauen entdeckt den Feminismus immer wieder ein Stück weit neu. Lange Zeit hatte Feminismus einen schlechten Ruf, es war nicht erstrebenswert, Feministin zu sein. Das ist nicht mehr so, aber der Feminismus, der heutzutage medial präsent und sexy ist, speist sich weniger aus der feministischen Theorie, dafür umso mehr aus der marktbezogenen Nutzbarmachung eines popkulturellen Feminismus. Eine verwässerte feministische Botschaft, gedruckt von ausgebeuteten Frauen auf ein „Made-in-Bangladesh"-T-Shirt.

Frauen entdecken Feminismus meist dann für sich, wenn sie ihn brauchen, und als Mutter erwächst da eine besondere Dringlichkeit. Dass man sich mit Anfang 20 noch nicht für die Lage von Müttern, insbesondere alleinerziehenden Müttern interessiert, ist logisch. Die Zeit, in der man selbst ein Teenager war und Eltern langweilig, uncool und uninformiert fand, ist noch nicht lange her. Selbst Kinder zu bekommen, erscheint verdammt fern am Horizont. Rückblickend fand auch ich wohl mit 24 den Zusammenhang zwischen der Rolle der Frau in unserer Gesellschaft und der Mutterschaft kein ergiebiges Thema, weil es keine so naheliegende Idee ist, dass Frauen, die als Mütter durchschnittlich alle älter sind als man selbst, aufgrund ihrer Lebenslage „unterdrückter" sind, weniger Wahlfreiheit haben. Das Erwachsenwerden funktioniert doch von der Jugend bis zum Ende der Ausbildung so, dass man immer mehr Autonomie und finanziellen Spielraum dazugewinnt. Ich hatte mich mit Sexismus beschäftigt, Simone de Beauvoir gelesen, fand erschreckend, wie weitverbreitet Gewalt gegen Frauen ist, und war persönlich nicht daran interessiert, aufgrund meines Geschlechts gesellschaftlich einer untergeordneten Position zugeordnet zu werden.

Die Geschlechterrolle „Frau“ ist bereits eine Zumutung, aber die Mutterrolle stellt handfeste Grenzen auf. Wie schwierig die Lebenslage von Müttern sein kann und was das mit Patriarchat und Kapitalismus zu tun hat, das war mir nicht klar, bevor ich selbst Kinder hatte. Und ich war geschockt. Sehr geschockt, dass man als Mutter so derartig im Stich gelassen werden kann, ohne jegliche Konsequenz für den Vater, der keinen Unterhalt zahlt und so gut wie nie das Kind betreut. Weil sich ab und zu um das Kind zu kümmern zwar insofern schön ist, als dass wenigstens ein bisschen Vater-Kind-Bindung entsteht, aber es für die Mutter wegen der fehlenden Planbarkeit keine Entlastung in Bezug auf die Vereinbarkeit von Familie und Beruf darstellt. Zudem ist es eine zusätzliche Belastung, bis zur letzten Minute nicht zu wissen, ob ein Treffen stattfindet: sich mental darauf vorzubereiten, den Expartner zu treffen, Freizeitaktivitäten spontan absagen zu müssen, weil er doch nicht kommt, all das neben den ganzen anderen Stressoren, wie Armut, Stigma oder Überlastung, die das „So-richtig“-alleinerziehend-Sein mit sich bringt.

In so eine Situation können Männer einen einfach so bringen, und es gibt kein Instrument, wie wir als Gesellschaft damit umgehen. Sich nicht um die eigenen Kinder zu kümmern, keine Verantwortung für die Familie zu übernehmen, passt in das Bild, das wir uns von Vätern in dieser Gesellschaft machen. Am allerschlimmsten sind die Leute, die die Empörung darüber gar nicht verstehen, die irritiert sind: Als Mutter sei es doch sowieso unsere Aufgabe. Man hätte das Kind ja nicht bekommen müssen, wenn man sich jetzt nicht darum kümmern will. 50:50-Elternzeit? Völlig übertriebene Anspruchshaltung!

Durch eine Schwangerschaft tun sich jede Menge Themen auf, sowohl die persönliche, die individuelle Entwicklung betreffende als auch Themen, die die eigene Position in der Gesellschaft und den Umgang mit den gesellschaftlichen Rahmenbedingungen betreffen. Durch meine Schwangerschaft hat sich mein ganzes Leben verändert. Formell betrachtet ist bei mir alles gut gelaufen. Gesunde Mutter, gesundes Kind. Keine Komplikationen, keine Geburtsverletzungen. Aber jede Geburt ist ein einschneidendes Erlebnis. Ich hätte jemanden gebraucht, der in meinem Team ist, auf den ich mich in diesem vulnerablen Moment verlassen kann. Die Geburt meines Sohnes war mein erster großer „Das-war-verdammt-hart-und-ich-habe-das-allein-geschafft,-weil-ich-es-schaffen-musste"-Moment. Fast ein kleiner Vorgeschmack darauf, wie das Leben als alleinerziehende Mutter werden würde.

Für mich war völlig klar, dass ich mein Studium abschließen wollte, dass ich es abschließen musste. Und weil ich nicht wusste, dass allgemein üblich ist, dass gute Mütter mindestens ein Jahr Elternzeit machen, in Westdeutschland besser drei, und Väter höchstens, wenn überhaupt, die zwei danach benannten Vätermonate, habe ich nur ein Urlaubssemester lang Elternzeit gemacht. Zum nächsten Semester, als mein Kind acht Monate alt war, habe ich mir dann einen Praktikumsplatz für das anstehende fünfmonatige Praxissemester, das in meinem Studiengang Pflicht war, besorgt. „Ist ja nicht nur mein Kind", dachte ich, und fand es völlig selbstverständlich und normal, dass der Vater die zweite Hälfte der Elternzeit machen würde. Dem war dann leider nicht so. Kurz vor Beginn meines Praxissemesters hat er mir mitgeteilt, dass er den Kleinen nicht betreuen würde können oder wollen. Wie sollte ich nun das Praxissemester machen, ohne das ich meinen Hochschulabschluss nicht bekommen würde? Und wie sollte ich ohne Abschluss genug Geld verdienen, um für mich und mein Kind zu sorgen? Fragen, die sich der Erzeuger in unserer Gesellschaft offenbar nicht stellen muss.

Care-Arbeit, also das notwendige Sich-um-jemanden-Kümmern, zum Beispiel in Form von Pflege, Erziehung, Hausarbeit, bleibt meistens an Frauen hängen. Nach der Geburt des ersten Kindes findet in bürgerlichen Heterokleinfamilien in der Regel die sogenannte Retraditionalisierung statt, bei der plötzlich die klassischen Geschlechterrollen und Zuständigkeiten in der Familie gelebt werden, die für Frauen viel Selbstaufgabe und wenig Freiheit bedeuten.

Bei mir hat sich das trotz aller gesellschaftlichen Gegebenheiten, Institutionen, Gesetze, des Drucks und der Geschlechterrollen, die uns alle in diese Richtung drängen, dann anders weiterentwickelt, und zwar im Wesentlichen aus zwei Gründen: Zum einen war einfach kein Partner da, der die klassische Vaterrolle hätte übernehmen können. Ich lebe nicht in einer traditionellen, bürgerlichen Kleinfamilie, weil ich gar nicht die Möglichkeit dazu hatte. Ohne Partner keine klassische Rollenverteilung. Und der andere Grund, warum ich mich nicht in einer traditionellen Kleinfamilie wiedergefunden habe, ist der, dass ich von vornherein wenig Interesse daran hatte, weil ich den Deal der klassischen Rollenverteilung in der Heterokleinfamilie von Anfang an absolut ungerecht fand.

2. Familie in Kapitalismus und Patriarchat

Nicht nur die historische Entwicklung unseres Zusammenlebens, nicht nur die Geschlechterrollen in der Heterobeziehung und das dazugehörige Skript, wie diese Art von Beziehung, zum Beispiel in Form der Ehe, sein sollte, sowie die Notwendigkeit, einer Lohnarbeit nachgehen zu müssen, strukturieren die Art unseres Miteinanders, sondern auch die konkreten finanziellen Rahmenbedingungen in Bezug auf das Leben mit Kindern beeinflussen, wie wir „Familie" leben.

Wie wir leben, ist nicht nur durch unsere Ideologien beeinflusst, nicht nur dadurch, wie wir verinnerlicht haben, wie Frauen und Männer sind, sondern auch durch die konkreten politischen, gesellschaftlichen, finanziellen Rahmenbedingungen. Diese betreffen nicht nur die allgemeine Funktionsweise des Kapitalismus, sondern auch die konkreten Steuern, die wir zahlen, die Elternzeit, die wir nehmen, die Teilzeitarbeit, der wir nachgehen, und in welcher Form wir unser Leben mit unserer Familie gestalten (können). Wir brauchen Geld, um in diesem kapitalistischen System zu überleben, und wir stecken so sehr in diesem System fest, dass es uns oft alternativlos erscheint, und wir seine Gesetzmäßigkeiten – wie die, dass man erst etwas leisten muss, um dann über Geld Zugang zu anderen Ressourcen zu bekommen – als naturgegeben betrachten.

Da das Geldverdienen als notwendige Voraussetzung eine bestimmte Leistungsfähigkeit hat, die Müttern nicht an jedem Punkt der Mutterschaft gegeben ist, während Mutterschaft aber wiederum gleichzeitig auch für die nächste Generation der (Care-)Arbeiterinnen und (Lohn-) Arbeiter notwendig ist, lassen sich die Themenbereiche Mutterschaft, Erziehungs- und Familienmodelle, Sexismus, Elternzeit, die Ansprüche an Mütter und deren Ver-

sorgung nicht abseits von Lohnarbeit und Geld diskutieren. Insbesondere die Ausgestaltung der eigenen Familienform hängt direkt mit unserem gesellschaftlichen und politischen Kontext zusammen.

Familienformen

Die geläufigste Familienform ist wohl die bürgerliche Kleinfamilie, die so sehr das Standardmodell ist, dass sie üblicherweise nur „Familie" genannt wird, obwohl uns allen auch Alleinerziehende, Regenbogen- und Patchworkfamilien durchaus aus dem persönlichen Umfeld bekannt sind.

Auf die Frage, warum oder wofür wir eigentlich überhaupt eine Familie haben, würde man aus dem Bauch heraus wahrscheinlich so etwas antworten wie: „Wir wollten Kinder" oder „Wir waren schon ein paar Jahre zusammen, dann haben wir geheiratet". Familien sind aber nicht nur nice to have, sondern sie haben auch spezifische Funktionen in der Gesellschaft. Eine Funktion, die in unserer Gesellschaft sehr große Relevanz hat, ist die Reproduktion, und das im doppelten Sinne: Reproduktion meint einerseits das Kinderkriegen in der Familie, also die biologische Reproduktion des Menschen selbst. Reproduktion heißt aber auch die tagtägliche Reproduktion der Arbeitskraft, also insbesondere die Care-Arbeit, die beispielsweise in Form von Hausarbeit, Versorgung mit Essen, Kindererziehung in der Familie geleistet wird. Hier setzt auch eine weitere Funktion der Familie an, nämlich die Sozialisation, also die Heranführung und Integration von Kindern in die Gesellschaft. Eine weitere mögliche Funktion, die in unserer Gesellschaft nicht unbedingt vorkommt, ist die Produktion, also das

Herstellen von Gütern, wie es in der vorindustriellen Zeit üblich war.

Es gibt Bedingungen, denen Familienmitglieder unterworfen sind, und es gibt Inhalte, die auf Familienmitglieder projiziert werden. Und manchmal kommt da ein bisschen durcheinander, was die politischen und gesellschaftlichen Bedingungen sind, die die Lebenslagen von alleinerziehenden, getrennt erziehenden und anderen Familien erschweren, und was Zuschreibungen sind, wie Familienmitglieder angeblich so sind und fühlen und was sie machen. Individuelle Lebenslagen sind komplexer als eine Kategorie in einer Statistik. Es gibt nicht die bürgerliche Kleinfamilie einerseits, wo immer alles gut läuft, und die defizitären Alleinerziehenden andererseits. Kategorien sind dafür gut aufzuzeigen, welche Gruppen von strukturellen Benachteiligungen betroffen sind. Kategorien sind wenig hilfreich, um Individuen zu beschreiben oder um sich eine Meinung über Menschen zu bilden, die man eigentlich gar nicht kennt.

Wenn wir an die Durchschnittsfamilie denken, haben wir bestimmte Bilder im Kopf: Vater-Mutter-Kind, höchstens zwei Kinder, der Vater arbeitet Vollzeit, vielleicht im IT-Bereich, vielleicht ist er selbstständig und betreibt eine Anwaltskanzlei oder er ist Handwerker. Die Mutter macht den Großteil der Elternzeit, ist Bürokauffrau oder Kulturwissenschaftlerin und arbeitet wegen der Kinder Teilzeit, wobei Teilzeit eher 15 als 32 Stunden meint. Wohnt die Familie in Westdeutschland, hat die Mutter eher bis zu drei Jahre Elternzeit genommen und nicht nur eines, es gibt ja nicht überall für alle einen Kitaplatz, und blöde Sprüche muss man sich dann auch nicht anhören, wenn man „zu früh“ oder „zu viel“ arbeitet, warum hat sie denn sonst überhaupt Kinder bekommen. Der Vater ist vielleicht „modern“ und hat sogar die zwei

Vätermonate gemacht, aber nur, wenn er einen „familienfreundlichen Arbeitgeber“ hat. Vielleicht macht er nach der Geburt auch zwei Wochen Urlaub, irgendwer muss ja den von ihr vorgebackenen Kuchen auftauen, wenn der Besuch ans Wochenbett kommt. Alles geht so seinen Gang in der Familie, und viele Leute finden es völlig normal und unauffällig, dass in Bezug auf Kinder und Haushalt die Frau fast alles macht und der Mann nur manchmal „mithilft“, sogar, wenn beide berufstätig sind.

Natürlich gibt es ganz viele Menschen, die gar nicht so leben oder in Teilen ganz anders leben. Es gibt Familien, die sich anders organisieren: Es gibt Eltern, die beide 30 Stunden arbeiten. Es gibt Alleinerziehende und Patchworkfamilien. Es gibt Hausmänner. Es gibt „Karrierefrauen“ – aber übrigens keine „Karrieremänner“, Männer sind einfach Männer, da ist ein hoher Stellenwert für das Berufliche normal. Es gibt Familien, wo die Eltern zwei Mütter sind. Und auch Paare oder umfangreichere Beziehungsgeflechte ohne Kinder, die sich als Familie verstehen. Familienformen sind in der Theorie vielfältig. Trotzdem kommen in der Praxis viele davon selten vor.

Die häufigste Familienform stellen mit 70 Prozent verheiratete Heteropaare mit Kindern dar, gefolgt von 19 Prozent Alleinerziehenden. Unverheiratet zusammenlebende Paare mit Kindern machen noch mal 11 Prozent der Familien aus. Von den verheirateten und unverheirateten Paarfamilien sind jeweils 6000 Lebensgemeinschaften und 4000 Ehepaare gleichgeschlechtliche Paare, die mit minderjährigen Kindern im Haushalt leben. Das entspricht einem Anteil von weniger als 0,1 Prozent.

Auch hinter dem Begriff alleinerziehend verbergen sich unterschiedliche Konstellationen: Von den insgesamt 1,5 Millionen Alleinerziehenden sind 1,3 Millionen alleinerziehende Mütter und lediglich 181000 alleinerziehende Väter. Damit sind fast neun von zehn aller alleinerziehenden Menschen Mütter. Alleinerziehend zu sein bedeutet, als einzige Erwachsene in einem Haushalt mit dem Kind oder den Kindern zu leben. Es bedeutet allerdings nicht, dass alleinerziehende Mütter oder Väter keine Partnerschaft führen. Mehr als jede dritte alleinerziehende Mutter hat eine feste Beziehung, 61 Prozent haben keine feste Partnerschaft.

Dass die Art, wie wir als Familien oder auch als Singles leben, mit den äußeren Bedingungen korrespondiert, sieht man daran, welche Art Häuser wir bauen. Die Bausubstanz ist auf die bürgerliche Kleinfamilie ausgerichtet. Einfamilienhäuser werden so konzipiert, dass Vater, Mutter, ein bis zwei Kinder und der Familienhund reinpassen. Je nach finanziellen Verhältnissen gibt es dann auch noch ein Arbeitszimmer und einen Grill auf der Terrasse für ihn und für sie eine Durchreiche von der Küche ins Esszimmer. Auch in Mietshäusern gibt es vor allem Zwei- und Dreizimmerwohnungen. Familienverhältnisse sind nichts statisch Feststehendes, wenn man den individuellen Fall betrachtet. Eine alleinerziehende Mutter lernt vielleicht jemanden kennen, und es ergibt sich eine Patchworkfamilie mit gemeinsamem Wohnsitz. Oder eine Paarfamilie trennt sich. Die derzeitige Scheidungsrate liegt bei 32 Prozent, das heißt, 32 Prozent aller in einem Jahr geschlossenen Ehen werden im Laufe der nächsten 25 Jahre wieder geschieden, wenn die Scheidungshäufigkeit des jeweiligen Kalenderjahres über einen Zeitraum von 25 Jahren konstant bleibt. Das heißt konkret, ungefähr jede dritte Ehe wird geschieden. Zudem gibt es auch Ehepaare, die sich sozusagen nur intern trennen, aber aus verschiedenen Gründen verheiratet bleiben. Ungefähr 75 Prozent der Eltern halten auch nach der Trennung oder Scheidung Kontakt, sowohl zueinander als auch zum gemeinsamen Kind oder zu den gemeinsamen Kindern, wobei hiervon immerhin zwei Drittel den Kontakt zur Expartnerin beziehungsweise zum Expartner als überwiegend normal bis gut bezeichnen. Frauen bekommen durchschnittlich zwei Kinder, Mütter haben eine durchschnittliche Wochenarbeitszeit von 26,7 Wochenstunden[2], die Betreuungsquote von Kindern unter drei Jahren liegt bei 34 Prozent, und Mütter, deren jüngstes Kind unter sechs Jahre alt ist, sind zu 64 Prozent erwerbstätig[3].

Die meisten Familien mit Kindern leben also in einer bürgerlichen Kleinfamilie oder sind alleinerziehende Mütter. Familien bestehen, wenn man sie sich individuell anschaut, aus ganz vielen Facetten, und die lassen sich nicht immer auf einer Ebene zusammenführen, sodass ein passendes Label herauskommt. Das heißt, auch wenn nicht alle so leben, wie man sich das vorstellt, und auch wenn die Klischeefamilie eben ein Klischee ist und selten jemand in jedem Punkt dem häufigsten Merkmal einer Statistik entspricht, ist diese klischeehafte Vorstellung in Bezug auf die Familienkonstellation nicht weit von der Praxis entfernt. Hier darf man nun allerdings nicht den Fehler machen, daraus zu schließen, dass Familien eben nun mal üblicherweise so sind. Dass die Bedeutung von Familie und die Art des Zusammenlebens sich im historischen Kontext stetig verändert haben, ist nicht zuletzt ein wichtiger Hinweis darauf, dass Familienformen nicht biologisch determiniert sind und dementsprechend nicht notwendigerweise so bleiben müssen, wie sie sind.

---

2 Bundesministerium für Familie, Senioren, Frauen und Jugend: Familie heute. Daten. Fakten. Trends. Familienreport, 2020, S. 114.

3 Ebd., S. 19.

Der andere Fehler, den man an dieser Stelle nicht machen sollte, ist der, aus den Mehrheitsverhältnissen darauf zu schließen, dass die „Standardfamilie“ richtigerweise das Ideal sei, das die anderen auch anstreben sollten und nach dem sich deswegen familienpolitische Maßnahmen richten sollten. Die Anzahl der Familien, die anders leben als die bürgerliche Kleinfamilie, ist gering, von der großen Anzahl alleinerziehender Mütter einmal abgesehen. Das heißt aber nicht, dass wir die Bedürfnisse von Familienformen, die selten vorkommen, vernachlässigen sollten. Die Rahmenbedingungen, die uns in die bürgerliche Kleinfamilie bringen, sind dennoch wirkungsvoll. Man muss erst selbst aktiv dagegen vorgehen, aktiv dafür sorgen, sich andere Bedingungen zu schaffen, wenn man anders leben will oder muss, weil man von vornherein nicht ins Klischee passt oder die familienpolitischen Rahmenbedingungen, zum Beispiel, weil man lesbisch oder schwul ist, nicht an der eigenen Lebensrealität ausgerichtet sind.

Natürlich ist das Modell der bürgerlichen Kleinfamilie „Haupternährer – Zuverdienerin“ für den Vater attraktiv, ich kann das gut verstehen. Ich tagträume manchmal auch von einem Mann, der mir Essen kocht und Scones backt, die Fenster putzt – die ich in den sechs Jahren, in denen ich in meiner Wohnung lebe, noch nie geputzt habe –, sich um die Kinder kümmert und den ich dann heirate, damit er über mich krankenversichert ist. Ich wäre ihm eine gute Ehefrau. Ich würde ihn unterstützen, indem ich auch mal im Haushalt helfe. Selbstverständlich würde ich einen Abend die Woche auf die Kinder aufpassen, damit er zum Yoga gehen kann. Ich würde meinem Mann auch erlauben, sich freizügig anzuziehen, und für mich wäre es okay, wenn er schon ein bis zwei Sexpartnerinnen vor mir hatte. Und mir ist auch wichtig, dass er eigenes Geld dazuverdient, damit er sich zum Beispiel etwas Hübsches zum Anziehen kaufen kann.

In der Praxis läuft das natürlich meistens ein bisschen anders: Üblicherweise führt bei Müttern in unserer Gesellschaft eine Mischung aus individuellen und strukturellen Gründen dazu, dass sie das gleiche Leben wie ihre Mütter und Großmütter in Westdeutschland führen. Wenn man bei Heterofamilien mit klassischer Rollenverteilung nachfragt, bekommt man häufig zwei verschiedene Arten von Gründen dafür genannt.[4] Einerseits beziehen sich solche Begründungen häufig auf die klassischen Geschlechterrollen, in denen wir sozialisiert sind. „Die drei Jahre Elternzeit zu machen, wollte ich mir nicht nehmen lassen, am Anfang ist die Mutter ja viel wichtiger als der Vater!", heißt es dann oder: „Ich wollte ja Kinder bekommen, deswegen ist klar, dass ich immer den Nachmittag mit ihnen verbringe, ich mache das ja gerne!" Die andere Art der Begründung bezieht sich in der Regel auf die finanziellen Verhältnisse. Man kennt das zum Beispiel in Form von: „Mein Mann hätte ja auch die zwei Vätermonate gemacht, aber finanziell war das einfach nicht drin!" Auch das Verteilungsmuster bei der Elternzeit wird häufig mit den Strukturen der Lohnarbeit begründet: „Mein Chef hat gesagt, in unserem Betrieb geht es leider nicht, dass Väter auch Elternzeit nehmen."

Dass vor lauter Muttermythos die Realität nicht mehr wahrgenommen wird, macht sich auch dann bemerkbar, wenn Leute nicht wissen, dass der Rechtsanspruch auf Elternzeit für beide Geschlechter gleich ist. Alle Mütter

---

[4] Wenn man nicht nachfragt, wird gar nicht begründet, warum es die Mutter ist, die die Elternzeit macht. Es stellt einfach die Norm in unserer Gesellschaft dar.

und Väter, die als ArbeitnehmerInnen beschäftigt sind, haben laut § 15 Abs. 1 Bundeselterngeld- und Elternzeitgesetz (BEEG) einen gesetzlichen Anspruch auf Elternzeit. Manche denken vielleicht gar nicht daran, weil für sie der Mutterschutz, der nur für Mütter gedacht ist, wegen der körperlichen Begebenheiten der Schwangerschaft und der Erholung nach der Geburt dann direkt in die Elternzeit übergeht. Andere wollen sich gar nicht so sehr mit den rechtlichen Möglichkeiten, den Elternzeitanspruch durchzusetzen, auseinandersetzen, in dem Wissen oder der Vermutung, dass der Arbeitgeber nicht begeistert darüber sein wird, wenn der Mann Elternzeit nimmt. Bestimmt gibt es Betriebe, die das bei Männern weniger gerne sehen. Trotzdem gerate ich bei diesem Thema immer ins Stocken und frage mich: „Was ist das für eine Liebe, wo ein Mann mögliche Karrierenachteile für sich unzumutbar findet, aber andererseits schon bereit ist, dass seine Partnerin diese Nachteile auf sich nimmt?“

Die durchschnittliche Dauer des geplanten Elterngeldbezugs lag laut Statistischem Bundesamt bei Frauen im Jahr 2020 bei 14,5 Monaten. Die von Männern angestrebte Bezugsdauer war mit durchschnittlich 3,7 Monaten dagegen deutlich kürzer. Mütter planten also, durchschnittlich länger als ein Jahr in Elternzeit zu sein, Väter noch nicht einmal vier Monate, wobei der überwiegende Teil der Väter in Elternzeit nur eine vergleichsweise kurze Auszeit vom Beruf einplante: Knapp drei von vier Vätern (72 Prozent) planten 2020 mit der minimalen Elterngeldbezugsdauer von 2 Monaten, die genommen werden müssen, um den Gesamtzeitraum des Elterngeldbezugs von 12 auf 14 Monate zu erhöhen. Also das absolute Minimum. Zum Vergleich: Die meisten Mütter (62 Prozent) beantragten das Elterngeld für einen Zeitraum von 10 bis 12 Monaten.

2020 war jeder vierte Elterngeldbeziehende, genau genommen 24,8 Prozent, männlich – im Jahr 2015 war es noch jeder fünfte (21 Prozent). Dieser Väteranteil gibt den Anteil der männlichen Bezieher an allen Elterngeldbezügen an. Er würde also genau 50 Prozent betragen, wenn bei allen Kindern sowohl der Vater als auch die Mutter gleichermaßen Elterngeld beziehen würde.[5] Väter sind nicht nur deutlich seltener Elterngeldbeziehende als Mütter, sondern machen, wenn überhaupt, nur über einen viel kürzeren Zeitraum Elternzeit. Das sieht man auch daran, dass im Jahr 2019 die Elternzeitquote bei Müttern, deren jüngstes Kind unter sechs Jahre ist, bei knapp einem Viertel lag, während bei den Vätern lediglich 1,6 Prozent den Status „in Elternzeit" hatten.[6] Trotzdem kann man den Medien regelmäßig Erfolgsmeldungen zur Väterbeteiligung entnehmen. Da heißt es dann zum Beispiel, dass sich die Väterbeteiligung beim Elterngeld im Jahr 2017 im Vergleich zu 2008 nahezu verdoppelt habe. 2017 lag diese bei 40,4 Prozent und 2008 bei 21 Prozent. „Verdoppelt" klingt erst mal total gut. Die Väterbeteiligung stellt aber den Anteil der Kinder, für die ein Vater Elterngeld bezogen hat, dar, und nicht, wie lange oder vielmehr wie kurz diese Väter in Elternzeit waren. Es ist ja schon eine gute Sache, wenn sich doppelt so viele Väter in der Elternzeit um ihre Kinder kümmern. Trotzdem muss man doch kritisch anmerken, dass 40 Prozent der Väter eben auch heißt,

---

5 Statistisches Bundesamt: Pressemitteilung Nr. 146, 25. März 2021, unter: https://www.destatis.de/DE/Presse/Pressemitteilungen/2021/03/PD21_146_22922.html.

6 Statistisches Bundesamt: Qualität der Arbeit; Personen in Elternzeit, unter: https://www.destatis.de/DE/Themen/Arbeit/Arbeitsmarkt/Qualitaet-Arbeit/Dimension-3/elternzeit.html.

dass 60 Prozent (!) der Väter kein Elterngeld in Anspruch nehmen, was im Prinzip gleichgesetzt werden kann mit: „60 Prozent der Väter machen gar keine Elternzeit."[7] So richtig in Feierstimmung bin ich da ehrlich gesagt nicht.

Väter, die keine Elternzeit machen, führen häufig finanzielle Motive als Ursache an. Was auf den ersten Blick logisch erscheint, relativiert sich drastisch, wenn man feststellt, dass finanzielle Gründe dabei überdurchschnittlich häufig von Gutverdienenden genannt werden.[8] Elternzeit und Elterngeld sind nicht synonym, werden in der Praxis aber häufig so verwendet. Wahrscheinlich deswegen, weil man es sich erst einmal leisten können muss, Elternzeit zu nehmen, ohne währenddessen Elterngeld zu beziehen. In der Regel bedeutet das Ende des Bezugszeitraums des Elterngelds auch das Ende der Elternzeit. Das Kind kommt in die Kita und die Mutter (Väter mitgemeint) geht wieder einer (Teilzeit-) Erwerbstätigkeit nach.

Elternzeit ist die Auszeit von der Lohnarbeit, Elterngeld ist die Einkommensersatzleistung, die man während der Elternzeit beziehen kann. Laut Bundeselterngeld- und Elternzeitgesetz (BEEG) besteht der Anspruch auf Elternzeit bis zur Vollendung des dritten Lebensjahres eines Kindes, wobei ein Anteil von bis zu 24 Monaten zwischen dem dritten Geburtstag und dem vollendeten achten Lebensjahr des Kindes in Anspruch genommen werden kann. Obwohl Elternzeit also drei Jahre lang

---

7 Statistisches Bundesamt: Soziales; Eltern- und Kindergeld, unter: https://www.destatis.de/DE/Themen/Gesellschaft-Umwelt/Soziales/Elterngeld/_inhalt.html.

8 Bundesministerium für Familie, Senioren, Frauen und Jugend: Väterreport Update, 2021, S. 16.

genommen werden kann, beträgt die Bezugsdauer des Elterngelds nur 14 Monate, die ab der Geburt des Kindes genommen werden müssen. Der Bezug von „ElterngeldPlus“ ist auch über den 14. Lebensmonat des Kindes hinaus möglich. ElterngeldPlus können Eltern doppelt so lange, also 28 Monate bis maximal zur Hälfte des Elterngeldanspruchs erhalten, der dem Elternteil ohne Einkommen nach der Geburt zustünde: Man bekommt also doppelt so lange Elterngeld, aber nur halb so viel pro Monat.

Davon profitieren vor allem Teilzeit arbeitende Eltern: Es muss in Teilzeit dazugearbeitet werden, da ein halbes Elterngeld pro Monat zu wenig Einkommen ist, um davon leben zu können und das Elterngeld sowieso keinen vollen Lohnausgleich vornimmt. Das heißt, dass man in der Zeit, wo man anfängt, mehr Geld zu brauchen, weil man nicht mehr alleine vom Lohn oder Gehalt lebt, sondern eine zusätzliche Person versorgen muss, nur noch 65 Prozent davon bekommt. Das Elterngeld beträgt zwischen 300 und 1800 Euro, wobei man bei steigendem Einkommen prozentual weniger vom Nettogehalt bekommt. Bei einem Einkommen von weniger als 1200 Euro, aber mehr als 1000 Euro netto im Monat beträgt der Anteil des Elterngelds 67 Prozent. Wer mehr verdient, bekommt schrittweise weniger Prozent, mindestens jedoch 65 Prozent. Bei einem Nettoeinkommen von 2770 Euro ist die Bemessungsgrenze erreicht, das heißt, es wird der Höchstsatz von 1800 Euro Elterngeld ausgezahlt. Bei einem Nettoeinkommen von unter 1000 Euro steigt das Elterngeld auf bis zu 100 Prozent. Diese 100 Prozent klingen erst mal ganz gut – auf die gleiche Art wie bei Produktwerbung, wo man schon ein bisschen das Gefühl hat, dass das Produkt das wundervolle Versprechen nicht einhalten kann. Bis zu 100 Prozent Elterngeld, geil. Aber halt nur, wenn man vorher weniger als 1000 Euro netto verdient hat. Ich denke, dass sich in der Tatsache, dass das Elterngeld immer nur einen Teil des Nettos darstellt, auch die geringe Wertschätzung für Care-Arbeit ausdrückt. Die Babyzeit, die eine Mutter (Väter mitgemeint) mit ihrem Kind zu Hause ist, ist literally weniger wert, als wenn sie lohnarbeiten würde. Und das, obwohl ihre Arbeitsbedingungen deutlich anstrengender sind als beispielsweise in Büroberufen.

Sofern man in den zwölf Monaten vor dem Bezug des Elterngeldes keiner Erwerbstätigkeit nachgegangen ist, weil man zum Beispiel Studentin, arbeitssuchend, Hausfrau oder Ähnliches war, steht einem der Mindestbetrag von 300 Euro Elterngeld im Monat zu. Das bedeutet in der Regel, sich mit dem unzureichenden System „Hartz IV" zu arrangieren, die eigenen Ersparnisse zu benutzen oder einen Ehemann zu haben und von ihm finanziell abhängig zu sein.

Je größer der Gehaltsunterschied zwischen Vater und Mutter, desto größer der Druck, dass diejenige mit weniger Gehalt in Elternzeit geht oder auch nach der Elternzeit für Kinder und Haushalt, also für Care-Arbeit und dem damit einhergehenden Mental Load zuständig ist. Es geht nicht darum, dass Frauen keine lange Elternzeit nehmen wollen sollten. Es geht darum, dass sie die Wahl aus unterschiedlichen Alternativen haben sollten. Und das geht nicht, wenn eigentlich immer eine Möglichkeit als die Beste gilt oder die einzige Möglichkeit darstellt. Hier greift ineinander, dass gerade bei einem größeren Gehaltsunterschied zwischen Vater und Mutter insgesamt mehr Geld für die Familie zur Verfügung steht, wenn die weniger verdienende Frau in Elternzeit geht – weil wir im Kapitalismus daran gewöhnt sind, dass sich etwas „lohnen“ muss. Warum sollte ein Vater also lange in Elternzeit gehen, wenn er dafür sowohl weniger gesellschaftliches Ansehen bekommt, weil er seiner „höherwertigen“ Männerrolle nicht nachkommt, als auch weniger Geld?

Ein Indikator, um die Benachteiligung von Frauen in Bezug auf die Lohnarbeit und somit auch die soziale Ungleichheit zu messen, ist der „Gender-Pay-Gap“. Laut Gender-Pay-Gap haben Frauen im Jahr 2020 in Deutschland 18 Prozent weniger verdient als Männer. Und auch wenn ich das ausbeuterische kapitalistische System insgesamt kritisch sehe und es letztendlich überwinden möchte, ist es dennoch auch innerhalb des Systems für Frauen einfach scheiße, weniger Geld zur Verfügung zu haben als Männer. Der bereinigte Gender-Pay-Gap lag bei 6 Prozent.[9] Das ist der, von dem konservative Männer immer erzählen wollen, dass es nur auf den eigentlichen ankäme und der sei ja so klein. Der bereinigte Gender-Pay-Gap bezieht sich nämlich auf vergleichbare Tätigkeit und äquivalente Qualifikation, vergleicht also den Gehaltsunterschied zwischen Frauen und Männern mit gleicher Ausbildung in der gleichen Position. Der unbereinigte Gender-Pay-Gap bezieht Faktoren wie schlecht bezahlte, häufiger von Frauen ausgeübte Care-Berufe, Teilzeit wegen Kindern und andere klassische Situationen, von denen auf dem Arbeitsmarkt insbesondere Mütter betroffen sind, mit ein. Daraus ergibt sich dann aber doch die Relevanz des unbereinigten Gender-Pay-Gaps, denn schließlich können Frauen diese Zustände nicht so leicht umgehen.

---

9 Statistisches Bundesamt: Qualität der Arbeit; Gender Pay Gap, unter: https://www.destatis.de/DE/Themen/Arbeit/Arbeitsmarkt/Qualitaet-Arbeit/Dimension-1/gender-pay-gap.html.

Eigentlich paradox, wie insbesondere die Mutterschaft dann berufliche Lagen für Frauen provoziert, in denen sie zum Beispiel durch Teilzeitarbeit Geringverdienerinnen werden, obwohl man eigentlich als Frau mit Kind mehr Geld zur Verfügung haben müsste. Geringere finanzielle Ressourcen zu haben, sollte eigentlich keine logische Konsequenz daraus sein, dass man Kinder bekommt. Eigentlich sollten Mütter sich viel mehr auf den Schutz der Gemeinschaft verlassen können und über mehr finanzielle und materielle Ressourcen verfügen.

Auch die Geringschätzung sowohl von Care-Berufen als auch von anderen Berufen, die traditionell von Frauen ausgeübt werden, gehört komplett abgeschafft, und zwar gerne sofort. Diese Geringschätzung besteht nicht nur im geringen gesellschaftlichen Ansehen von beispielsweise weiblichen Reinigungskräften, Friseurinnen oder Altenpflegerinnen, sondern auch in der geringen Entlohnung. Nicht nur werden von Frauen ausgeübte Berufe geringer bezahlt, auch bei Berufen, die vormals mehrheitlich von Männern ausgeübt wurden, kommt es zu einer Geringerbezahlung, sobald der Frauenanteil in der Branche steigt. Sobald in einem Beruf mehr als 60 Prozent Frauen arbeiten, kommt es zu Gehaltseinbußen.[10]

Das Nettoeinkommen von Frauen zwischen 30 und 50 Jahren beläuft sich wie folgt: Nur 23 Prozent verdienen mehr als 1500 Euro netto, und nur 10 Prozent verfügen über ein Einkommen von mehr als 2000 Euro netto. Bei den Männern sind es 71 Prozent über 1500 Euro und 41 Prozent über 2000 Euro. Zudem verfügen 14 Prozent

10 Murphy, Emily; Oesch, Daniel: The Feminization of Occupations and Change in Wages: A Panel Analysis of Britain, Germany, and Switzerland in Social Forces Advance Acces, 2015, S. 1221.

der Frauen zwischen 30 und 50 Jahren nicht über ein eigenes Einkommen.[11]

Empowernd gemeinte liberalfeministische Narrative vermitteln uns, dass Frauen alles schaffen können, was sie wollen. Ein bisschen so wie beim „American Dream". Man muss sich nur Mühe geben, dann wird man schon Vorstandsvorsitzende, Topjournalistin, Politikerin. Aber eigentlich gelingt das nur sehr wenigen. Und auch wenn eine Frau CEO eines DAX-Unternehmens wird, ändert das nix daran, dass es hauptsächlich Frauen sind, die in schlecht bezahlten Jobs mit allgemein schlechten Bedingungen arbeiten, als Hauswirtschafterin, als Erzieherin, als Krankenpflegerin. Und an der grundlegenden Funktionsweise unseres Systems ändert es schon gar nichts. Einkommenstechnisch ist die Mehrheit der Frauen (und in geringerem Umfang der Männer) sowieso sehr weit von einer Vorstandsvorsitzenden und Politikerin entfernt. Obwohl der Trend deutlich hin zu einer stärkeren Erwerbsbeteiligung von Müttern geht, bleibt die Frage, inwieweit es Müttern durch ihre Erwerbstätigkeit auch gelingt, finanziell unabhängig von ihrem Partner zu sein. Diese Frage ist vor allem mit Blick darauf relevant, dass Teilzeitarbeit oft über mehrere Jahre beibehalten wird. Im Fall der Trennung oder Scheidung wie auch im Alter sind Frauen dann häufig Armutsrisiken ausgesetzt.

Traurig finde ich in Bezug auf die Altersarmut von Frauen, dass sich das Alleinverdienermodell und auch das Zuverdienerinnenmodell finanziell vor allem dann lohnen, wenn an der Rente der Ehefrau gespart wird.

---

[11] Bundesministerium für Familien, Senioren, Frauen und Jugend: Mitten im Leben – Wünsche und Lebenswirklichkeiten von Frauen zwischen 30 und 50 Jahren, 2016, S. 11.

Und ich frage mich jedes einzelne Mal, ob sich das finanziell auch noch rechnet, wenn die Care-arbeitende Ehefrau eine private Rentenvorsorge von *seinem* Gehalt bekommt, die am Ende so viel Rente ausspuckt, wie er bekommt, wenn er weiterhin so lohnarbeitet wie zum aktuellen Zeitpunkt. Würde ich in einer Ehe mit klassischer Rollenverteilung leben, würde ich das einfach mal ausrechnen, ob sich das Familienmodell finanziell immer noch lohnt, wenn man eine gleich hohe Rente für die Ehefrau miteinplant. Und wenn es sich dann immer noch lohnt, dass ich Teilzeit oder gar nicht arbeite, kann man das ja einfach so machen: so viel Geld anlegen, dass ich eine gleich hohe Rente bekomme. Wenn man sich nicht trennt, dann profitieren beide im Rentenalter von dem Geld. Und wenn man sich doch trennt, ist es nur gerecht, wenn dies nicht die Altersarmut für die Ehefrau bedeutet. Und wenn es sich nicht rechnet, wenn sich mein Familienmodell finanziell nur lohnt, *weil* ich dann im Alter bei Trennung von Armut bedroht bin, dann bedeutet das, dass ich mir einige grundlegende Fragen zu meiner Beziehung stellen muss.

Ich habe etwas dagegen, wenn es nur ein Familienmodell gibt, in das sich alle reinpressen und damit glücklich werden sollen. Und ich habe erst recht etwas dagegen, wenn dieses eine Modell nicht nur die vorherrschende kulturelle Norm darstellt, sondern auch noch staatlich finanziell bevorteilt ist. Und das auf Kosten der Mütter. Weil, seien wir mal ehrlich, das klassische Modell – Vater, Mutter, ein, zwei Kinder, er arbeitet Vollzeit in einem Beruf, wo er sowieso schon mehr verdient als sie, sie bleibt erst wegen der Kinder zu Hause und verdient dann dazu, weil „die Kinder sind ja nur einmal klein, ich will ja nichts verpassen“ – lohnt sich vor allem deswegen finanziell, weil die Mutter in dem Szenario im Alter nicht abgesichert ist. Wenn die Ehe hält, ist das nicht so schlimm, könnte man denken. Ich würde das ein bisschen bezweifeln, weil ich denke, dass es schwieriger ist, Augenhöhe in der Beziehung herzustellen, wenn eine Person das Geld verdient und die andere Person ein Stück weit auf Einverständnis bei den Ausgaben angewiesen ist. Ich halte es weiterhin für die Augenhöhe in einer Beziehung für nicht förderlich, wenn eine Person, rein praktisch betrachtet, nicht die Möglichkeit hat, sich nicht einvernehmlich zu trennen, weil sie zum Beispiel kein oder nicht genug Einkommen hat, um für sich und die Kinder eine neue Wohnung anzumieten.

Der „Gender-Pension-Gap", also die Rentenlücke, liegt in Deutschland bei 59,6 Prozent. Das heißt, Frauen beziehen ein um 59,6 Prozent geringeres eigenes Alterssicherungseinkommen als Männer. Der höchste Gender-Pension-Gap liegt mit 63,8 Prozent bei Verheirateten sowie 65,4 Prozent bei Verwitweten vor. Bei geschiedenen und ledigen Frauen, die zum Beispiel gar nicht oder nicht immer vom Ehegattensplitting profitieren konnten und mangels eines finanziellen Versorgers selbst lohnarbeiten mussten, bekommen Frauen lediglich 18,8 Prozent bzw. 9 Prozent weniger Rente.[12]

Obwohl nicht alle Familien in einer bürgerlichen Kleinfamilie leben, sind die Rahmenbedingungen für Familien in Deutschland nur am Ideal der bürgerlichen Kleinfamilie ausgerichtet. Insbesondere macht sich dies bei der Besteuerung von Familien bemerkbar, die nicht

12 Flory, Judith: Gender Pension Gap. Entwicklung eines Indikators für faire Einkommensperspektiven von Frauen und Männern. Eine Untersuchung des Fraunhofer-Instituts für Angewandte Informationstechnik (FIT) für das Bundesministerium für Familie, Senioren, Frauen und Jugend, St. Augustin, 2011, S. 8.

daran ausgerichtet ist, ob es in einer Familie Kinder gibt, sondern am Ehestatus. Beim Ehegattensplitting werden die unterschiedlich hohen Einkünfte von Eheleuten zuerst zusammengerechnet und dann sozusagen mittig halbiert und je hälftig versteuert. Es werden also zwei niedrige Einkommen versteuert, die dann in einen geringeren Steuersatz fallen, als es bei einer einzelnen Besteuerung in Bezug auf das Einkommen des Besserverdieners der Fall wäre. Das ist für viele Ehepaare ein attraktives Modell, weil Besteuerung ja progressiv funktioniert, der Steuersatz also nach Einkommen ansteigt. Durch das Ehegattensplitting profitieren dann die Eheleute vom geringeren Steuersatz in den unteren Einkommensgruppen, weil so weniger Steuern gezahlt werden müssen. Da dieses Modell desto mehr finanziellen Vorteil bietet, je größer der Einkommensunterschied ist, wird hier das Zuverdienerinnenmodell attraktiv gemacht. Es lohnt sich schlicht nicht für die weniger verdienende Person, mehr zu arbeiten, weil das den Steuervorteil minimieren würde. Bei Doppelverdienern ohne Einkommensdifferenz entfällt der Effekt des Ehegattensplittings. Doch all das führt dazu, dass diejenige, die weniger lohnarbeitet, dann natürlich auch weniger gesetzliche Rentenansprüche und damit eine niedrigere Rente im Alter erwirbt. In der Regel handelt es sich bei der weniger lohnarbeitenden Person in einer Heteroehe um die Frau. Dass Deutschland mit diesem steuerlich subventionierten, hierarchischen Geschlechterverhältnis krass reaktionär hinter seine europäischen Nachbarn zurückfällt, die deutlich emanzipiertere Modelle entwickelt haben, hat Barbara Vinken bereits 2007 festgestellt. Vor 15 Jahren.[13]

---

13 Vinken, Barbara: Die deutsche Mutter, Fischer Taschenbuch Verlag, 2. Auflage, 2011, S. 22.

Ein anderer Punkt, wo gegebene finanzielle Rahmenbedingungen sich auf das Geschlechterverhältnis auswirken, ist die Familienversicherung. In der gesetzlichen Krankenversicherung können, laut „Fünftem Buch Sozialgesetzbuch", Familienmitglieder, also Kinder und unter Umständen auch Ehepartnerinnen, unter bestimmten Voraussetzungen beitragsfrei mitversichert werden. Eine dieser Voraussetzungen ist, dass sie nicht hauptberuflich selbstständig sind. In diesem Zusammenhang gibt es sowohl eine Obergrenze, was die Arbeitszeit bei einer „nicht hauptberuflichen Selbstständigkeit" betrifft, als auch eine Einkommensgrenze. Familienversicherte Ehepartnerinnen dürfen kein regelmäßiges Gesamteinkommen haben, das 470 Euro (2021) im Monat überschreitet. Wenn ich also, solange die Kinder noch klein sind, eine Nebentätigkeit anfange und selbst gebastelten Schmuck verkaufe oder Babytrageberatung gebe, ist es später ein sehr großer Schritt von der Nebentätigkeit dazu, damit hauptberuflich so viel zu verdienen, dass ich mich selbst krankenversichern und davon leben kann. Wenn dann sowieso die Care-Arbeit eher an mir hängen bleibt und es in der Region, in der ich lebe, wenig Kitaplätze gibt und viele Einrichtungen schon um 15:30 Uhr schließen, bleibe ich immer in der Zuverdienerinnenrolle. Mit der Familienversicherung zusammenhängend können auch Minijobs eine Sackgasse für Mütter darstellen. Die Möglichkeit, beitragsfrei mitversichert zu sein, und zudem die Befreiung von Steuern und Sozialabgaben führen dazu, dass Mütter in ihren Minijobs bleiben. Der Wechsel in eine Teilzeitstelle würde deutlich mehr Stunden Arbeit bedeuten bei gar nicht mal so viel mehr Geld, da dann Steuern und Sozialabgaben anfallen würden. Das Ehegattensplitting verstärkt diesen Effekt noch, da die Einkommenssteuer dann über dem üblichen Eingangssteuersatz von 14 Prozent liegt und somit das Nettoeinkommen der Ehefrau noch mehr verringert.

Die strukturelle Diskriminierung von Frauen und insbesondere Müttern auf dem Arbeitsmarkt erstreckt sich also von der geringeren Bezahlung ihrer Arbeit über Rahmenbedingungen, die Mütter in geringfügigen Beschäftigungsverhältnissen halten, bis zur konkreten Unternehmenskultur, in der Mütter, die Care-Arbeit machen müssen, regelmäßig nicht mithalten können, weil Vollzeitarbeit bei nicht immer gut ausgebauter öffentlicher Kinderbetreuungsstruktur bzw. Vorbehalten dieser gegenüber einerseits und Flexibilität, die die Angestellte leisten muss, aber nie der Arbeitgeber, andererseits gesetzt wird.

Ostdeutschland

Dass die Familienformen mit dem gesellschaftlichen und politischen Kontext korrespondieren, heißt sowohl, dass sie veränderbar sind, als auch, dass es konkrete Beispiele dafür gibt, dass sich Familien je nach Rahmenbedingungen unterschiedlich ausgestalten. Das hat auch immer einen Einfluss auf die gesellschaftliche Position von Frauen und Müttern. In Diskursen über die Rolle der Frau und der Mutter in unserer Gesellschaft wird häufig ein mal mehr, mal weniger passender historischer Vergleich gezogen. Wenn es beispielsweise darum geht, einen sexistischen Vorfall zu kritisieren, heißt es oft sinngemäß: „Die 50er-Jahre haben angerufen und wollen ihre Ansichten zurück!“ Hier sind natürlich die 1950er-Jahre in Westdeutschland gemeint: Wirtschaftswunder, Hausfrauenehe, Sexismus. Auch wenn wir über die Meilensteine der Entwicklung der Frauenrechte sprechen, beziehen wir uns üblicherweise auf Westdeutschland.

Die Aufnahme einer Lohnarbeit ist für Frauen nicht mehr, wie in Westdeutschland bis 1977 im „Bürgerlichen Gesetzbuch" geregelt, von der Vereinbarkeit mit ihren Pflichten in Ehe und Familie abhängig. Zuvor galt im Alleinverdienermodell, auch „Hausfrauenehe" genannt, die Regel, dass der Ehemann für den finanziellen Unterhalt der Familie zuständig war, während die Zuständigkeit der Ehefrau im Bereich der Haushaltsführung und Kindererziehung lag. Nach der Reform des Ehe- und Familienrechts von 1976, bei der eine grundlegende Neuregelung des Eherechts, des Scheidungsrechts und des Scheidungsverfahrensrechts in der Bundesrepublik Deutschland durch die damalige sozialliberale Regierungskoalition unter Bundeskanzler Helmut Schmidt durchgeführt wurde, wurde das Leitmodell der Hausfrauenehe durch das Partnerschaftsprinzip ersetzt. Soweit der westdeutsche Meilenstein.

In Ostdeutschland hieß es schon seit 1965, also mehr als zehn Jahre früher, im Familiengesetzbuch, dass beide Ehegatten ihren Anteil bei der Erziehung und Pflege der Kinder und der Führung des Haushalts tragen. Die empörte Erzählung darüber, welche Frauenrechte in Deutschland erst seit Kurzem verfügbar sind, ist eine Geschichte über die alte Bundesrepublik. Die Idee, dass Frauen höchstens Teilzeit arbeiten, ist vorrangig eine westdeutsche. Die Erfahrung, dass die eigene Mutter Hausfrau war und das Essen schon auf dem Tisch stand, wenn man mittags (!) aus der Schule kam, ist eine westdeutsche. Diese westdeutschen Narrative über das historische Leben in der bürgerlichen Kleinfamilie (das sich viel weniger vom aktuellen Zustand unterscheidet, als uns manchmal lieb ist) sind für viele Menschen nicht wahr. Es gibt diesen blinden Fleck, der entsteht, wenn wir „Deutschland“ immer als „Westdeutschland“ denken.

Bei der Betrachtung der sogenannten „alten“ und „neuen“ Bundesländer wird deutlich, dass sich anhand ganz unterschiedlicher statistischer Daten auch 30 Jahre nach der „Wiedervereinigung“ Unterschiede ablesen lassen. Dies trifft auch auf Daten zu, die eine bessere Lebenssituation für Frauen und insbesondere Mütter in Ostdeutschland vermuten lassen: So fällt beispielsweise der Gender-Pension-Gap, also die Rentenlücke zwischen Frauen und Männern, in Ostdeutschland mit 36,7 Prozent deutlich niedriger aus als in Westdeutschland, wo er 63,8 Prozent beträgt.[14] Dies hängt mit der unterschiedlichen Tradition in Bezug auf die Berufstätigkeit von Frauen zusammen, die sich auch im Gender-Pay-Gap ausdrückt: Dieser betrug in Ostdeutschland im Jahr 2020 nur 6 Prozent. Er war also viel geringer als in Westdeutschland, wo er bei satten 20 Prozent lag.[15]

Die Unterschiede in der Gleichberechtigung der Geschlechter und in Bezug auf die Verteilung von Care-Arbeit zwischen Ost- und Westdeutschland lassen sich auch an den mit dem Pay- und Renten-Gap zusammenhängenden Zahlen zur Erwerbstätigkeit ablesen: So arbeiten beispielsweise bei 74 Prozent der westdeutschen Paare mit Kindern der Mann Vollzeit und die Frau

---

14 Flory, Judith: Gender Pension Gap. Entwicklung eines Indikators für faire Einkommensperspektiven von Frauen und Männern. Eine Untersuchung des Fraunhofer-Instituts für Angewandte Informationstechnik (FIT) für das Bundesministerium für Familie, Senioren, Frauen und Jugend, St. Augustin, 2011, S. 8.

15 Statistisches Bundesamt: Qualität der Arbeit; Gender Pay Gap, unter: https://www.destatis.de/DE/Themen/Arbeit/Arbeitsmarkt/Qualitaet-Arbeit/Dimension-1/gender-pay-gap.html.

Teilzeit, also das Zuverdienerinnenmodell, während bei ostdeutschen Paaren mit Kindern nur bis zu 45 Prozent in diesem Modell leben.[16]

Passend dazu sind auch die Kitabetreuungsquoten laut Statistischem Bundesamt sehr unterschiedlich: Während die gesamtdeutsche Betreuungsquote bei 34,4 Prozent liegt, beträgt sie in den westdeutschen Bundesländern 30,6 Prozent. In Ostdeutschland einschließlich Berlin hingegen liegt sie bei 52,3 Prozent.[17]

Mütter in Ostdeutschland sind also, trotz 30 Jahren gleicher gesetzlicher Rahmenbedingungen, in Bezug auf die Art des Familienlebens und der eigenen Erwerbstätigkeit anders aufgestellt als Mütter in Westdeutschland. Nicht nur die bessere Verfügbarkeit von Kinderbetreuungsmöglichkeiten sowie die finanzielle Notwendigkeit aufgrund des Abstands der durchschnittlichen nominalen Bruttostundenlöhne in Ostdeutschland zu Westdeutschland von 23 Prozent im Jahr 2020[18], sondern auch der historische Hintergrund spielen hier eine Rolle.

Die systemischen, gesetzlichen und gesellschaftlichen Rahmenbedingungen in der DDR haben sich nicht nur, aber auch im Hinblick auf Frauen- und Familienpolitik von denen in der BRD unterschieden. Es war für Frauen in der DDR üblich, eigenes Geld zu verdienen und somit wirtschaftlich unabhängig zu sein. Die Entscheidung,

---

16 Hobler, Dietmar; Pfahl, Svenja; Zucco, Aline: 30 Jahre Deutsche Einheit. WSI Report, Düsseldorf, 2020, S. 24.

17 https://www.destatis.de/DE/Themen/Gesellschaft-Umwelt/Soziales/Kindertagesbetreuung/Tabellen/betreuungsquote.html;jsessionid=E4BE60B2034BB6241FB5D212347F6C11.live721.

18 Bundesministerium für Wirtschaft und Energie: Jahresbericht der Bundesregierung zum Stand der Deutschen Einheit, 2021, unter: https://www.bmwi.de/Redaktion/DE/Publikationen/Neue-Laender/2021-jahresbericht-der-bundesregierung-zum-stand-der-deutschen-einheit-jbde.html, S. 61.

ob und wo sie arbeiteten, war nicht von ihrem Ehemann abhängig. Und Frauen waren nicht auf „Frauenberufe" beschränkt, das Ergreifen von „Männerberufen" war durchaus erwünscht und wurde entsprechend gefördert, wobei bereits seit 1947 das Prinzip „Gleicher Lohn für gleiche Arbeit" galt. Um es Frauen zu ermöglichen, berufstätig zu sein, gab es bereits 1977 für 58 Prozent der Kinder einen Krippenplatz sowie für 88 Prozent der Kinder einen Kindergartenplatz, ganztags, versteht sich. Die Betreuungsplätze in der BRD waren bedeutend schlechter ausgebaut, dort gab es für 1,5 Prozent der Kinder einen Krippenplatz und für 75 Prozent einen Kindergartenplatz, wobei es sich nicht um Ganztagesplätze handelte.[19]

Alleinerziehende Mütter wurden in der DDR bei der Vergabe von Wohnungen, aber auch bei Plätzen in der Kinderkrippe, im Kindergarten und im Schulhort bevorzugt. Auch die gesetzlichen Rahmenbedingungen, vom Arbeitsgesetzbuch bis zum Familiengesetzbuch der DDR, zielten darauf ab, die Vereinbarkeit von Beruf und Familie zu ermöglichen. Dies betraf beispielsweise Regelungen zum Arbeitsschutz, zur Freistellung bei Krankheit der Kinder, die Verkürzung der wöchentlichen Arbeitszeit und den Haushaltstag, einen monatlichen freien Tag für Vollzeit arbeitende Frauen, der in Ausnahmefällen auch Männern gewährt wurde.[20]

Frauen konnten in der DDR selbst über ihren Körper entscheiden: Es gab die Antibabypille kostenlos, und auch ein Schwangerschaftsabbruch war ohne Voraussetzun-

---

19 Vinken, Barbara: Die deutsche Mutter, Fischer Taschenbuch Verlag, 2. Auflage, 2011, S. 59.

20 Kaminsky, Anna: Frauen in der DDR. Berlin: Ch. Links Verlag, 2016, S. 8.

gen wie der Zwangsberatung, die heutzutage notwendig ist, bis zur zwölften Schwangerschaftswoche möglich, und das schon seit 1972. Insgesamt waren Kündigungen wegen Schwangerschaft, Elternzeit, also Babyjahr, oder kranken Kindern Phänomene, die so, wie wir sie heute kennen, in der DDR nicht vorgekommen sind.[21] Ein Kind zu bekommen, bedeutete in der DDR, nach der Entbindung 20 Wochen bei vollem Gehalt freigestellt zu werden. In der BRD waren es acht Wochen oder vielmehr sind es immer noch acht Wochen. Das anschließende Babyjahr bedeutete eine Lohnausgleichszahlung von 70 Prozent. In der BRD gab es vor der Einführung des Elterngeldes das „Müttergeld", das nicht vom etwaigen vorherigen Gehalt der Frau abhing, sondern vom Gehalt desjenigen, von dem die Frau finanziell abhängig war: vom Ehemann.[22]

Durch die an der – aus der Arbeiterbewegung stammenden – sozialistischen Vorstellung von der Gleichheit der Geschlechter orientierten Frauenpolitik ergaben sich historisch neue Rechte für Frauen sowie im Vergleich zur BRD andere Möglichkeiten zur finanziellen Unabhängigkeit und mehr Entscheidungsfreiheit in der Familienplanung. Insbesondere diese materielle Unabhängigkeit veränderte Lebensentwürfe und Verhaltensweisen von Frauen und forcierten eine Vorstellung von Emanzipation, die auf eine Vereinbarkeit von Mutterschaft, Familie und Berufstätigkeit im Alltag ausgerichtet war. Mehr

---

[21] Domscheit-Berg, Anke: Familienpolitik in Ost- und Westdeutschland und ihre langfristigen Auswirkungen, Heinrich-Böll-Stiftung, 2016, unter: https://www.boell.de/de/2016/11/09/familienpolitik-ost-und-westdeutschland-und-ihre-langfristigen-auswirkungen.

[22] Vinken, Barbara: Die deutsche Mutter, Fischer Taschenbuch Verlag, 2. Auflage, 2011, S. 60.

finanzielle Unabhängigkeit für Frauen bedeutete auch, dass die Verknüpfung zwischen Sex und Geld geringer wurde – weil Frauen nicht durch wirtschaftliche Abhängigkeit gezwungen sind, in Beziehungen zu bleiben, in denen sie sich nicht wohlfühlen. Während in der DDR die Scheidungsrate auch deshalb höher war, weil Frauen die ökonomischen Möglichkeiten hatten sich zu trennen, verdienten im Jahr 2020 im wiedervereinigten Deutschland 40 Prozent der Frauen zwischen 30 und 50 weniger als 750 Euro netto.[23]

Zugegebenermaßen war das Einbinden von Frauen in den Produktionsprozess zum Teil auch dem Mangel an Arbeitskräften geschuldet. Wobei man diesbezüglich in der BRD bemüht war, diesen Zustand ideologisch auszuschlachten, als sei der Wunsch von Frauen, erwerbstätig und finanziell unabhängig zu sein, gänzlich unvorstellbar und nur durch „Fremdbestimmung durch das System" überhaupt denkbar. Auch die Förderung der Vereinbarkeit durch Krippen, Kindergärten und Ganztagsschule, die in der DDR, ähnlich wie in den meisten westeuropäischen Ländern, wie Frankreich, Dänemark oder Schweden, fokussiert wurde, sah sich mit fast grotesk anmutenden ideologischen Erzählungen von bindungsgestörten Kindern und einem mutterlosen Land durch die BRD konfrontiert.[24] Wenn wir darüber sprechen, dass die Kinderbetreuung in der DDR viel besser ausgebaut war als in der BRD, dann kommt sofort jemand und sagt so etwas wie: „Ja, aber das war ja nicht wegen des Feminismus,

---

23 Bundesministerium für Familien, Senioren, Frauen und Jugend: Mitten im Leben – Wünsche und Lebenswirklichkeiten von Frauen zwischen 30 und 50 Jahren, 2016, S. 11.

24 Vinken, Barbara: Die deutsche Mutter, Fischer Taschenbuch Verlag, 2. Auflage, 2011, S. 52 ff.

sondern weil Frauen als Arbeitskräfte gebraucht wurden.“ Ganz so, als hätte Sozialismus nichts mit Feminismus zu tun. Spannend, wie auch hier nur in Bezug auf Frauen abgewogen wird, ob entweder Kindererziehung und zu Hause bleiben oder Kita und im Betrieb arbeiten, und nicht in Bezug auf Männer. Werden Männer eigentlich als Arbeitskräfte gebraucht, oder sollten sie lieber zu Hause bleiben und Care-Arbeit machen?

Obwohl es also sowohl eine umfassende Einbindung von Frauen in die Erwerbsarbeit sowie viele Maßnahmen zur Vereinbarkeit als auch zur Selbstbestimmung von Frauen gab, blieb trotz aller Bemühungen das Geschlechterverhältnis in Bezug auf das Erledigen von Care-Arbeit unangetastet, wenn auch weniger stark ausgeprägt als in Westdeutschland. Trotzdem trug die durch familienpolitische Maßnahmen erleichterte Vereinbarkeit von Beruf und Familie im Vergleich zu Westdeutschland zu einer durchschnittlich höheren beruflichen Bildung von Frauen und zu mehr Frauen in Führungspositionen bei, wenn auch selten in den sehr hohen Positionen, was in Westdeutschland auch ähnlich, man möchte sagen, schlimmer war. Durch flächendeckend ausgebaute Kinderbetreuungsstrukturen gab es weniger Unterbrechungen in den Erwerbsbiografien von Müttern, was zu einem deutlich geringeren Gehaltsunterschied zwischen Männern und Frauen führte, der sich noch Jahrzehnte später im deutlich geringeren Rentenunterschied zwischen Männern und Frauen im Vergleich zu Westdeutschland zeigt.

Auch in Bezug auf die persönlichen Überzeugungen zum Thema Familienarbeit und die daraus resultierende Praxis haben sich unterschiedliche Konstellationen bezüglich der Aufteilung von Care-Arbeit in Ost- und Westdeutschland etabliert. Frauen in ostdeutschen Familien leisteten in der DDR täglich über vier Stunden

Care-Arbeit, Männer knapp drei Stunden.[25] Das nachvollziehbare Bedauern darüber, dass auch in der DDR Frauen nach der Lohnarbeit zu Hause von der Second-Shift-Care-Arbeit erwartet wurden, lässt sich vielleicht ein wenig damit trösten, dass Männer sich in der DDR trotzdem deutlich mehr an der Hausarbeit beteiligt haben als in der BRD.[26] Auch heutzutage ist der Anteil der Männer an Care-Arbeitstätigkeiten im Vergleich zum Westen hoch: Zwischen Ost- und Westdeutschland gibt es beim Gender-Care-Gap deutliche Unterschiede. Er beträgt in Westdeutschland 57,4 Prozent, in Ostdeutschland nur 36,9 Prozent. Frauen in Ostdeutschland verbringen pro Tag zehn Minuten weniger mit Care-Arbeit als Frauen in Westdeutschland, während ostdeutsche Männer täglich 17 Minuten pro Tag länger Care-Arbeit machen als westdeutsche.[27] Immerhin 72 Prozent der Männer in Ostdeutschland stimmten 1990 der Aussage zu: „Meine Partnerin soll die gleichen beruflichen Chancen haben wie ich, Haushalt und Kinderbetreuung müssen deswegen auf beide gleich verteilt werden", was bei westdeutschen Männern lediglich auf 46 Prozent zutraf.[28] Wenn auch der Anspruch der sozialistischen Theorie, Geschlechtergleichheit herzustellen, nicht komplett ein-

---

25 Domscheit-Berg, Anke: Familienpolitik in Ost- und Westdeutschland und ihre langfristigen Auswirkungen, Heinrich-Böll-Stiftung, 2016, unter: https://www.boell.de/de/2016/11/09/familienpolitik-ost-und-westdeutschland-und-ihre-langfristigen-auswirkungen.

26 Vinken, Barbara: Die deutsche Mutter, Fischer Taschenbuch Verlag, 2. Auflage, 2011, S. 54.

27 Bundesministerium für Familie, Senioren, Frauen und Jugend: Kinder, Haushalt, Pflege – wer kümmert sich?, 2021, S. 15.

28 Domscheit-Berg, Anke: Familienpolitik in Ost- und Westdeutschland und ihre langfristigen Auswirkungen, Heinrich-Böll-Stiftung, 2016, unter: https://www.boell.de/de/2016/11/09/familienpolitik-ost-und-westdeutschland-und-ihre-langfristigen-auswirkungen.

gelöst wurde, spielt die Grundeinstellung doch auch für das reale Leben eine große Rolle. Und auch heute machen Väter in Ostdeutschland mehr Elternzeit als Väter in Westdeutschland beziehungsweise haben einen höheren Väteranteil beim Elterngeldbezug. Spitzenreiter im Bundesländervergleich mit einem Väteranteil von 30 Prozent im Jahr 2020 war Sachsen.[29]

Durch die „Wiedervereinigung" haben sich nicht nur allgemein die Lebensbedingungen in Ostdeutschland durch die Privatisierung der volkseigenen Betriebe durch die Anstalt zur treuhänderischen Verwaltung des Volkseigentums und die daraus resultierende Arbeits- und Perspektivlosigkeit verschlechtert, sondern auch die Situation von Frauen und Müttern. Der Rückfall in die weniger emanzipierten Verhältnisse in der BRD zeigt sich daran, dass Frauen nach der Wiedervereinigung häufiger von Arbeitslosigkeit betroffen waren als Männer oder auf Teilzeitstellen verwiesen wurden, während gleichzeitig Kinderbetreuungseinrichtungen wie Kitas und andere soziale Einrichtungen, die einen Beitrag zur Frauenemanzipation geleistet haben, abgebaut wurden.[30] „Der Abbau Ost war der verhinderte Aufbau West – das ist keine altkommunistische Parole, sondern eine feministische Feststellung."[31] Wiedervereinigungsskeptizismus ist also nicht nur ein Thema in Bezug auf das Mehr an Nationalismus, an rassistischer und antisemitischer Gewalt.

Besonders drastisch hat sich die Situation für Frauen durch die „Wiedervereinigung" in Bezug auf die sexuelle

---

[29] Statistisches Bundesamt: Pressemitteilung Nr. 146, 25. März 2021, unter: https://www.destatis.de/DE/Presse/Pressemitteilungen/2021/03/PD21_146_22922.html.

[30] Vinken, Barbara: Die deutsche Mutter, Fischer Taschenbuch Verlag, 2. Auflage, 2011, S. 59.

[31] Ebd., S. 58.

Selbstbestimmung verschlechtert. Ich frage mich oft, wie sich das für Frauen angefühlt haben muss, mit einem Land wiedervereinigt zu werden, in dem frau plötzlich kein Recht mehr auf einen Schwangerschaftsabbruch hatte und beim Arbeitsamt gefragt wurde, warum sie denn überhaupt eine Arbeitsstelle suche, sie hätte doch Kinder? Die „Wiedervereinigung" bedeutete das Ende der Fristenregelung ohne Zwangsberatung, die im Frühjahr 1972 in der DDR mit dem „Gesetz über die Unterbrechung der Schwangerschaft" eingeführt worden war. Auch die Vergewaltigung in der Ehe wurde 1990 in den neuen Bundesländern straffrei, wie sie das dann im wiedervereinigten Deutschland bis 1997 blieb. Trotz dieser und anderer Veränderungen mit der Wiedervereinigung gibt es einiges, das sich nicht verändert hat, das sich nicht angeglichen hat, wie man in den Statistiken zu den verschiedenen „Gaps" sehen kann.

Die konservative Familienpolitik der BRD mit dem Festschreiben der Mutter in den privaten Bereich des Hauses und der Familie, mithilfe der Ideologie um die Mutterrolle, lässt sich auch auffassen als ein „sich ideologisch während des Kalten Krieges gegen die DDR in Stellung bringen". Damit verbunden ist die Vorstellung, Kinder wären der heilen Welt der Familie, die für sie am besten sei, entrissen worden, um sie in der Obhut öffentlicher Institutionen wie Kita und Schule – wo dann alle gezwungen werden, gemeinsam aufs Töpfchen zu gehen oder Mittagsschlaf zu machen – einem totalitären Einfluss auszusetzen, wobei unter dem Stichwort „totalitär" gerne auch Sozialismus und Nationalsozialismus über einen Kamm geschert wurden, was nicht nur inhaltlich nicht haltbar ist, sondern zudem auch noch eine massive Verharmlosung des Nationalsozialismus darstellt. Dass derartige Unterstellungen vor allem ideologisch motiviert waren, lässt sich auch daran ablesen, dass die Familienpolitik anderer westeuropäischer Länder, wie etwa Dänemark, Schweden oder Frankreich, viel mehr Gemeinsamkeiten mit der DDR aufwies, insbesondere in Bezug auf die Kinderbetreuung in Kita, Kindergarten und Ganztagsschule sowie das Fokussieren von Müttern und Kindern, anstatt der Versorgerehe, auch im Hinblick auf finanzielle Zuwendungen und Erleichterungen. Dies hat auch in den westeuropäischen Ländern zu einer Angleichung der Erwerbsprofile von Männern und Frauen geführt.[32]

Alleinerziehend bis Wechselmodell

Aufgrund meiner Familienkonstellation wird sich das bei mir nicht mehr ausgehen, dass ich das Zuverdienerinnenmodell in einer Ehe lebe, was auch total okay für mich ist. Ich war mal eine alleinerziehende Mutter, jetzt bin ich eine getrennt erziehende Mutter mit zwei Kindern, die zwei Väter haben. Meine Familie hat sich im Laufe der Zeit verändert: Heute stehen wir bei einem 50:50-Modell der geteilten Erziehung. Aus uns ist eine freundschaftlich verbundene Wechselmodellfamilie geworden. Zu 50 Prozent versorge ich die Kinder, zu 50 Prozent versorgen die Väter ihre Kinder. Zu diesem Punkt zu kommen, war dennoch kein leichter Weg.

Ich war zunächst alleinerziehend und habe das gemacht, was man als alleinerziehende Mutter so oder so machen muss: Ich habe mein Leben und den Alltag

[32] Vinken, Barbara: Die deutsche Mutter, Fischer Taschenbuch Verlag, 2. Auflage, 2011, S. 52 ff.

für mich und mein Kind so geplant, dass alles ohne die Unterstützung des Vaters geklappt hat. Das war mit Einschränkungen verbunden, manche davon waren schmerzhafter als andere. Und diese ersten zwei Lebensjahre meines großen Sohnes haben mich sehr geprägt. Wie schwierig es auf der persönlichen Ebene sein kann, die ganze Zeit Care-Arbeit zu machen, während man gleichzeitig gezwungen ist, den Lebensunterhalt für zwei Personen alleine zu erwirtschaften, und wie schlecht die strukturellen Bedingungen für Alleinerziehende sind, ist hinlänglich bekannt, und das nicht erst seit gestern. Und ich bin immer noch manchmal fassungslos, wie wenig sich hier ändert. Unterstützt hat mich meine Familie, aber auch die Familie des Vaters, insbesondere bis mein Sohn in die Kita gekommen ist. Durch diese Unterstützung konnte ich mein Studium abschließen und somit sicherstellen, genug Geld für mich und meinen Sohn verdienen zu können. Und mit „genug" meine ich, Miete, Essen, Lebenshaltungskosten bezahlen zu können.

Wir waren einigermaßen arm, also so, dass das Nötigste leistbar war, aber Urlaub, Autofahren, Fair-Trade-Mode, im Bioladen einkaufen und was sonst so für einen bürgerlichen Lifestyle als unverzichtbar gilt, nicht drin waren. Und nicht nur aus finanziellen Gründen: Als Alleinerziehende ist man standardmäßig die Person, die am Abend mit dem Kind zu Hause ist. Freizeit, Freundinnen treffen, Feiern gehen sind da nicht drin. Kinder bedeuten allgemein, dass sich die Freizeitaktivitäten verändern, weil vieles nicht kindgerecht ist: sei es das Museum oder das Restaurant, wo Kinder nicht laut sein oder rumrennen sollen, sei es aus offensichtlichen Gründen die Kneipe oder der Club. Während Paare sich abwechseln können und es dann vielleicht trotzdem schade finden, dass der Partner beim Grillabend mit Freunden nicht dabei sein kann, weil er zu Hause die Kinder hütet, bedeutet alleinerziehend zu sein sehr oft, dass man alleine mit schlafendem Kind zu Hause ist.

Ich habe als ehemalige Alleinerziehende die Erfahrung gemacht, dass nicht nur die gesellschaftlichen Strukturen und finanzbezogenen Rahmenbedingungen absolut nicht für Alleinerziehende gemacht sind, sondern auch, dass solidarisches Verhalten und praktische Unterstützung im Alltag selten sind und häufig von anderen Alleinerziehenden kommen sowie seltener von anderen Frauen und anderen Müttern. Obwohl die schlechten Zustände natürlich nicht durch individuelles Engagement ausgeglichen werden sollten, sondern die materiellen Rahmenbedingungen verändert werden müssten, ist doch auffällig, dass der Struggle von Alleinerziehenden zwar häufig erwähnt wird, daraus aber keine Konsequenzen gezogen werden. Als ich noch alleinerziehend war, habe ich häufig gesagt bekommen: „Ich sehe, was du Tag für Tag leistest, das ist bestimmt schwer." Oder noch schlimmer: „Also, ich könnte das nicht." Na, da hast du ja Glück gehabt, du musst es ja auch nicht.

Das alibihafte Erwähnen von alleinerziehenden Müttern nervt, und zwar so richtig. Warum wird immer nur darauf hingewiesen, dass es „die Alleinerziehenden" so schwer haben, wenn daraus keine Unterstützung resultiert? Warum wird nur davon gesprochen, dass es wichtig sei, „Alleinerziehende mitzudenken", ohne dass konkret wird, was genau dieses „Mitdenken" denn eigentlich ist? Als ginge es allein darum, das Thema fürs gute Gewissen erwähnt zu haben, um es dann schnell wieder abhaken zu können. Natürlich kann das „Gesehenwerden" auch ein erster Schritt zur Veränderung sein, aber noch schöner wäre es, nicht sofort wieder stehen zu bleiben, sondern zu schauen, ob und wie man unterstützend tätig werden könnte, und darüber zu sprechen.

Was kann man aber tun, wenn man alleinerziehende Mütter unterstützen will? Unterschiedliche Alleinerziehende haben natürlich unterschiedliche Bedürfnisse, und obwohl alleinerziehende Mütter statistisch gesehen ein hohes Armutsrisiko haben, heißt das weder dass jede alleinerziehende Mutter arm ist noch dass sie gerne Spenden bekommen möchte. Um Kommunikation und ehrliches Interesse kommt man also nicht herum.

Gespendet bekommt man häufig getragene Kinderkleidung. Häufiger sind Leute, die keine weiteren Kinder mehr planen, einfach froh, die Sachen los zu sein, ohne sie in den Altkleidercontainer geben zu müssen oder sie auf eBay oder auf dem Flohmarkt verkaufen zu müssen. Das ist total okay, und ich habe mich immer darüber gefreut. Das Mindeste wäre für mich aber, dass die Sachen noch tragbar sind, also weder Löcher noch Flecken haben, die man nicht mehr rausbekommt. Manche können sich gar nicht vorstellen, was man so geschenkt bekommt.

Ein guter Moment, um zu berücksichtigen, dass alleinerziehende Mütter häufig von Armut betroffen sind, wäre zum Beispiel, wenn man gemeinsame Unternehmungen vorschlägt. Freizeitpark, Kino und Co. sind ziemlich teuer – wenn man es sich leisten kann, könnte man die alleinerziehenden Freundinnen einladen, ohne zu erwarten, dass das auf Gegenseitigkeit beruht, oder man könnte Unternehmungen vorschlagen, die nichts kosten.

Auch in Freundschaften ist „Gegenseitigkeit" beim Leben mit Kindern als alleinerziehende Mutter ein Thema. Was ich als alleinerziehende Mutter brauche, sind (kinderlose) Freundinnen und Freunde, die nicht erwarten, dass man sich gleich oft gegenseitig besuchen kann. Wenn ich nicht so häufig kindfrei habe, wäre es cool, wenn es kein Problem ist, dass wir uns häufiger bei mir treffen. Was ich brauche, sind Freundinnen und Freunde, die normal finden, dass ich Kinder dabeihabe, wenn man Sachen unternimmt.

In Bezug auf Kinderbetreuung kann man übrigens auch Mütter, denen man persönlich nicht so nahesteht, unterstützen. Zum Beispiel die Mütter von Kitafreunden oder Klassenkameradinnen der Kinder. Warum nicht einfach das Kind der alleinerziehenden Mutter aus der Kitagruppe zu sich nach Hause einladen, wenn die Kita geschlossen hat?

Alleinerziehende Mütter supporten und berücksichtigen, dass Alleinerziehende häufig von Armut betroffen sind: Yeah! Noch besser: Darauf zu achten, dass man deswegen nicht allen Alleinerziehenden andichtet, dass sie arm sind. Am besten wäre natürlich, die Gesamtzustände so zu verändern, dass alleinerziehend überhaupt nicht mehr bedeuten muss, arm zu sein, sondern insbesondere Mütter mit Kindern berücksichtigt werden, wenn es darum geht, wer welche Ressourcen bekommt.

43 Prozent der alleinerziehenden Familien gelten in Deutschland als einkommensarm, während es bei den Paarfamilien mit einem Kind 9 Prozent, mit zwei Kindern 11 Prozent und mit drei Kindern 31 Prozent sind. Frauen sind insbesondere von dieser Armut betroffen, denn 88 Prozent der Alleinerziehenden sind Mütter. Das Risiko, in Armut zu leben, ist für alleinerziehende Familien in Deutschland von allen Familienformen am höchsten. Das höhere Armutsrisiko alleinerziehender Mütter ist nicht auf mangelnde Erwerbstätigkeit zurückzuführen. Alleinerziehende Mütter gehen häufiger einer Lohnarbeit nach als andere Mütter und arbeiten darüber hinaus auch häufiger in Vollzeit. Zudem üben auch 40 Prozent der

Alleinerziehenden im SGB-II-Bezug eine Erwerbstätigkeit aus. Das bedeutet, dass sie trotz Erwerbstätigkeit so wenig verdienen, dass sie mit „Hartz IV" aufstocken müssen.[33] Dies kommt insbesondere im Niedriglohnsektor vor, wo beispielsweise ein Mindestlohngehalt nicht ausreicht, um sich selbst und Kinder zu versorgen.

Auch weil es keine anderen Möglichkeiten gibt, die eigene Familie abzusichern, arbeiten alleinerziehende Frauen deutlich häufiger in Vollzeit oder vollzeitnah als andere Mütter: 46 Prozent der Alleinerziehenden im Gegensatz zu 31 Prozent bei Müttern aus Paarfamilien. Obwohl alleinerziehende Mütter häufiger Vollzeit arbeiten, ist ihre finanzielle Situation häufiger prekär als die der Paarfamilien mit Kindern. Alleinerziehende Mütter verfügen über etwas mehr als die Hälfte des Einkommens von Paarfamilien.[34]

Es bleibt ihnen – unabhängig davon, ob sie gerne arbeiten gehen oder was sie beruflich machen und wie sie ihr Leben gestalten wollen – kaum etwas anderes übrig. Nicht nur, weil es nicht genug soziale Absicherung gibt, sondern auch, weil nur die Hälfte der Väter Unterhalt für die Kinder zahlt und von dieser Hälfte wiederum nur die Hälfte den Mindestunterhalt.[35] Das heißt, insgesamt bekommt nur ein Viertel der Kinder den gesetzlichen Mindestunterhalt, der noch nicht einmal besonders hoch ist. Warum gibt es keine gesellschaftliche und

---

33 Bertelsmann Stiftung (hrsg.), Anne Lenze: Alleinerziehende weiter unter Druck. Bedarfe, rechtliche Regelungen und Reformansätze, 2021, S. 34.

34 Bundesministerium für Familie, Senioren, Frauen und Jugend: Familie heute. Daten. Fakten. Trends. Familienreport, 2020, S. 60.

35 Hartmann, Bastian: Unterhaltsansprüche und deren Wirklichkeit, SOEP – The German Socio-Economic Panel Study at DIW Berlin, 2014, S. 1.

politische Antwort darauf, dass die Hälfte der Väter nach der Trennung keinen Unterhalt zahlt?

Kindesunterhalt orientiert sich üblicherweise an der „Düsseldorfer Tabelle".[36] Bei einem Nettoeinkommen des Vaters eines unter fünfjährigen Kindes von unter 1900 Euro, der niedrigsten Stufe, liegt der Kindesunterhalt bei 396 Euro. Das bedeutet nicht, dass die alleinerziehende Mutter 396 Euro überwiesen bekommt, denn der Kindesunterhalt muss noch mit dem Kindergeld gegengerechnet werden. Der Vater bekommt nämlich die Hälfte vom Kindergeld, unabhängig davon, ob und wie häufig er das Kind sieht und ob und welche Ausgaben er hat. Das Kindergeld beträgt laut Bundeskindergeldgesetz (BKGG) im Jahr 2022 für das erste und zweite Kind 219 Euro im Monat. Die Hälfte davon – 109,50 Euro – ist mit dem Kindesunterhalt gegenzuverrechnen. 396 – 109,5 = 286,5. Zweihundertsechsundachtzig Euro fünfzig Unterhalt. In einer Großstadt reicht das noch nicht mal unbedingt für das Zimmer in der größeren Wohnung, die man braucht, wenn man ein Kind bekommen hat. Essen, Kleidung, Sportverein sind dann erst recht noch nicht bezahlt.

Für die ungefähr 50 Prozent der Kinder, für die die Väter gar keinen Unterhalt zahlen, sowie für die 25 Prozent, die zu wenig Unterhalt bekommen, können die Mütter Unterhaltsvorschuss beantragen. Die Höhe des Unterhaltsvorschusses für ein unter fünfjähriges Kind beträgt allerdings nicht so viel wie der Zahlbetrag des Mindestunterhalts, 286,50 Euro, sondern die Höhe des Unterhaltsvorschusses beträgt für Kinder bis zu fünf

---

[36] Oberlandesgericht Düsseldorf: Düsseldorfer Tabelle 2021, unter: https://www.olg-duesseldorf.nrw.de/infos/Duesseldorfer_Tabelle/Tabelle-2022/index.php.

Jahren: 177 Euro im Monat. In vielen Kommunen werden noch nicht einmal die Schulden der Väter bei der Unterhaltsvorschussstelle, die entstehen, wenn Mütter sich sozusagen den ausstehenden Unterhalt für ihre Kinder leihen, eingetrieben. Die bundesweite Rückholquote liegt bei 13 Prozent. Das heißt, 87 Prozent der unterhaltspflichtigen Elternteile, bei denen neun von zehn Väter sind, zahlen den Unterhaltsvorschuss nicht zurück.[37]

Bevor ich alleinerziehend geworden bin, wusste ich nicht, dass Väter auch in den 2010er-Jahren noch völlig problemlos ihre Familie verlassen können, ohne dass das irgendwelche Konsequenzen mit sich bringt. Also für die Väter problemlos natürlich – alleinerziehende Mütter sind vor erhebliche Probleme gestellt, wenn es in ihrer Familie zu wenig Erwachsene gibt, die das sprichwörtliche „Dorf“ bilden, also sich das Umeinander- und insbesondere das Um-die-Kinder-Kümmern aufteilen.

Und mir war auch nicht klar, dass Väter dann nicht nur nicht im gesellschaftlichen Ansehen sinken, sondern dass häufig auch der Frau die Schuld für die Trennung gegeben wird. „Sie hat sich bestimmt gehen lassen nach der Geburt“, „Sie hat ihm nicht mehr genug Aufmerksamkeit geschenkt“, „Männer brauchen eben ihre Freiheit“, wir alle kennen diese hinterhältigen Klischees.

Und man darf nicht vergessen: Auch wenn Alleinerziehende strukturell benachteiligt sind, gibt es nicht einerseits die Alleinerziehenden, denen es schlecht geht, und andererseits die Mütter in Paarbeziehungen, bei denen es super läuft. Es gibt da diese Situationen, wenn

---

37 Reisin, Andrej: Warum holt der Staat das Geld nicht zurück?, Das Erste: Tagesschau, unter: https://www.tagesschau.de/faktenfinder/inland/unterhaltsvorschuss-111.html.

verheiratete Frauen sagen: „Hihi, also die nächsten zwei Wochen bin ich auch alleinerziehend, mein Mann ist auf Geschäftsreise!“, wo dann die Antwort lautet: „Nein, echt nicht, das ist nicht das Gleiche wie alleinerziehend zu sein!“. Ist es auch nicht. Alleinerziehend zu sein bedeutet, dass es das Gehalt des Partners, der auf Geschäftsreise ist, nicht gibt, weil es ihn nicht gibt. Man kann ihn nicht anrufen, um darüber zu reden, wie der Tag mit den Kindern war. Er geht nicht mit den Kindern zur Zahnärztin. Man erbt nichts von ihm, man wohnt nicht zusammen in einem Haus, das von seinem Gehalt bezahlt wurde. Weil es keinen Partner gibt. Man muss alles alleine machen. Und „alles“ ist mehr, als man schaffen kann.

Trotzdem aber ist es auch für viele Mütter ein großes Problem, wenn ihre Ehemänner keine Care-Arbeit machen und keine emotionale Arbeit für die Beziehung zu seiner Frau leisten, und ich kann nachvollziehen, inwiefern man sich dann alleinerziehend „fühlt“. Und es gibt auch Mütter in klassischen Familienkonstellationen, die, wenn man so will, tatsächlich alleinerziehend sind. Deren Mann auf Geschäftsreise kein offenes Ohr hat. Die immer die ganze Care-Arbeit alleine machen müssen. Die von ihrem Mann unter Druck gesetzt werden, wenn sie das nicht schaffen. Deren Mann über die Finanzen bestimmt. Die nach der Scheidung feststellen, dass das Haus und alles andere auch ihm gehört. Die immer machen müssen, was er sagt. Weil die Strukturen in Patriarchat und Kapitalismus, unterstützt durch die klassischen Geschlechterrollen, eine Familienstruktur forcieren, in der Mütter emotional und finanziell alleine gelassen werden.

Ich selbst bin, ich habe es bereits erwähnt, im Laufe der Zeit immer weniger alleingelassen worden. Es ist etwas passiert, von dem man nicht denkt, dass es passieren kann: Ich bin immer weniger alleinerziehend geworden. Der Vater meines ersten Kindes hat begonnen, sich immer mehr einzubringen, mehr Zeit mit unserem Sohn zu verbringen. Er hat angefangen, Unterhalt zu zahlen. Wir haben uns gestritten und wieder vertragen und versucht, ein gemeinsames Elternding hinzubekommen. Er hat sich Mühe gegeben, immer mehr Verantwortung zu übernehmen und sich damit auseinanderzusetzen, was alles am Anfang von seiner Seite aus scheiße gelaufen ist, ich habe versucht, meine Verletzungen aus der schwierigen Zeit nicht in die Ebene der Elternrolle zu bringen. Heute leben wir im Wechselmodell und verstehen uns als Familie mit freundschaftlichem Kontakt und gemeinsamen Unternehmungen, aber eben ohne Liebesbeziehung, ohne gemeinsame Wohnung. Und spätestens, als noch das zweite Kind dazugekommen ist und ein zweiter Papa, passt meine Familie nicht mehr so richtig in diese Vorstellung, wie Familien so sind.

Wechselmodell bedeutet zwar viel mehr kindfreie Zeit, als viele Alleinerziehende sie zur Verfügung haben. Wechselmodell bedeutet aber auch, dass jeder Elternteil Miete für eine Wohnung zahlen muss, die groß genug ist für ein Kinderzimmer. Wechselmodell bedeutet, dass Möbel und viele Gebrauchsgegenstände des täglichen Bedarfs, von der elektrischen Zahnbürste bis zum Trinklernbecher, doppelt angeschafft werden müssen. Und von Jacken und Tupperdosen will ich gar nicht erst anfangen – davon haben wir verdammt viele und niemand hat einen Überblick, welche sich gerade in welchem Haushalt befindet. Und vom Ehegattensplitting profitiert von uns drei Eltern von zwei Kindern in drei Haushalten niemand.

Wechselmodell bedeutet auch viel Planung: Wer muss wann arbeiten. Wer hat welche Freizeitpläne. Google-Kalender und WhatsApp-Gruppen. Kompromisse machen und dabei auf Wechselseitigkeit achten. Wer hat Zeit für die Kinder, wann können wir gemeinsame Zeit verbringen, weil uns die Elternbeziehung wichtig ist. Unterschiedliche Bedürfnisse müssen, ähnlich wie in einer Liebesbeziehung, auch in einer Elternbeziehung navigiert werden. Ganz konkret funktioniert meine Familie so: Theoretisch sind meine Kinder abwechselnd eine Woche bei mir und eine Woche bei ihren Papas. Praktisch bedeutet das vor allem eine inhaltliche Zuständigkeit eines Elternteils pro Woche. Das heißt, die Ausgangslage ist immer so, dass jeder für seine Woche zuständig ist. Habe ich in einer Woche abends etwas vor und meine Kinder sind sowieso bei den Vätern, dann passt alles. Habe ich in einer Woche abends etwas vor, in der die Kinder bei mir sind, muss ich einen Tag mit beiden Vätern tauschen oder eben eine andere Lösung finden, zum Beispiel eine Babysitterin fragen oder eine Übernachtung bei einem Schulfreund organisieren. Das heißt, wir haben einen fortlaufenden schematischen Plan, wer wann zuständig ist, machen aber für die nächsten ein bis zwei Wochen immer noch eine Feinabstimmung für alle Sachen, die außer der Reihe stattfinden, wie Elternabende oder Freizeitgestaltung. Diese 50:50-Zuständigkeit pro Woche ist uns wichtig, weil so gewährleistet ist, dass nicht immer ein Elternteil automatisch freihat und die andere immer fragen muss, wenn sie auch einmal freihaben will.

Aber nicht nur die Betreuungszeiten haben wir aufgeteilt, sondern auch verschiedene inhaltliche Aufgaben. Zum Beispiel gehe ich zu den Vorsorgeuntersuchungen bei der Kinderärztin, der Papa geht zur Vorsorge beim Zahnarzt. Es gibt auch Momente, wo wir nicht so strikt auf die 50:50-Aufteilung achten, zum Beispiel bei gemeinsamen Unternehmungen. Auch während meiner zweiten Schwangerschaft war mein großer Sohn häufiger bei Papa, und natürlich spielen auch die kindlichen Bedürfnisse eine mit zunehmendem Alter wichtigere Rolle. Wenn sich unser Kind nachmittags mit einem Schulfreund bei demjenigen Elternteil verabreden will, bei dem die Playmobil-Ritterburg steht, dann machen wir das auch dann möglich, wenn der Elternteil gerade nicht dran ist. Und der Papa von meinem großen Sohn nimmt auch mal beide Kinder, wenn ich außer der Reihe freihaben will und der andere Papa nicht kann.

Als ich weniger Stunden gearbeitet habe, hat der mehr verdienende Vater trotz der 50:50 aufgeteilten Betreuungszeit Unterhalt gezahlt, weil es uns nicht wirklich fair vorgekommen ist, wenn bei den Ausgaben fürs Kind beide die gleiche Summe zahlen, obwohl sich die Einkommensverhältnisse unterscheiden, weil dann ja der ärmere Elternteil prozentual viel mehr vom eigenen Einkommen aufwenden muss. Da wir jetzt ähnliche finanzielle Verhältnisse haben, führen wir über alle Ausgaben für die Kinder eine Liste. Damit die „Verwaltung" der Familie in Listen und Kalendern nicht so aufwendig ist, drücken wir auch immer mal wieder ein Auge zu. Niemand stört sich groß daran, ein Kind mal ein paar Tage länger bei sich zu haben, weil wir wissen, dass das in beide Richtungen funktioniert. Auch die Kosten rechnen wir nicht superpenibel ab. Wenn ich mal ein paar Socken alleine zahle, ist das schon okay.

Wechselmodell finde ich für mich persönlich und für meine Familie normal bis super. Ein großer Nachteil sind zum Beispiel die Vorurteile, mit denen man konfrontiert wird: „Das Kind hat ja gar kein richtiges Zuhause", „Die

Kinder werden nur verwaltet" (und nicht geliebt – „gute Mütter" wollen die Kinder immer um sich haben), „Die Geschwister werden auseinandergerissen" (wegen der verschiedenen Väter, was noch mal seine ganz eigenen Vorurteile mit sich bringt). Natürlich ist es für ein Wechselmodell wichtig, eine gute Elternbeziehung zu haben, gut miteinander im Kontakt zu sein, aufrichtig aneinander interessiert, bemüht, finanzielle Ungleichheiten auszugleichen und die Wünsche der Kinder altersangemessen miteinzubeziehen. Kindern, die im Wechselmodell leben, geht es mindestens genauso gut oder sogar ein wenig besser als Kindern, die im Residenzmodell, also bei einem alleinerziehenden Elternteil mit Besuchskontakt zum anderen, leben. Wichtig ist dabei die Beziehung des Kindes zu beiden Eltern. Ist diese gut, wirkt es sich besonders positiv auf das Kindeswohl aus.[38] Das Wechselmodell ist aber nicht bei strittigen Trennungssituationen geeignet, und auch eher weniger für Eltern mit sehr unterschiedlichem Anteil an der Care-Arbeit, zumindest nicht als spontan nach einer Trennung umzusetzendes Modell.

Ich bin gerne getrennt erziehend, weil damit schon die Familienstrukturen dazu beitragen, dass die Care-Arbeit gerecht 50:50 aufgeteilt ist. Kein Liebespaar mehr zu sein, macht es auf jeden Fall leichter, die Care-Arbeit zu verteilen, weil Konflikte auf der Elternebene auch auf der Elternebene bleiben, und jeder Elternteil im eigenen Haushalt für Haushalt und Kind zuständig ist. Klar ist jedoch: Wir werden nie die „Kernfamilie" sein, die die Gesellschaft als „normal" ansieht.

---

[38] Steinbach, Anja; Helms, Tobias: Erste Ergebnisse der Studie „Familienmodelle in Deutschland" (FAMOD), unter: https://www.uni-due.de/imperia/md/images/famod/famod_erste_ergebnisse.pdf, 2021.

Der Vater, obgleich im Beruf durchsetzungsstark und kompetent, schafft es einfach nicht durchzusetzen, dass er auch mal eine Windel wechseln darf

Für die Freiheit, sein Leben zu gestalten, wie man es möchte, ist insbesondere für Mütter nicht nur die Art, wie die Lohnarbeit gestaltet ist, relevant, sondern vor allem auch die Aufteilung der Care-Arbeit. Während Lohnarbeit in unserem System grundsätzlich notwendig ist, um zum Beispiel Lebensmittel oder Heizkosten zu bezahlen, ist Care-Arbeit auf eine andere Art obligatorisch. Das Essen muss zubereitet werden und die Kinder müssen gepflegt und versorgt werden, genauso wie alte und kranke Menschen, um die man sich kümmert.

Der „Equal-Care-Day" macht darauf aufmerksam, dass auch hier Frauen deutlich mehr Care-Arbeit machen als Männer. Dieser fällt auf den 29. Februar, weil dieser nur alle vier Jahre stattfindet. Diese vier Jahre brauchen Väter durchschnittlich, um so viel Care-Arbeit zu erledigen, wie eine Mutter durchschnittlich in einem Jahr macht. Nicht nur in Bezug auf Lohn und Gehalt ist Equality ein Thema, sondern auch in Bezug auf Care-Arbeit, schließlich hängt zum Beispiel die Tatsache, dass Frauen häufiger Teilzeit arbeiten, direkt damit zusammen, dass Väter deutlich weniger Care-Arbeit machen, und andersrum.

In Haushalten mit Kindern fällt aufgrund der Erziehung und Betreuung der Kinder die meiste Care-Arbeit an. Mütter verrichten in dieser Konstellation täglich zwei Stunden und 30 Minuten mehr Care-Arbeit als Väter, sodass der Gender-Care-Gap, der die ungleiche Verteilung von Care-Arbeit darstellt, in Paarhaushalten mit Kindern 83,3 Prozent beträgt. Das Bundesministerium für Familie, Senioren, Frauen und Jugend stellt fest: „Die größten Unterschiede beim Gender-Care-Gap zeigen sich bei 34-Jährigen: In dieser Altersgruppe beträgt der Gender-Care-Gap 110,6 Prozent. Die Frauen verbringen täglich durchschnittlich fünf Stunden und 18 Minuten mit Care-Arbeit, die Männer dagegen nur zwei Stunden und 31 Minuten. In dieser Phase bündeln sich zentrale Lebensereignisse und -entscheidungen im Beruf sowie oft auch die Verantwortlichkeit für Kinder und Eltern."[39] Auch im Alltag lässt sich das anekdotisch beobachten: Mehr Mütter im Wartezimmer bei der Kinderärztin und auf dem Spielplatz, außer sonntags zwischen 10 und 12 Uhr, da geht Papa mit den Kids raus, damit Mutti in Ruhe das Essen vorbereiten kann. Mütter backen den Kuchen zum Sommerfest der Kita, Mütter werden ganz selbstverständlich in den E-Mail-Verteiler der Schulklasse aufgenommen.

Mütter tragen nicht nur die Verantwortung für Care-Arbeit und Mental Load, ihnen wird auch die Verantwortung für die Verteilung der Care-Arbeit zugeschrieben. Und auf einer individuellen Ebene mag das ja total so sein, dass Menschen unterschiedliche Belastungsgrenzen, Kompetenzen und Vorlieben haben. Leider finden derartige Sachverhalte in unserer Gesellschaft nicht unabhängig vom Geschlecht statt, sodass es auf einer strukturellen Ebene immer die Frauen sind, die mehr Care-Arbeit machen, andere „Sauberkeitsstandards" haben und weniger Geld verdienen, was leider viel zu oft damit einhergeht, dass es dann heißt: „Ach schade, 50:50

---

[39] Bundesministerium für Familie, Senioren, Frauen und Jugend: Gender Care Gap – ein Indikator für die Gleichstellung, unter: bmfsfj.de/bmfsfj/themen/gleichstellung/gender-care-gap/indikator-fuer-die-gleich stellung/gender-care-gap-ein-indikator-fuer-die-gleichstellung-137294.

können wir nicht machen, meine Frau kann das halt besser mit den Kindern“ oder „Ich würde ja gerne mehr machen, aber meine Frau lässt mich einfach nicht“.

Dieses „Ich würde ja gerne mehr machen, aber meine Frau lässt mich einfach nicht“ bzw. „korrigiert alles, was ich mache“, „weiß es eh besser“ etc. nennt man „Maternal Gatekeeping“ (engl. „Gate“ = Tor; „keeping“ = bewachen). Der Begriff beschreibt das Phänomen, dass Mütter das metaphorische Tor zum Sich-um-die-Kinder-Kümmern so bewachen würden, dass Väter einfach nicht reinkommen könnten. Es wird also unterstellt, dass die Aufteilung der Care-Arbeit deswegen nicht gleichmäßig erfolgen würde, weil die Mütter das nicht zuließen. Der Vater, obgleich im Beruf durchsetzungsstark und kompetent, schafft es also einfach nicht durchzusetzen, dass er auch mal eine Windel wechseln darf.

Während es kurz nach der Geburt des Kindes in der Praxis noch stimmen mag, dass die angeblich bessere Kompetenz der Mutter nicht in ihrem konkreten Wissen um bestimmte Tätigkeiten – wie Fläschchen zubereiten oder Windeln wechseln – besteht, sondern weil sie sich aufgrund ihrer Sozialisation verantwortlicher fühlt, ändert sich dies im Laufe der Zeit. Je länger eine Mutter alleine für ein Kind verantwortlich ist, je länger ein Vater keine der alltäglichen kindbezogenen Aufgaben übernimmt, desto besser kann die Mutter tatsächlich diese Aufgaben ausführen. Sie hat die Erfahrung, sie hat das Expertinnenwissen. Er hat das väterliche Kompetenzdefizit. Maternal Gatekeeping funktioniert in dieser Hinsicht wie eine sich selbst erfüllende Prophezeiung: Wenn man sich nur lange genug nicht um das Kind kümmert, stimmt es irgendwann, dass die Mutter es besser kann und es deswegen „lieber“ selbst macht.

Ein Mechanismus, um mit der Belastung von Müttern durch Lohnarbeit, Haushalt und Kind umzugehen, ist das Beschäftigen einer Reinigungskraft, umgangssprachlich *Putzfrau*, oder eines *Au-Pair-Mädchens.* Immer wieder gibt es Debatten darum, inwiefern es moralisch zu rechtfertigen sei, eine Haushaltshilfe zu beschäftigen, da man letztendlich die Care-Arbeit an eine weniger privilegierte Frau auslagert. So wichtig ich diese Debatte finde – spannend ist, inwiefern dies teils unhinterfragt als „Frauenthema" verhandelt wird. Es gibt einen riesigen blinden Fleck im Hinblick auf Männer und vor allem Väter, die keine Care-Arbeit machen. Es ist ja nicht nur das abstrakte System, das unsere Rollenverteilung forciert, es ist auch der ganz konkrete Ehemann in der eigenen Familie, der viel weniger Care-Arbeit macht als man selbst oder der denkt, dass eine Haushaltshilfe seiner Frau ja bei ihrer Aufgabe, dem Haushalt, helfen könne. Wann wird sogenannten „Familienvätern" auf Social Media vorgeworfen, Au-Pairs zu beschäftigen, weil sie ihre Care-Arbeit nicht selbst schaffen? Warum werden nur Frauen angemahnt, ihre Privilegien zu checken, weil ja nicht alle Frauen (!) sich die Auslagerung von Care-Arbeit leisten könnten? Wo bleibt die Diskussion unter Männern, wie es moralisch zu bewerten sei, eine Reinigungskraft zu beschäftigen?

Auch größerer finanzieller Spielraum, der es ermöglicht, Care-Arbeit auszulagern, ist nicht gleichbedeutend mit echter Wahlfreiheit, solange nicht Väter und Männer aus Eigeninitiative Tätigkeiten im Bereich Kinder, Sorge und Haushalt übernehmen und nicht nur lohnarbeiten. Nur unter Frauen zu diskutieren, ob und inwiefern die Auslagerung von Care-Arbeit problematisch ist, lässt den Status quo, dass Väter und Männer weder (genug) Care-Arbeit machen noch dafür verantwortlich gemacht werden, unberührt.

Ob Väter tatsächlich auf dem Arbeitsmarkt diskriminiert werden oder wie groß das Ausmaß ist, ist schwer zu sagen. In der Praxis ist es ja so, dass nur ein Teil der Väter überhaupt Elternzeit nimmt. Knapp die Hälfte der erwerbstätigen Frauen in Deutschland arbeiten Teilzeit. Bei den Männern sind es nur 12 Prozent.[40] Die Anzahl der Väter, denen also beispielsweise Karrieremöglichkeiten verwehrt bleiben, weil sie ein Jahr wegen der Elternzeit ausgefallen sind oder weil sie Teilzeit arbeiten und deswegen häufig für später am Tag stattfindende Meetings nicht zur Verfügung stehen, kann nicht so groß sein, weil Väter sich üblicherweise gar nicht erst in die Position begeben, dass das passieren könnte. Aus anekdotischen Erzählungen kennt man dann aber diese Argumentation, dass *er* ja keine Elternzeit hätte machen können, dass *er* ja nicht seine Stunden auf 30 Stunden reduzieren könne, weil sonst Diskriminierungen, wie das Übergangenwerden bei Beförderungen etc., passieren würden. Ich halte es für total vorstellbar, dass es tatsächlich auch für Väter so ist, dass diese Nachteile auf dem Arbeitsmarkt existieren. Wir kennen das ja aus der Praxis, weil das bei Müttern so oft passiert, dass es gefühlt zum Kinderkriegen „dazugehört". Es handelt sich hier um einen der klassischen Fälle, wo man als Mutter gerne mal einen blöden Spruch zu hören bekommt à la: „Du hast doch gewusst, worauf du dich einlässt/du wolltest doch Kinder." Als wäre es zu viel verlangt, als Frau Kinder haben und gleichzeitig eine gute Ausstattung mit Ressourcen

---

40 Bundesagentur für Arbeit: Die Arbeitsmarktsituation von Frauen und Männern, 2021, S. 10.

und keine Diskriminierung haben zu wollen. Ich finde es total schwierig, wenn für Frauen nachteilige strukturelle Verhältnisse mit individuellen Entscheidungen und Vorlieben begründet werden.

Bitter stößt mir in diesem Zusammenhang immer wieder auf, wie bereitwillig manche Väter diese Behandlung ihrer Partnerinnen auf dem Arbeitsmarkt hinnehmen, während sie für sich selbstverständlich das Recht herausnehmen, sich gar nicht erst in diese Situation zu begeben. Auch bei Männern hängt es mit der Geschlechterrolle zusammen, wie sie sich in Bezug auf Lohnarbeit verhalten. Die männliche Geschlechterrolle gibt vor, der finanzielle Versorger sein zu müssen, und es ist auch zum Teil üblich, dass Männer, die Care-Arbeit machen, abgewertet werden. In dieser Hinsicht ist sicherlich das häufig besprochene Umdenken und Vorleben von aktiver Vaterschaft in der Unternehmenskultur hilfreich.

Die strukturelle Benachteiligung von Müttern auf dem Arbeitsmarkt findet in einem Setting statt, in dem auch der Sozialstaat keine ausreichenden Mittel hat, um Mütter vor Armut und Abhängigkeit zu schützen. Mütter sind dann darauf angewiesen, über ein eigenes Einkommen zu verfügen – das hoch genug ist, um sich selbst und die eigenen Kinder zu versorgen – oder über einen Ehemann. Gleichzeitig ist die Aufteilung von Care-Arbeit in der Ehe auch wieder ein Grund, warum Mütter weniger lohnarbeiten können. Weil Frauen es also, wenn sie Kinder haben oder haben wollen, schwer haben, genug zu erwirtschaften, brauchen sie eine Ehe, die dann wiederum dazu beiträgt, dass sie es schwer haben, genug zu erwirtschaften. Das klingt eigentlich nicht wie ein besonders guter Deal. Kein Wunder, dass wir kulturell die Ehe so framen, dass es in erster Linie Frauen seien, die diese wollten und von Kindheit an von dieser träumten. Das romantische Narrativ vom schönsten Tag im Leben trägt so seinen Teil dazu bei, dass eine Ehe anzustreben eng an die Frauenrolle geknüpft ist. Von der heterosexuellen Ehe profitieren aber hauptsächlich die Männer. Sie gewinnen eine günstige Care-Arbeiterin, die ihnen den Rücken freihält und die Vereinbarkeit von Familie und Beruf alleine schultert. Die romantischen Vorstellungen von der Ehe verschleiern ein Stück weit, dass Frauen durch die Ehe ziemlich viel Fürsorge geben und im Gegenzug ziemlich viel Stress bekommen. „Aufrechnen ist unromantisch" ist im Prinzip die gleiche Leier wie „Frauen machen gerne aus Liebe die ganze Care-Arbeit alleine".

Es gibt natürlich auch klassische Heteroehen, die gut laufen. Das möchte ich nicht infrage stellen. Wo die Eheleute liebevoll zueinander sind, wo sich beide Mühe geben, ihren Teil beizutragen – jeder in seiner Rolle – und auf Augenhöhe zu kooperieren. Da muss man dann ja an der persönlichen Ausgestaltung des Lebens nichts ändern, wenn man das nicht möchte. Aber wie schön wäre es, wenn die Bedingungen drumherum trotzdem so gestaltet wären, dass Vereinbarkeit kein Problem wäre, mit dem man erst lernen muss umzugehen? Wenn materielle Sicherheit kein Problem wäre, mit dem man erst strategisch umgehen muss? Abhängigkeit heißt nicht immer, dass der Ehemann das letzte Wort hat und man als Frau in allen Entscheidungsfindungsprozessen untergeordnet ist. Auch die (Haus-)Frauenrolle ähnlich wie ein Arbeitsverhältnis zu begreifen – in dem man seinen Teil zum Projekt Familie beiträgt und in der Familie arbeitet und dementsprechend seinen Anteil am Gehalt des Mannes „verdient" hat – bedeutet eine Abhängigkeit von ebendiesem Gehalt. Zumal die Arbeitsbedingungen für Hausfrauen weder die arbeitsrechtlich festgeschriebenen 30 Minuten Pause bei acht Stunden Arbeit noch die Begrenzung der Arbeitszeit auf zehn Stunden beinhalten. Auch eine Karriere, eine Beförderung, eine Gehaltserhöhung sind hier nicht möglich. Dafür aber noch mehr Arbeit bei steigender Kinderzahl. Die einzige Möglichkeit für ein Mehr an Entlohnung ist eine Gehaltserhöhung des Ehemannes, was uns wiederum auf die Abhängigkeit von seinem Gehalt zurückführt.

Die Konsequenz dieser nach Geschlecht aufgeteilten Arbeitsteilung ist, dass Väter sich weniger um ihre Kinder kümmern als Mütter. Erst recht nach einer Trennung. Väter gehen (arbeiten). Tatsächlich ändert sich in Bezug auf die Kinder für die Väter bis auf eine etwaige Wohnsitzänderung wenig, schließlich haben sie sich auch vor der Trennung wenig an der Care-Arbeit beteiligt, sie haben „Karriere gemacht" oder waren halt jedenfalls arbeiten, während die Frau ihnen „den Rücken freigehalten" hat.

Und oft genug gibt es dafür den Erklärungsansatz: Mütter sind eben so. Die Schwangerschaft, die Hormone. Durch den Umstand, die Kinder geboren zu haben, käme eben eine engere Beziehung zustande und es falle dann Müttern schwerer, die Kinder zu verlassen. Die Natur habe das praktischerweise so eingerichtet. Vielmehr sind es aber die traditionellen Geschlechterrollen, die uns auf diese Aufgabenteilung vorbereiten. Die Geschlechterrollen, bei denen Jungs nicht mit Puppen spielen dürfen, weil das zu „weiblich" und damit nicht gut genug für Männer ist, und Mädchen einen pinken Spielzeugstaubsauger zu Weihnachten kriegen. Und es ist die Unnachgiebigkeit der Mutterrolle, der soziale Druck, keine „Rabenmutter" zu sein, durch welche diese ungleichen Verhältnisse aufrechterhalten werden.

Dass man es als Mutter nicht richtig machen kann, sieht man auch hier: Die Anforderungen an die Mutterrolle sind so hoch, dass man sie nicht erfüllen kann, aber wenn man sie nicht erfüllt, ist man eine Rabenmutter. Wenn man dann aber als „Glucke" oder „Helikoptermutter" in Erscheinung tritt, gilt das ebenfalls als falsch. Zu überbehütend, zu unselbstständig die Kinder. Die Motive sind da sicherlich unterschiedlich, aber ich kann mir vorstellen, dass auch die Angst davor, als „schlechte Mutter" zu gelten, dazu führen kann, dass man versucht, die ganze Zeit 120 Prozent zu geben. Und es ist ja auch ein schönes Gefühl, als Mutter wertgeschätzt zu werden, wenn man zum Beispiel eine schöne Aktivität für die Kinder plant, die den Kindern Freude bereitet. Ein Mechanismus, der bei Frauen, die wegen der Mutterschaft ihre Lohnarbeit aufgegeben haben oder aufgeben haben müssen, vielleicht noch deutlicher zum Tragen kommt.

Wenn Care-Arbeit Arbeit ist, müssen wir sie bezahlen, oder?

Es gibt unterschiedliche Perspektiven auf den Begriff Care-Arbeit. Es gibt Menschen, die sich nicht damit wohlfühlen, den Begriff „Arbeit" für einen als privaten, von Liebe geprägten Bereich zu verwenden, was ich nachvollziehen kann, weil es auf den ersten Blick so scheinen kann, als wäre es lästig, sich um Menschen zu kümmern. Aber wenn ich Care-Arbeit sage, heißt das im Umkehrschluss nicht, dass ich meine Kinder nicht liebe. Andere finden die Verwendung des Arbeitsbegriffs in Bezug auf Care schwierig, weil Care-Arbeit ja tatsächlich gesellschaftlich anders organisiert ist als die Lohnarbeit im Kapitalismus. Weil aber die Arbeit im Kapitalismus so organisiert ist, dass die Lohnabhängigkeit der Arbeiterinnen und Arbeiter letztendlich auch ihre Ausbeutung bedeutet und wir nicht in einer Gesellschaft von Gleichen leben, sollte man vorsichtig sein mit der Unterwerfung von noch mehr Lebensbereichen unter Marktlogiken, was zum Beispiel auch für die „Care-Arbeit-ist-Arbeit"-Debatte gilt, wenn sie auf ein Caregehalt für Frauen verkürzt wird.

Was in jedem Fall stimmt: Lange Zeit galt es insbesondere in Westdeutschland als Fortschritt, dass Frauen überhaupt arbeiten gehen können. Blieben sie doch besser zu Hause und kümmerten sich um die Familie, um den Haushalt, um das Essen. Heute arbeiten viele Frauen, die auch Mütter sind. Was im Vergleich zur Generation davor, in der viele Frauen Hausfrauen waren, gleich geblieben ist: Frauen machen die Care-Arbeit. Viel zu oft bekommen Frauen in der Lohnarbeit zu hören: „Schönen Feierabend!" – wenn sie nach Hause laufen, um ihre Kinder zu versorgen. Und am Ende ihres Arbeitslebens wartet ein Berg von neuen Problemen. Denn viele haben Teilzeitjahre hinter sich, haben Reproduktions- und Erziehungsarbeit geleistet, aber nie genug verdient, um eine ausreichende Rente beziehen zu können. Weil es dafür wenig oder keine Anerkennung bzw. Entlohnung gibt.

Wo also ansetzen? Logisch folgt die Forderung nach bezahlter Care-Arbeit. Aber ist diese auch richtig? Sollten Mütter (!) denn dafür bezahlt werden, dass sie sich um die Kinder kümmern? Jein. Die Care-Arbeit von Frauen finanziell zu honorieren, gilt immer noch als kalt, berechnend und „unmütterlich", weil das nicht der Mutterrolle entspricht. Leider schützt „alles gratis aus Mutterliebe und Verantwortungsbewusstsein zu erledigen“ nicht davor, 53 Prozent weniger Rente zu beziehen als Männer oder, wie 79 Prozent der Frauen, nicht genug Geld zu verdienen, um sich selbst und ein Kind alleine finanziell supporten zu können. Die unausweichliche Konsequenz aus dem Kinderkriegen sollte nicht Altersarmut für Mütter sein.

Aber warum wird bei Lösungsvorschlägen nicht mitgedacht, die Aufteilung von Care-Arbeit zu verändern? Mütter für Care-Arbeit zu bezahlen reicht nicht, wenn es dann immer noch hauptsächlich Mütter sind, die die Care-Arbeit machen müssen. Dass Mütter für Care-Arbeit zuständig sind, ist gesetzt. Es wird nicht nach Eltern gefragt, nicht nach Vätern. Sollten Väter denn für Care-Arbeit bezahlt werden?

Care-Arbeit gesellschaftlich und vor allem finanziell wertzuschätzen, ist dringend notwendig, ändert aber erst mal nichts an der Tatsache, dass Care-Arbeit größtenteils von Frauen erledigt wird. Aber eine Lösung sollte auch die Ursache der Problematik angehen und nicht nur die Altersarmut als Symptom eines ungerechten Gesamtsystems lindern.

Bezahlte Care-Arbeit ist kein Mittel, das Selbstbestimmung für Frauen forciert, sondern eines, das die Ideologie der Leistungsgesellschaft weiter fortsetzt. Bezahlt wird man, wenn man etwas geleistet hat. Putzen, Kochen, Einkaufen, Waschen, Kindererziehung. Wie viel Geld soll man denn eigentlich verdienen für die Hausfrauentätigkeit (Männer mitgemeint)? Mindestlohn? So viel wie eine Erzieherin? So viel wie eine Sozialarbeiterin? So viel wie eine Lehrerin? Oder machen wir ein bedingungsloses Grundeinkommen, das dann alle bekommen, nicht nur Mütter, und den Rest lassen wir so, wie es ist, sodass Väter Grundeinkommen und Gehalt haben und weiterhin keine Care-Arbeit machen, und Mütter nur Grundeinkommen bekommen und weiterhin ausschließlich Care-Arbeit machen? Auch in Bezug auf die Ideologie der Mutterschaft muss man hier kritisch bleiben, wenn bezahlte Care-Arbeit als eine Art professionalisierte Hausarbeit für Mütter imaginiert wird. Trotzdem ist das bedingungslose Grundeinkommen ein Konzept, das uns die Möglichkeit bietet, die gängige Lohn-gegen-Leistung-Idee zu hinterfragen, da hier beides entkoppelt ist und so den Blick über die Lohnarbeit im Kapitalismus hinaus eröffnet.

Klar ist, dass Care-Arbeit von Müttern, dass Kinderhaben nicht das Ticket in die (Alters-)Armut sein sollte, dass Kinderhaben nicht vom Partner finanziell abhängig machen sollte, dass Care-Arbeit nicht ausgebeutet werden sollte. Das Bezahlen von Care-Arbeit finde ich insofern gut und richtig, als dass das Erledigen von Care-Arbeit nicht daran gekoppelt sein sollte, dass man deswegen in einer prekären Lage bezüglich der Sicherung des eigenen Lebensunterhalts ist. Ich finde es ein Unding, dass unser Wirtschaftssystem darauf aufbaut, Care-Arbeit, sofern sie nicht in der Familie erledigt wird, so unsichtbar wie möglich an schlecht- oder unbezahlte Frauen auszulagern. Care-Arbeit gehört definitiv aufgewertet und sichtbar gemacht. Trotzdem habe ich Angst davor, dass es bei einem Caregehalt dann nur heißen wird: „Frauen, ab in die Küche! Kümmert euch allein um die Kinder! Dafür werdet ihr ja schließlich auch bezahlt! Warum müssen Töchter Abitur machen? Warum müssen Frauen studieren? Sie kriegen doch Caregehalt!“

Wenn es um ein Caregehalt für Mütter (!) geht, müssen wir verhindern, dass nur eine Fortschreibung des Kapitalismus und eine Fortschreibung der damit einhergehenden starren, hierarchischen Geschlechterrollen stattfindet. Insgesamt ist das Problem auf einer umfassenderen Ebene gedacht, aber eines, das das Verhältnis von Lohn- und Care-Arbeit, von Geschlechtern, von Besitz betrifft sowie die Frage, wer für was oder wen arbeitet und was er oder sie dadurch erwirbt.

Das Problem, das sich darin zeigt: Bezahlte Care-Arbeit ist eine Reform innerhalb des kapitalistischen Systems, die gleichzeitig die Rollenbilder weiter verstärkt und dem Patriarchat in die Hände spielt. Das soll nicht heißen, dass diese Reformen nicht dazu beitragen können, unser Leben zumindest für kurze Zeit zu erleichtern. Was wir jedoch bräuchten: eine grundlegende Umstrukturierung des Systems. Wir müssen Care-Arbeit gerecht aufteilen. Wir müssen Care-Arbeit gerecht aufteilen, weil eine gerechte Aufteilung der Care-Arbeit die Grundlage für eine gleichberechtigte Ausübung der Elternrolle darstellt.

Theoretisch modernisiertes Rollenverständnis

Die bürgerliche Kleinfamilie ist in unserer Gesellschaft systematisch so angelegt, dass sie einen Hauptverdiener und eine Zuverdienerin oder Hausfrau hat, üblicherweise eben die Frau, wobei diese Beziehungen natürlich durch die herrschenden ökonomischen Verhältnisse beeinflusst werden. Im Spezifischen wird dies von staatlicher Seite veranlasst und unterstützt, insbesondere durch das Ehegattensplitting, welches, neben anderen Faktoren, dazu führt, dass die zuverdienende Frau den Großteil der Care-Arbeit erledigt und sich gleichzeitig in finanzielle Abhängigkeit vom Ehepartner begibt. Obwohl die Ansprüche an eine Partnerschaft oder Ehe durchaus fortschrittlich sind und Menschen unter 40 vor allem emotionale Faktoren wie gegenseitige Liebe oder erfüllte Sexualität fokussieren und zudem eine gleichberechtigte und partnerschaftliche Aufgabenteilung in der Beziehung favorisieren, schlägt sich das in der Praxis so nicht nieder.[41]

Gesamtgesellschaftlich habe ich manchmal den Eindruck, dass in Diskursen zum Thema 50:50-Elternschaft immer Stimmen laut werden, die sagen: „Es ist doch legitim, wenn ich gerne Hausfrau sein will!“ oder „Es möchte ja nicht jede Familie 50:50 machen!“. Ja, das stimmt natürlich. Aber warum hört man diese Argumentation so häufig von Familien, in denen die Frau einen großen Teil der Care-Arbeit alleine erledigt? Familien, die die Care-Arbeit 50:50 aufteilen, sind letztendlich gesamtgesellschaftlich zahlenmäßig in der Minderheit. Familien, in denen Väter mehr als die Hälfte machen oder in denen Väter alleinerziehend sind, sind noch seltener. Woher kommt also das Bedürfnis, sich davon abzugrenzen? Als stünde irgendwer unter Druck, Elternschaft paritätisch zu leben. Als sei „50:50-Elternschaft“ der dominante Diskurs und nicht etwa „Frauen können das einfach besser“ und „Finanziell lohnt es sich anders nicht“. Vielleicht hat diese Abwehr in manchen Fällen auch damit zu tun, dass man lieber nicht genau da hingucken möchte, wo man doch nicht so frei in der Entscheidung war. Dahin, wo der Ehemann die Care-Arbeit nicht machen würde, wenn man ihn darum bittet. Oder auch damit, dass das Bild der heilen Familie Sicherheit bietet. Es geht hier darum, eine Gesellschaft zu kritisieren, in der es kein Zufall ist, dass es Frauen sind, die

---

41 Bundesministerium für Familie, Senioren, Frauen und Jugend: Familie heute. Daten. Fakten. Trends. Familienreport, 2020, S. 97.

die Care-Arbeit leisten. Hausfrau zu sein, ist bestimmt in vielerlei Hinsicht total schön. Was es allerdings nicht ist, ist eine wirtschaftlich sichere Situation für Frauen. Und auch wenn es unangenehm, ablehnenswert und schlicht misogyn ist, wenn Hausfrauen abgewertet werden, indem sie zum Beispiel als dumm oder faul bezeichnet werden, so ist es doch kein widerständiges „sich aus dem System herausnehmen“, wenn man sich in diese für Frauen vorgesehene Rolle begibt. Ein Einstehen für eine paritätische Aufteilung der Care-Arbeit bedeutet ja nicht, dass einer Hausfrau etwas weggenommen werden soll, sondern es geht darum, Wahlfreiheit, Pausen, Gegenseitigkeit in der Familie zu etablieren. Wir sollten die Augen nicht davor verschließen, wo wir selbst von ungerechten Verhältnissen betroffen ist, die natürlich sehr viel mit den gesellschaftlichen Rahmenbedingungen zu tun haben, aber eben auch mit dem konkreten Ehemann, der die Kinder so selten ins Bett bringt.

Aus meiner persönlichen Position heraus muss ich immer auch ein bisschen lachen, wenn von Leuten, die viel mehr verdienen als ich, die klassische, hierarchische Rollenverteilung in der Familie dann begründet wird mit: „Sonst haben wir zu wenig Geld.“ Auch in Besserverdiener-Haushalten ist es üblicherweise die Frau, die Stunden reduziert oder aufhört zu arbeiten, weil ihr Mann ja so viel besser verdient. Die Anzahl der Kinder in der Familie hat Einfluss auf das Erwerbsverhalten der Mütter. Während sich ein zweites Kind gegenüber einem Kind kaum auswirkt, geht ab dem dritten und insbesondere ab dem vierten Kind die Erwerbstätigenquote von Müttern deutlich zurück. So sind über 70 Prozent der Mütter mit einem Kind erwerbstätig. Mit steigender Kinderanzahl sinkt dieser Anteil, bei Müttern mit vier oder mehr Kindern ist es dann nur noch jede dritte, die einer Lohnarbeit nachgeht.[42] Dass mehr Kinder mehr Care-Arbeit und deswegen weniger Lohnarbeit bedeuten kann, liegt in der Natur der Sache. Weniger natürlich als vielmehr den Umständen geschuldet ist es, wenn die Mutter die Person ist, die diese Care-Arbeit macht. Neben Rollenbildern, der Verfügbarkeit von Kitaplätzen und vielem mehr gibt es durchaus Familien, wo es aufgrund geringen Einkommens und der Diskriminierung von Frauen auf dem Arbeitsmarkt keine andere Möglichkeit gibt. Dass bei einem Einkommen aus der oberen Mittelschicht oder darüber auch der Mann locker auf ein paar hundert Euro verzichten und die Stunden reduzieren könnte, um das Kind regelmäßig von der Kita abzuholen, heißt aber trotzdem noch lange nicht, dass Leute das auch so machen. Mit steigendem Einkommen ist „Vereinbarkeit" immer weniger eine Frage von: „Können wir uns das überhaupt leisten?", sondern eine Frage von Unabhängigkeit, von Gleichberechtigung, von Zeit für die Kinder haben (wollen). Davon, welche Geschlechterrollen man den Kindern vorleben möchte. Zementiert werden diese aber auch in Haushalten, die mehr finanziellen Spielraum haben, anders zu leben.

Es ist wirklich schade, dass viele nur „theoretisch emanzipiert" sind. Alle sagen, sie finden Gleichberechtigung gut, aber wenn es dann konkret wird, gibt es angeblich oder tatsächlich immer irgendwelche Sachzwänge. Es ist natürlich nicht falsch, dass die systemisch vorgegebenen Rahmenbedingungen großen Einfluss auf die Gestaltung von Familien haben. Trotzdem bringen höhere Einkommensklassen auch ein höheres Maß an

---

42 Bundesministerium für Familie, Senioren, Frauen und Jugend: Familie heute. Daten. Fakten. Trends. Familienreport, 2020, S. 109.

Spielraum mit, anders zu leben, Care-Arbeit anders aufzuteilen. Dass dies selten passiert, ist auch ein Teil der Geschlechterrollen, des westdeutschen Mutterideals und der Retraditionalisierung, die nach der Geburt des ersten Kindes in der Regel in Heterobeziehungen stattfindet. Die klassischen Geschlechterrollen verstärken sich: Die Mutter ist für die Kinder zuständig, für die Familie, für das Private, der Vater für das Finanzielle, das Arbeitengehen, das Außen.

Trotz veränderter Absichten ändert sich wenig an der konkreten Umsetzung der Elternschaft, der Vaterschaft. 55 Prozent der Väter sagen, dass sie die Hälfte der Kinderbetreuung übernehmen möchten, aber nur 17 Prozent der Eltern teilen die Kinderbetreuung in etwa hälftig auf.[43] Es handelt sich dann häufig leider nur um ein theoretisch modernisiertes Rollenverständnis. Die traditionellen Geschlechterrollen sind – trotz aller Beteuerungen, moderne, reflektierte Rollenverständnisse zu unterstützen – insbesondere in der Familie und durch die Familie weitestgehend stabil. Es findet zwar eine Auseinandersetzung mit der modernen Vaterrolle des sich mehr einbringenden Vaters statt, in der Praxis setzt sich das aber nicht fort. Hier findet nach wie vor die klassische Aufgabenverteilung statt. Väter lohnarbeiten in der Praxis nach der Geburt des ersten Kindes nicht nur häufiger Vollzeit als Mütter, sie arbeiten sogar länger. Eine Analyse des Bundesinstituts für Bevölkerungsforschung mit Mikrozensus-Daten belegt, dass Väter länger arbeiten als kinderlose Männer. Väter in der Altersgruppe 25 bis 39 Jahre arbeiten durchschnittlich zwei Stunden pro

---

43 Bundesministerium für Familie, Senioren, Frauen und Jugend: Väter-Report Update, 2021, S. 11.

Woche länger als Männer ohne Kinder, bei den 40- bis 59-jährigen Vätern beträgt die Mehrarbeit stattliche fünf Stunden pro Woche.[44] Zudem sind 93,1 Prozent der Väter von Kindern unter sechs Jahren vollzeiterwerbstätig, bei den Frauen sind es nur 27,4 Prozent.[45]

Selbst in Familien, in denen die Frau die Hauptverdienerin ist, ist es in der Praxis üblich, die klassische Rollenverteilung in Bezug auf die Care-Arbeit aufrechtzuerhalten: Je höher das Einkommen der Mutter über dem Einkommen ihres Ehemannes liegt, desto mehr Hausarbeit übernimmt sie.[46] Das Argument, dass die Aufteilung der Care-Arbeit aus finanziellen Gründen nicht anders möglich sei, kommt hier also gar nicht zum Tragen. Unsere gesellschaftlichen Normen, unsere Geschlechterrollen sind trotzdem so wirkungsmächtig, dass die traditionelle Aufteilung selbst dann nicht angetastet wird, wenn es total möglich oder sogar inhaltlich sinnvoll wäre.

In unserer Gesellschaft bedeutet Kinderbekommen für Mütter, dass sich das ganze Leben verändert. Teilzeitarbeit oder Aufgabe der Lohnarbeit, finanzielle Abhängigkeit vom Ehemann, alleinige oder hauptverantwortliche Zuständigkeit für Care-Arbeit und Familie, eingebettet in eine Ideologie von Mutterschaft. Vätern kann gleichzeitig nicht zugemutet werden, ihre Selbst-

---

44 Schiefer, Katrin; Bujard, Martin: Papa arbeitet viel: Arbeitszeit von deutschen Vätern und mögliche Ursachen in Bevölkerungsforschung Aktuell 06, 2012, S. 10.

45 Statistisches Bundesamt: Qualität der Arbeit; Eltern, die Teilzeit arbeiten, unter: https://www.destatis.de/DE/Themen/Arbeit/Arbeitsmarkt/Qualitaet-Arbeit/Dimension-3/eltern-teilzeitarbeit.html.

46 University of Bath: Gendered Housework: Spousal Relative Income, Parenthood and Traditional Gender Identity Norms, unter: https://journals.sagepub.com/doi/epub/10.1177/09500170211069780, 2022.

ständigkeit und ihre gesellschaftliche Position aufzugeben oder zu verändern.

Es gibt aber durchaus Spielraum, zu versuchen, sich so gut es geht von der eigenen Geschlechterrolle zu befreien und deutlich zu machen, dass man Geschlechterstereotype ablehnt und sich nicht dementsprechend verhalten möchte. Frauen sind natürlich nicht nur Opfer ihrer Umstände. Frauen können sich davon emanzipieren, eine bestimmte Rolle in der Familie ausfüllen zu müssen. Frauen dürfen rein formell, sie können von ihren Fähigkeiten her und wollen, weil sie zum Beispiel Lust darauf haben, so allerhand Sachen machen: Frauen könnten zum Beispiel die anfallende Care-Arbeit einfach nicht leisten. Frauen und Mütter könnten einfach lügen und/oder Ahnungslosigkeit vortäuschen, wenn der Vater fragt, welche Schuhgröße das gemeinsame Kind eigentlich hat oder welche Cornflakes das Kind gerne mag. Außerdem könnten Mütter sich einfach so für sich selbst überlegen, dass sie was für die eigene Absicherung im Alter tun wollen und auf der Arbeit die Stunden erhöhen, um dann hinterher den Rest der Familie vor vollendete Tatsachen zu stellen. Frauen und Mütter dürfen zuerst an sich selbst denken und ihre eigenen Bedürfnisse priorisieren. Mütter müssen die Kinder nicht vermissen, und Frauen könnten einfach das Fensterputzen komplett für immer einstellen. Sie dürfen während einer Schwangerschaft selbst entscheiden, ob sie Rohmilchkäse essen und wie viel Kaffee sie trinken. Sie dürfen selbst über ihren Körper entscheiden, zumindest solange es nicht um Schwangerschaftsabbrüche oder Sterilisation geht. Sie dürfen andere Meinungen haben als andere Frauen und als andere Leute insgesamt und sind nicht verpflichtet, den kleinsten gemeinsamen Nenner zu suchen, um sich doch noch irgendwie gut zu verstehen. Sie müssen nicht alle Erzieher aus der Kita kennen oder bei der Lehrerin in der Grundschule beliebt sein, weil sie immer so engagiert sind als Mutter. Frauen müssen nicht gute Gastgeberinnen sein, sie könnten auch einfach „Fühl dich wie zu Hause“ sagen und damit meinen, dass der Besuch sich selbst ein Bier aus dem Kühlschrank nehmen soll.

Natürlich haben Frauen und Mütter Gefühle und Bedürfnisse, die in der ihnen zugeschriebenen stereotypen Rolle nicht vorkommen, und natürlich sollen sie tun können, was sie möchten. Aber all das machen Frauen nicht unbedingt. Zumindest nicht im Durchschnitt. Und das liegt nicht daran, dass sie das nicht könnten oder nicht wollten oder irgendwie anderweitig schuld sind an ihrer Lage. An der Stelle, wo es nicht Gesetze, gesellschaftliche Rahmenbedingungen oder ressourcenbezogene Sachzwänge sind, sind es die Geschlechterrollen, die dafür sorgen, dass Frauen bestimmte Sachen machen und andere Sachen nicht. Wenn fast alle davon ausgehen, dass die Kinder verantwortungstechnisch und praktisch zur Mutter gehören, wenn sie die Person ist, die für die Care-Arbeit zuständig ist, muss sie immer erst aktiv herstellen, etwas anderes zu sein als Mutter. Und das ist anstrengend. Die Bereitschaft, auch über die Köpfe von Müttern hinweg zu verhandeln, was Mütter so machen und was sie machen sollten, ist groß. Größer als bei Vätern, die ja kaum dafür schief angesehen werden, wenn sie sich in der Familie nicht einbringen.

Frauen werden oft nicht auf die gleiche Art wie Männer als Akteurinnen gesehen, die wissen, was sie tun. Deswegen fällt es uns leicht, eine Erwartungshaltung daran zu haben, wie Frauen sich verhalten sollten, welche Rolle Frauen einnehmen sollten, ob als Mutter, als Feministin oder bei der Lohnarbeit. Verweigert sich die

Frau, eine bestimmte Rolle einzunehmen, wird ihr mit Abwertung begegnet. Wenn Frauen alleine leben, unabhängig von Männern, und für ihre Rechte eintreten, dann sind sie „ungefickte Kampflesben", wenn Frauen Hausfrauen sind, sind sie „dumme Mütterchen", die sich für ihre Befreiung nicht genug angestrengt haben oder mindestens einfach zu faul zum Lohnarbeiten sind. Die Hürde, Frauen selbst die Schuld dafür zu geben, in welcher gesellschaftlichen Position sie sich befinden, ist denkbar gering. Und wie so oft gilt auch hier: Man kann es als Mutter nicht richtig machen, weil richtig ist, wenn man ein Mann ist.

Durch Ideologien wie die Geschlechterrollen und gesetzliche Rahmenbedingungen im Kapitalismus und Patriarchat werden wir in eine bestimmte Position in der Gesellschaft gebracht, und das Einzige, was wir trotz aller Schwierigkeiten tun können, ist, uns so gut es geht zu emanzipieren und diese Strukturen zu verändern, wo es möglich ist, und sie abzuschaffen, wo es nicht möglich ist. Wenn wir wollen, dass es anders wird, müssen wir es auch anders machen.

Ich habe noch nie in einer bürgerlichen Kleinfamilie gelebt und ich habe auch wenig Lust dazu. Das ist der Punkt, an dem Konservative, Rechte, Reaktionäre einem erzählen wollen, „die Feministinnen", die „Genderlobby", die „Homolobby" wollten die Familie abschaffen. Äh, nein, selbstverständlich nicht. Ich habe nichts gegen beidseitige Verantwortung, ich habe nichts gegen gemeinsame Familienaktivitäten, ich habe auch nichts gegen Care-Arbeit. Ich stelle nur infrage, dass die bürgerliche Kleinfamilie tatsächlich das Ideal ist, das sie vorgibt zu sein. Ich will auch deshalb nicht in einer bürgerlichen Kleinfamilie leben, weil ich meinen Kindern nicht vorleben möchte, dass Mutti für das Essenkochen, das Putzen, den Haushalt, die Care-Arbeit zuständig ist. Mir ist es wichtig, nicht der automatisch zuständige Elternteil zu sein, sondern stattdessen Zuständigkeiten auf Augenhöhe auszuhandeln und Aufgaben gerecht zu verteilen. Mir ist gleichberechtigte Elternschaft wichtig. Gleichberechtigte Elternschaft heißt, dass Väter, dass Männer ihre Care-Arbeit aus Eigeninitiative machen. Gleichberechtigte Elternschaft heißt auch, als Mutter nicht automatisch für jedes kleine Alltagsbedürfnis der Kinder zuständig zu sein. Gleichberechtigte Elternschaft heißt natürlich nicht, dass jeder Elternteil in der Woche genau 17 Windeln gewechselt haben muss. Gleichberechtigte Elternschaft heißt aber schon, dass ich nicht nur den theoretischen Anspruch habe, als Elternteil mindestens die Hälfte der Arbeit zu machen, sondern dass ich mir auch in der Praxis Mühe gebe, dass das in die Tat umgesetzt wird.

Wenn man thematisiert, dass Frauen in Bezug auf Care-Arbeit ausgebeutet werden, wird das oft so verstanden, als ob man keine Care-Arbeit machen wollte, was irgendwo zwischen rhetorischem Ablenkungsmanöver und Missverständnis angesiedelt ist. In dieser Diskussion sind die schlechten Bedingungen für Mütter dann gesetzt. Die kapitalistischen Rahmenbedingungen werden häufig als unveränderlich angesehen, und es gibt nur Gespräche darüber, wie man sich innerhalb dieser Bedingungen verhalten könnte. Wie Frauen sich im Patriarchat zu verhalten haben, wird nicht nur von Geschlechterrollen definiert und von den Konservativen verhandelt, die Frauen tendenziell in der klassischen Hausfrauen- und Mutterrolle sehen wollen. Auch aus gesellschaftspolitisch vermeintlich progressiven Richtungen wird immer wieder versucht, Erwartungen oder Verhaltensmaßnahmen an die Frau zu bringen, wie sie sich denn nun im Patriarchat am besten zu ihrem Nutzen verhalten sollte. Hier wird dann oft vorausgesetzt, dass Frauen unter kapitalistischen Bedingungen lohnarbeiten gehen wollen. Als bräuchten sie nur Tipps, wie sie ihren Ehemann davon überzeugen können, als moderner Mann auch mal was mit den Kindern zu machen. Welchen Bedingungen Lohnarbeit unterworfen ist, wird dann nicht kritisch hinterfragt.

Die Rolle der Hausfrau oder der Zuverdienerin, obwohl in der Praxis von großer Beliebtheit, sind nicht die einzigen Rollen, die Frauen zugedacht werden. Das Bild der erfolgreichen Karrierefrau ist eines, das sich in kapitalismusunkritischen, popfeministischen Vorstellungen häufig findet. Auch wenn die Karrierefrau in der klassischen Vorstellung von „Kind oder Karriere“ als kinderlos imaginiert wird, ist ein zunehmender Trend zur Karrieremutter zu beobachten. Sei es in Bezug auf stillende Abgeordnete[47] oder in zahllosen Coaching- und Mentoringangeboten für Mütter, die sie dazu befähigen sollen, „auf dem Karrierepfad“ zu bleiben. Ganz so, als wäre die Lage von Müttern auf dem Arbeitsmarkt ihren persönlichen Unzulänglichkeiten geschuldet und nicht den Bedingungen. Instrumente zur Gleichstellung von Frauen, wie die Frauenquote, sind zwar insofern sinnvoll, als dass Hindernisse für Frauen und der Ausschluss von Frauen minimiert werden und ihre Partizipationsmöglichkeiten und die Repräsentation von Frauen in Machtpositionen erhöht werden können. Genau auf diese Machtpositionen bezieht sich der Kritikpunkt, dass ein

47 Eckert, Till: Diese australische Politikerin stillt ihr Baby im Parlament – und das ist vorbildlich. Die Zeit, 2017, unter: https://www.zeit.de/zett/politik/2017-05/diese-australische-politikerin-stillt-ihr-baby-im-parlament-und-das-ist-vorbildlich.

geschlechtergerechterer Kapitalismus eben immer noch Kapitalismus ist und er demzufolge weder bessere Bedingungen für alle Frauen noch für die Gesellschaft insgesamt verspricht. Zudem bedeutet eine Vereinnahmung von feministischen Ideen durch den Kapitalismus auch, die herrschenden Zustände zu festigen.

Wenn die schwierige Lebenslage von Care-arbeitenden Müttern kritisiert wird, ist meist damit gemeint, dass diese nicht in Altersarmut sein wollen, sich nicht zwischen Familie und Beruf aufreiben wollen, dass sie nicht abgewertet werden wollen, wenn sie irgendwas „als Mutter falsch machen“, dass sie sich nicht aufopfern, sondern Zeit für ihre persönlichen Interessen haben wollen, und dergleichen mehr. Und solange die gesellschaftlichen Zustände so sind, wie sie sind, hilft da auch kein anderer Beruf und kein anderer Mann, weil es dann trotzdem immer noch alle anderen Frauen in dieser beschissenen Lage gibt. Und auch wenn Mütter das in den Augen der Gesellschaft nicht sollen, können sie dennoch weniger Care-Arbeit machen wollen. Aber das ist schwierig, weil sie im Zweifelsfall weniger verdienen und weil der Partner nicht mit den Kindern zu Hause bleiben will. Dass Mütter weniger Care-Arbeit leisten als Väter kommt kaum vor, und wenn, muss man ganz schnell hinterherschieben: „Ich liebe meine Kinder aber trotzdem!“ Oder einen guten Grund, warum die Lohnarbeit wichtiger ist.

Wie schön wäre es, wenn Frauen sich nicht erst aus einer engen Geschlechterrolle befreien müssten. Trotzdem bedeutet mehr Spielraum zu haben häufig nur, dass man Kompromisse machen muss und dass man mehr Möglichkeiten hat, privat auszugleichen, dass es keine gemeinschaftliche, öffentliche Absicherung von Müttern und Kindern gibt, dass Frauen im Patriarchat sexistischen, misogynen Bedingungen unterworfen sind und dass die gesamten Ressourcen weder gleichmäßig noch nach Bedarf verteilt werden, sondern der Funktionsweise des Kapitalismus entsprechend. Eine Ehe auf Augenhöhe in einem Kontext zu navigieren, in dem die komplette wirtschaftliche Existenz von der anderen Person abhängig ist, ist nun mindestens eine Herausforderung, wenn nicht gänzlich unmöglich. Erst der gleiche Zugang zu Ressourcen ist es, der auch die Beziehung auf Augenhöhe ermöglicht. Wirtschaftliche Unabhängigkeit ist die Voraussetzung für die Beseitigung der Unterdrückung der Frau. Nicht nur im Hinblick darauf, dass keine echte Entscheidungsfreiheit besteht, solange eine Frau auf den guten Willen ihres Mannes angewiesen ist, sondern auch, wenn es beispielsweise um Gewaltschutz geht.

Da sich die Art der Reproduktion in der bürgerlichen Kleinfamilie und die Art der Warenproduktion aufeinander beziehen, ist es neben den Geschlechterrollen und insbesondere der Mutterrolle ganz konkret auch das kapitalistische System, das unsere zwischenmenschlichen und unsere romantischen Beziehungen, unsere Familie strukturiert. Es gibt eine gewisse Menge an Care-Arbeit, die gemacht werden muss. Es gibt Kinder, es gibt alte Menschen, es gibt verschiedene Konstellationen, in denen Menschen auf Care-Arbeit angewiesen sind. Wenn wir diese notwendige Care-Arbeit weiterhin so handhaben, dass Männer von deren Erledigung ausgenommen sind oder sich sehr leicht entschuldigen können, weil sie vermeintlich Wichtigeres zu tun haben, heißt das auch, dass wir nicht davon wegkommen, dass Frauen diese Care-Arbeit leisten müssen. Männern zu „erlauben", keine Care-Arbeit zu machen, heißt dann auch, Frauen zu drängen, ebendiese Care-Arbeit zu erledigen.

Freiheit für Frauen bedeutet auch, dass da noch andere sind, die Care-Arbeit machen. Wir brauchen Absicherung von Müttern und ihren Kindern, die weder von Lohnarbeit noch von Ehemännern abhängig ist.

3. Die romantische Liebesbeziehung

Eine Heterobeziehung auf Augenhöhe zu führen, kann eine große Herausforderung darstellen, weil die Gleichstellung von Männern und Frauen nicht gegeben ist. Männer dominieren im Patriarchat Wirtschaft, Politik und Öffentlichkeit, Männer dominieren aber auch zwischenmenschliche Beziehungen. Männer haben mehr Macht, weil sie mehr Geld haben, mehr gesellschaftliches Ansehen, mehr Erfolg, mehr Prestige. Zwischenmenschliche Beziehungen finden nicht in einem Vakuum statt, sondern genau in dieser Gesellschaft und sind dementsprechend von ihr beeinflusst und Teil derselben. Es ist eine Herausforderung, dass Partnerin und Partner die gleichen Rechte und Pflichten in der Beziehung haben sollten, obwohl sie insgesamt nicht die gleichen Chancen und Möglichkeiten haben. Die Aufteilung von Hausarbeit und Care-Arbeit, auch im Sinne von sich für die Beziehung zu engagieren und Verantwortung dafür zu übernehmen, die unterschiedlichen „Karrierechancen" auf dem Arbeitsmarkt, unterschiedlich behandelt, unterschiedlich ernst genommen zu werden, sind hier die offensichtlichen, die großen Probleme.

Prinzessin und Fuckboy

Auf kultureller Ebene wird heranwachsenden Frauen in romantischen Komödien oder „Frauenzeitschriften" ein tückisches Frauenbild nahegebracht: das coole „Girl next door" sein, aber bitte hübsch anzusehen, deren Lebensziel es ist, den Richtigen zu finden, dann die Beziehungsarbeit zu leisten, die Schwiegereltern in spe mit einem raffinierten Rezept zu beeindrucken, und den Mann mit dem perfekten Blowjob, und natürlich immer für den

Mann da zu sein und ihn zu „retten", falls er ein „Badboy" ist. Aber während in Serien regelmäßig der Wendepunkt kommt, wo der Badboy seine Gefühle reflektiert und einsieht, dass er Scheiße gebaut hat, und sich dann doch noch für das Wichtigste entscheidet, nämlich seine große Liebe, wird man im Real Life geghostet und der Traumtyp sieht sein Scheißverhalten nicht ein, sondern zieht mit der nächsten Frau die gleiche Nummer ab.

Das Narrativ aus der Popkultur lautet trotzdem: Wenn sie die Richtige ist und sich viel Mühe gibt, wird er sich schon ändern, aber natürlich nicht umgekehrt. Und oft gibt sie sich sehr viel Mühe, aber er ändert sich nicht, warum sollte er auch, er profitiert schließlich von einer asymmetrischen Beziehung, in die vor allem die Frau investiert. Das klassische Frauenbild ist hier: Die eigenen Bedürfnisse zurückstellen, sollten sie mit seinen Bedürfnissen kollidieren, alles andere wäre zickig. Frauen sollten duldsam und fügsam sein, den Mann zum Mittelpunkt des Lebens machen, immer Verständnis haben, weil sie letzten Endes ohne Mann kein erfüllter, kompletter Mensch sein können. Aufgrund klassischer Geschlechterrollen und der Rahmenbedingungen können so Abhängigkeitsverhältnisse entstehen, bei denen ein Partner, zumeist die Frau, emotional und in Bezug auf Care-Arbeit ausgebeutet wird, was dann mit dem Gefühl, nicht wertgeschätzt und in den eigenen Bedürfnissen nicht gesehen zu werden, einhergeht.

Care-Arbeit ist die Arbeit, sich um andere zu kümmern. In Bezug auf emotionale Arbeit kann das sein: jemanden emotional unterstützen, bei Aufgaben supporten, für jemanden da sein, der reden will oder eine Umarmung braucht. Auch wenn man das gerne macht, weil einem die Person am Herzen liegt, bedeutet auf diese

Weise für jemanden in einer Beziehung da zu sein: Aufmerksamkeit und Energie zu geben, Zeit zu investieren, eigene Bedürfnisse zurückzustellen. Diese Care-Arbeit als emotionale Arbeit in Beziehungen nicht zu machen bedeutet, dass man von allen Vorteilen einer Beziehung in Form von emotionaler und praktischer Unterstützung profitieren kann, ohne dass man selbst den Aufwand auf sich nehmen muss, das Gleiche für den anderen zu tun. Emotionale Arbeit in Heterobeziehungen ist letztendlich Care-Arbeit.

Frauen sind dazu sozialisiert, Beziehungsarbeit zu machen, letztendlich mit dem Ziel, Beziehungen aufrechtzuerhalten. Nicht nur in, sondern auch außerhalb von Liebesbeziehungen sind Frauen dafür zuständig, eine emotional angenehme Atmosphäre im zwischenmenschlichen Kontakt herzustellen. Gastgeschenke besorgen, im Zweifelsfall bei Unstimmigkeiten einlenken und zurückstecken, damit es trotzdem ein schöner Abend wird. Sich für die Kinder aufopfern, für den Haushalt, für den Ehemann und dessen Karriere. Die Narrative, die davon handeln, wie eine Frau mit ihrer Liebe einen toxischen Mann retten will oder anderweitig einen Typen zum Mittelpunkt ihres Lebens macht, sind hinlänglich bekannt.

Jungen werden tendenziell zu ganz anderen Beziehungsmenschen sozialisiert, die eher lernen, wie man von einer Beziehung profitiert, und nicht, wie man sie erhält. Die Frau im Hintergrund, die seine Wäsche wäscht und immer ein unterstützendes Wort bezüglich seiner Karriere auf den Lippen hat. Diese Art Unterstützung anzunehmen, gilt für Männer als normal. Und wenn mal was schiefläuft, dann kauft er ihr Schmuck. Gefühle zu zeigen, ist schwul, auch in Heteropaarbeziehungen, und schwul ist ein Schimpfwort.

Die Art, wie Jungen in unserer Gesellschaft sozialisiert werden und zum Mann heranwachsen, beinhaltet häufig das Motiv, nicht wie eine Frau sein zu sollen, denn eine Frau zu sein scheint nichts Gutes zu sein: Nicht wie ein Mädchen weinen, nicht wie ein Mädchen werfen. Wie ein Mädchen zu sein, ist für Jungs nicht gut genug, sie müssen „besser" sein als Mädchen. Mit so einem Männer- und Frauenbild aufzuwachsen, führt dann nicht gerade dazu, dass Männer Frauen mögen, wo doch alles, was sie als Mann auszeichnet, gleichzeitig Frauen als minderwertig charakterisiert. Auch Männer, die diesen Männlichkeitsbildern nicht genügen, werden dafür beschämt.

Während diese männlichkeitsbezogene Sozialisation also nicht dazu führt, dass Männer Frauen mögen, respektieren, wertschätzen, wird ihnen gleichzeitig in Bezug auf ihr Verhältnis zu Frauen beigebracht, dass sie diese nicht nur sexuell begehren, sondern dass es einem Statussymbol gleichkommt, eine Frau zu „haben" oder eine Frau „rumzukriegen", und den eigenen männlichen Status bei anderen Männern erhöht. Hieraus folgt die Tendenz, Frauen zwar als Freundin oder Sexualpartnerin für sich gewinnen zu wollen, sie aber gleichzeitig nicht unbedingt als Mensch zu respektieren. Keine guten Voraussetzungen für eine Beziehung auf Augenhöhe.

Der „Fuckboy" ist letztendlich auch so ein Phänomen, das auf diese Schieflage hindeutet. Der Fuckboy macht zwar einen auf Beziehung light, Ficken, Freizeitaktivitäten, aber bitte keine Verlässlichkeit. Woher soll er auch wissen, ob er übernächste Woche Bock hat, für dich zu Lidl zu gehen, weil du einen Bandscheibenvorfall hast, vielleicht legt sein Kumpel dann in diesem einen Club auf. Vielleicht hast du sogar seine Friends und Family kennengelernt, aber als du seinen Support wirklich gebraucht hast, war er nicht für dich da und hat das damit gerechtfertigt, dass er doch vor acht Monaten gesagt hatte, er wolle keine Beziehung? Selbst schuld, dass du dachtest, das hätte sich geändert, weil er die ganze Zeit einen auf Beziehung gemacht hat.

Nicht alle Frauen sind so, offensichtlich. Auch nicht alle Männer. Und natürlich sind nicht immer Geschlechterrollen oder „toxische“ Männlichkeit der Hauptgrund, warum ein Mann keine Beziehung will. Auf einer individuellen Ebene gibt es jede Menge Gründe, warum jemand keinen Bock hat, füreinander da zu sein. Vielleicht wollen erst Baustellen im Leben beseitigt werden, vielleicht zieht man in ein paar Monaten einigermaßen weit weg, vielleicht ist man just not that into you. Alles total legitim, natürlich. Aber wir sollten hingucken, wie das auf einer strukturellen Ebene läuft. Weil wenn die Leute, die in ihren Beziehungen zu wenig Fürsorge erfahren, in erster Linie Frauen sind, und diejenigen, die sich schwertun, die Bedürfnisse der Partnerin zu erfüllen, Männer sind, dann ist da ein auffälliges Muster vorhanden.

Die klassischen Geschlechterrollen von Männern und Frauen unterscheiden sich also nicht nur im Allgemeinen, sondern auch im Hinblick darauf, welche Rolle sie in einer Liebesbeziehung einnehmen. Die festgelegten Rollenbilder in Kapitalismus und Patriarchat finden nicht nur in der Erziehung von Kindern, im Gender Marketing, in den Unterschieden in Mutter- und Vaterrolle statt, sondern auch zwischen den Lebensphasen „als Kind unausweichlich geschlechtsstereotyp sozialisiert werden“ und „selbst Mutter sein“. Die Weichen für die späteren Wahlmöglichkeiten im kapitalistischen System stellen sich mit schichtspezifischen Bildungschancen im Kontext Schule – mit Mädchen, die in

Mathetests schlechter abschneiden, wenn die Lehrkraft unterschwellige Vorurteile bezüglich der Mathekompetenz von Mädchen hat,[48] mit geschlechterklischeebezogener spezifischer Berufswahl, so sind Care-Berufe, wie Gesundheits- und Krankenpflegerin oder Erzieherin frauendominiert und schlecht bezahlt.

Ein weiterer, ganz wesentlicher Bereich, in dem sich die unterschiedliche Behandlung von Männern und Frauen in unserer Gesellschaft auswirkt, ist die romantische Liebesbeziehung, hier insbesondere die Heteropaarbeziehung. Obwohl die Retraditionalisierung der Rollenverteilung in der Familie erst nach der Geburt des ersten Kindes so richtig zum Tragen kommt, sind Heteroliebesbeziehungen auch vor der Geburt des ersten Kindes im kapitalistischen Patriarchat nicht auf Augenhöhe, die Frauen- und Männerrollen sind ungleich und nicht nur unterschiedlich, sondern hierarchisch angelegt.

Wer ist eigentlich frei in der freien Liebe?

Natürlich leben nicht alle Menschen so. Auch abgesehen davon, dass gar nicht alle Menschen heterosexuell sind oder in heterosexuellen Beziehungen leben wollen, gibt es auch Beziehungen, wo beide PartnerInnen um die Augenhöhe in der Beziehung und umeinander sehr bemüht sind. Und es gibt Menschen, die in alterna-

---

48 Carlana, Michela: Implicit stereotypes: Evidence from teachers' gender bias, in The Quarterly Journal of Economics, unter: https://academic.oup.com/qje/article/134/3/1163/5368349?fbclid=IwAR1DrDVSfgGVFo3IgHBXhvypJjbTSPVTOWzgifw63kzMdmZ2Qu85NOTfgCg&login=false, 2019.

tiven Beziehungsmodellen leben, polyamourös, also mit mehr als zwei PartnerInnen, in offenen Beziehungen, in unterschiedlichen Konstellationen, Menschen leben in monogamen Heterobeziehungen und wohnen weder zusammen noch planen sie zusammenzuziehen. Manche Lebensentwürfe abseits der bürgerlichen Kleinfamilie verstehen sich als Entwurf, seine zwischenmenschlichen Beziehungen unabhängiger von kapitalistischen Logiken zu gestalten.

Aber auch sogenannte alternative Beziehungsmodelle sind Teil unserer gesellschaftlichen Prägung. Offene Beziehungen, in denen beide auch Sex außerhalb der Beziehung haben, finden in einem Kontext statt, in dem Männer immer noch als toller Hecht gelten, wenn sie viele Sexualpartnerinnen haben, und Frauen als Schlampen. Sex außerhalb der Beziehung hat also das Potenzial, für Männer eine Selbstbestätigung zu sein, ein Egoboost, die Freiheit, sich auszuleben, ohne dafür groß mit den Konventionen der eigenen Rolle brechen zu müssen. Offene Beziehungen vereinen für Männer die Vorteile einer Beziehung, wie Partnerschaftlichkeit und Nähe, und des Singledaseins, also sich ausleben zu können. Für Frauen bieten sie dieses Potenzial auch, aber nicht nur. Frauen, die Sex mit mehreren Partnern haben, brechen mit den Konventionen, die ihre Rolle für sie vorgesehen hat. Das kann mit negativen Gefühlen einhergehen, das kann auch bedeuten, sich mit dem Stigma, „leicht zu haben" zu sein, auseinandersetzen zu müssen. Frauen können, im Gegensatz zu Männern, auch nicht in allen Kontexten erzählen, dass sie eine offene Beziehung führen, weil das zum Teil als Rechtfertigung genutzt wird, sie auf eine aggressive Art anzubaggern, die sich nah an der Grenze zur sexuellen Belästigung befindet und diese zum Teil auch überschreitet.

Mit derartigen Unterschieden und möglichen Belastungen muss in einer Beziehung irgendwie umgegangen werden. Und es ist die Frau, die hier in der schwierigeren Situation ist – wie so oft in einer Gesellschaft, in der üblicherweise Männer die dominierenden sozialen Positionen innehaben. Auch bei den häufig als Befreiung bezeichneten Lebensentwürfen der westdeutschen 68er-Bewegung hat die eigentliche Befreiung von Frauen keinen hohen Stellenwert, da die Freiheit von Frauen irgendwo zwischen Verhütungsmitteln mit Nebenwirkungen und Kinderkriegen und dabei die Einzige sein, die Care-Arbeit macht, stattfindet, ganz so, als hätte auch diese Befreiung ihren Fokus auf die sexuelle Verfügbarkeit von Frauen gerichtet. Muss ich jetzt eigentlich, nachdem ich vor Jahrzehnten jungfräulich in die Ehe gegangen bin, unverbindlichen Sex gut finden, weil ich so befreit bin? Neben der Zuschreibung, dass unabhängig von bürgerlicher Kleinfamilie sexuell aktive Frauen Schlampen sind, gibt es ja auch noch die Idee – die seit den 68ern populärer geworden ist –, dass Frauen, die keine Lust auf unverbindlichen Sex haben, langweilig und prüde sind. Unfreiwillig komisch mutet es auch an, wenn Männer versuchen, einem eine offene Beziehung oder ein ähnliches Modell schmackhaft zu machen, mit dem Verweis darauf, dass sie eben nicht so normativ leben wollten. Junge, es ist historisch betrachtet für Männer durchaus normal, dass sie ohne Konsequenzen fremdgehen konnten oder zu Prostituierten oder sich, falls sie vermögend waren, überhaupt eine Mätresse leisten konnten, deine Idee ist also nicht so unnormativ, wie du denkst! Traditionell bedeutet Monogamie, dass nur Frauen sexuell treu sein müssen.

Sich als progressiv verstehende Männer erzählen einem auch, dass es eine heteronormative Zumutung sei,

Zärtlichkeiten in der Öffentlichkeit zu zeigen, zum Beispiel Händchen zu halten. Eine Zumutung, weil so das klassische Bild von Heterosexualität als „normal" gestärkt wird, wobei dann das klassische Bild und möglicherweise eigene handlungsleitende Motiv, dass Zärtlichkeit unmännlich ist, oft unreflektiert bleibt. Gleichzeitig sind sie dann nicht in der Lage zu erfassen, dass Frauen in unserer Gesellschaft im Allgemeinen und in Paarbeziehungen im Besonderen häufig zu wenig wertgeschätzt und umsorgt werden. Eine progressive Haltung wäre auch, lieb zur eigenen Partnerin zu sein und allgemein die Augenhöhe und den eigenen Anteil am Füreinander-da-Sein zu fokussieren.

Auch in klassischen, monogamen Beziehungen ist der Umgang mit der Beziehungsform Monogamie ein Thema. Ein Ungleichgewicht tut sich hier vor allem auf, wenn es nicht mehr nur darum geht, sich für dieses Lebensmodell zu entscheiden, sondern wenn die Umsetzung des Modells kontrolliert wird. Wie können Männer mit Bedürfnissen nach exklusivem Sex innerhalb der Paarbeziehung umgehen, ohne die Sexualität von Frauen zu kontrollieren? Die Kontrolle der Sexualität von Frauen ist kennzeichnend für patriarchale Gesellschaften und hat global betrachtet erschreckende Ausmaße, wenn man zum Beispiel an weibliche Genitalverstümmelung denkt. Und wenn Frauen nicht feiern gehen dürfen, weil ihr Freund das nicht erlaubt, wenn Frauen traditionelle Bekleidungsvorschriften einhalten müssen, wenn Frauen keine männlichen Freunde haben dürfen, wenn Frauen Bescheid sagen müssen, wie sie ihre Freizeit verbringen, und für Männer derartige Regeln nicht gelten, kann von einer Beziehung auf Augenhöhe keine Rede sein.

Klar möchte ich später mal Kinder haben (meine Frau macht das dann)

Auch vor dem Kinderkriegen, das ja gar nicht alle Paare wollen, ist das Kinderkriegen ein Thema. Eines, das insbesondere an Frauen immer wieder herangetragen wird, genau genommen schon seit der Kindheit, wo Mädchen mit Puppen spielen und sich so spielerisch mit der Versorgung von Babys beschäftigen.

Ein Grund, warum ich sehr froh darüber bin, dass ich mein erstes Kind bereits als Studentin mit Mitte 20 bekommen habe, ist der, dass ich jetzt mit Mitte 30 von den blöden Fragen nach dem Kinderwunsch verschont bleibe. Alle meine Freundinnen, Kolleginnen, Genossinnen in Heteroliebesbeziehungen in meinem Alter berichten übereinstimmend davon, dass sie immer wieder mit einem charmanten bis nervigen Augenzwinkern danach gefragt werden, „wann es denn endlich so weit sei". Männer werden das nicht gefragt. Bei Freundinnen, die gar keine Kinder bekommen möchten, wird immer wieder insistiert, dass sie es sich schon überlegen werden, ganz so, als sei es komplett unvorstellbar, dass Frauen einfach keine Kinder bekommen, weil sie das so wollen. Als wäre es ganz unvorstellbar, dass Frauen einen Lebensentwurf haben, der nicht den gängigen Narrativen entspricht.

Wenn es dann doch um die konkrete Familienplanung geht, haben Frauen aufgrund ihrer Sozialisation einen Erfahrungsvorsprung, wachsen sie doch so auf, dass sie früh lernen, die folgenden Fragen für sich beantworten zu können: Möchtest du innerhalb einer Liebesbeziehung Kinder bekommen? (Die gesellschaftlich akzeptierte Antwort ist: Ja.) Oder bevorzugst du ein anderes Modell? (Selbstbestimmt oder unfreiwillig alleinerziehend zu sein, ist trotz des häufigen Vorkommens kein akzeptierter Lebensentwurf, sondern wird häufig als defizitär betrachtet und politisch auch so behandelt, andere Lebensentwürfe kommen noch seltener in Diskursen vor.) Wie möchtest du ein Kind zeugen? Findest du Heiraten gut? Standesamtlich oder kirchlich? Was willst du zum Heiraten anziehen? Wer soll wo wohnen? Und wo kommt das Kinderzimmer hin? Wessen Nachnamen soll das Kind bekommen? Warum? Hättest du lieber einen Jungen oder ein Mädchen?

Viele Männer haben sich diese Fragen, auch wenn sie in dem Alter sind, in dem viele Menschen Kinder bekommen, häufig noch gar nicht gestellt. Und eigentlich möchte ich Männer noch so viel mehr fragen: Wie viel Elternzeit möchtest du machen? Wie ist dein Verhältnis zur Care-Arbeit? Was, denkst du, würde sich in deinem Leben ändern, wenn du Kinder hättest? Denkst du, es würde sich für dich nicht allzu viel ändern, weil du weiterhin wie üblicherweise arbeiten gehst? Oder hast du da gar nicht bewusst drüber nachgedacht, sondern das mehr so selbstverständlich angenommen? Weil Frauen das mit den Kindern ja irgendwie doch besser wissen und können? Und gibt es deiner Meinung nach in dieser Hinsicht überhaupt ein strukturelles Problem? Oder hast du dich nie damit auseinandergesetzt, weil es bei dir ja einzelfallbezogen total Sinn macht, dass du arbeiten gehst, weil du ja auch mehr verdienst, und deswegen die Frau zu Hause bleibt und die Care-Arbeit macht? Fühlst du einen Kinderwunsch und möchtest dein Leben dementsprechend gestalten? Oder hast du gesagt: „Klar möchte ich später mal Kinder haben“, und dir nicht überlegt, was du eigentlich damit meinst, weil doch alle Frauen Kinder haben wollen und sich schon darum kümmern werden?

Schwanger werden können

Auch in Bezug auf das Schwangerwerden bestehen in Heterobeziehungen unterschiedliche Voraussetzungen. Dies liegt zum einen darin begründet, dass die notwendige Samenzelle vom Mann abgegeben wird und der weitere Prozess unabhängig von seinem Körper stattfindet. Er berührt ihn also, im wahrsten Sinne des Wortes, nicht notwendigerweise weiter. Natürlich haben Schwangerschaften, auch unabhängig davon, ob man am Ende ein Baby haben wird oder nicht, das Potenzial, das Leben von allen involvierten Personen zu verändern. Schwanger zu werden bedeutet, dass im Eileiter der Frau Samenzelle und Eizelle verschmelzen und die befruchtete Zelle dann anfängt, sich zu teilen und nach einigen Tagen in der Gebärmutter einnistet. Das heißt, dass die Schwangerschaft für die Frau nicht nur das abstrakte lebensverändernde Moment ist, das es für den Mann ist, sondern auch, dass eine konkrete Veränderung innerhalb des eigenen Körpers stattfindet.

Solange es noch nicht um Familienplanung geht, ist in der Regel in Heterobeziehungen das Verhindern einer Schwangerschaft ein Thema. Für Frauen gibt es allerhand Möglichkeiten, eine Schwangerschaft, mal mehr und mal weniger sicher, zu verhindern, wobei keine Verhütungsmethode zu 100 Prozent sicher ist. Obwohl viele Verhütungsmittel zur Verfügung stehen, ist der Zugang dazu nicht immer unkompliziert und involviert Besuche und Untersuchungen bei der Gynäkologin, das tägliche Einnehmen einer Tablette und zum Teil hohe Kosten, da Verhütungsmittel nicht für alle Altersgruppen von der Krankenkasse bezahlt werden, als ob Frauen in einem gewissen Alter alle nicht mehr verhüten wollten, weil ja alle Frauen Kinder wollen, oder alle Frauen einen gut bezahlten Job hätten. Egal ob Antibabypille, Hormonspirale, Diaphragma oder Kupferspirale – alle haben Nebenwirkungen, insbesondere die hormonellen Präparate. Zu den Nebenwirkungen der Pille gehören beispielsweise Blutungsstörungen, Blähbauch, Übelkeit, depressive Verstimmungen, Brustspannen und Kopfschmerzen, zum Teil auch sehr seltene schwerwiegende wie Thrombose oder Herzinfarkt. Meine Lieblingsnebenwirkung ist aber die verringerte Libido. Frauen nehmen die Pille, um vom Sex nicht schwanger zu werden, haben dann aber wegen der Pille weniger oder überhaupt keine Lust mehr auf Sex. Als wenn es nur auf die Lust der Männer ankommen würde, Hauptsache, Frau steht zur Verfügung.

Für Männer gibt es Kondome, die auch das Risiko für sexuell übertragbare Krankheiten minimieren, und eine Anekdote darüber, wie einmal ein hormonelles Verhütungsmittel für Männer entwickelt, dann aber nicht weiterverfolgt wurde, aufgrund der Nebenwirkungen, die man Männern nicht zumuten könne. Fun Fact: Die Nebenwirkungen waren ähnlich denen der Pille für die Frau. Obwohl Kondome einfach anzuwenden, deutlich günstiger als Pille oder Spirale und ohne Arztbesuch verfügbar sind, ist es nicht unüblich, dass Männer keine verwenden oder keine verwenden wollen, auch außerhalb monogamer Beziehungen mit Kinderwunsch. Begründet wird dies häufig damit, dass man mit Kondom weniger fühle. Oder mit der Ausrede, dass der Penis zu groß für ein Kondom sei, was kompletter Bullshit ist – nicht nur sind Kondome in unterschiedlichen Größen verfügbar, auch TikToks von Frauen, die sich ein Kondom über Fuß und Wade bis zum Knie hochziehen, belehren uns eines Besseren.

Wenn man diesen Sachverhalt nun zuspitzen möchte, kommt man leider zu dem Schluss, dass Männern, wie bewusst oder unbewusst es ihnen auch sein mag, das eigene Vergnügen wichtiger ist als die Sicherheit, die wirtschaftliche Existenz, die Gesundheit, die gesamte Lebenslage der Partnerin. Denn es ist ja nicht nur die mögliche Schwangerschaft als solche, die sich für die Frau auf eine Art und Weise auf einer körperlichen Ebene auswirkt, wie sie das für Männer nicht tut, auch alle Konsequenzen für schwangere Frauen, wie der illegalisierte Zugang zu Schwangerschaftsabbrüchen und die wirtschaftlichen und gesellschaftlichen Bedingungen für Mütter, insbesondere Alleinerziehende, muss im Zweifelsfall die Frau tragen.

Dass Schwangerschaften meistens dann entstehen, wenn Männer ohne Schutz in Frauen ejakulieren, wird gesamtgesellschaftlich wenig thematisiert, obwohl es der gemeinsame Nenner von Schwangerschaften ist, irgendwo muss die Samenzelle ja hergekommen sein. Das Versagen von Verhütungsmitteln einmal ausgenommen, bedeutet eine ungeplante Schwangerschaft meistens auch, dass ein Mann ejakuliert hat, ohne Verantwortung dafür zu übernehmen. Obwohl die Potenz der Spermien mit steigendem Alter abnimmt, können Männer noch in hohem Alter Kinder zeugen, im Gegensatz zu Frauen, wo dies im Verlauf der Menopause nicht mehr möglich ist. Außerdem könnte ein Mann theoretisch jeden Tag mehrere Frauen schwängern. Frauen sind hingegen nur einige Tage während des Eisprungs fruchtbar und können auch bei bestehender Schwangerschaft grob gesagt einmal im Jahr schwanger werden, während von einem Mann beliebig viele Frauen gleichzeitig schwanger sein könnten. Auch aus dieser Perspektive scheint es sinnvoll, in Bezug auf die Verhütung von Schwangerschaften die Ejakulation des Mannes in den Mittelpunkt zu rücken.

Mögliche Gründe dafür, dass Verhütung trotzdem Frauensache ist, können also neben der Tatsache, dass

Männerkörper nicht auf die gleiche Art von einer Schwangerschaft betroffen sind, auch sein, dass Männer im weiteren Verlauf des Kinderkriegens Möglichkeiten haben, sich aus der Sache rauszuziehen, oder dass in einer Gesellschaft, in der Männer die Norm und Frauen die „anderen“ sind, wenig Empathie für das Erleben der Nebenwirkungen von hormonellen Verhütungsmitteln für Frauen besteht. Denkbar ist auch, dass ein Verhütungsmittel für Männer, das wie die Pille für Frauen als Tablette eingenommen werden muss, wenig angenommen werden würde, nicht nur von Männern wegen möglicher Nebenwirkungen, sondern auch von Frauen, die sich unter großem persönlichen Risiko darauf verlassen müssten, dass der Mann das Verhütungsmittel auch eingenommen hat.

Die Ejakulation von Männern fällt in der Regel mit dem Orgasmus zusammen. Der Moment, der sich am besten anfühlt, ist also gleichzeitig der Moment, der während des Sex für das Schwangerwerden maßgeblich ist. Ein Orgasmus der Frau ist nicht nötig, um schwanger zu werden. Frauen können viele Orgasmen haben, ohne dass das notwendigerweise mit dem Risiko einer Schwangerschaft einhergeht. Das hängt damit zusammen, dass für den Orgasmus der Frau die Stimulation der Klitoris ausschlaggebend ist, die häufig bei Penis-in-Vagina-Penetrationssex weniger stimuliert wird. Obwohl es also für Heteropaare ohne Kinderwunsch viel risikoärmer wäre, beim Heterosex den Orgasmus der Frau zu fokussieren, passiert das nicht. Während Heteromänner zu 95 Prozent üblicherweise beim Sex einen Orgasmus haben, sind es bei Heterofrauen nur 65 Prozent.[49] Wenig verwunder-

---

49 Frederick, David A.; John, H. Kate St.; Garcia, Justin R. et al.: Differences in Orgasm Frequency Among Gay, Lesbian, Bisexual, and Heterosexual Men and Women in a U.S. National Sample. Arch Sex Behav 47, 2018.

lich, wenn man sich das Skript anschaut, die gesellschaftliche Vorstellung davon, wie Heteropaare miteinander schlafen (sollten). Küssen initiiert den Sex, dazu streicheln, erst über der Kleidung, dann darunter. Vielleicht begibt man sich dann so langsam ins Schlafzimmer. Dann folgt das Ausziehen, das im echten Leben oft kurz awkward ist, wenn man die Hose nicht so schnell über die Knöchel kriegt oder weil nicht alle die „Erst-die-Socken-dann-die-Hose-ausziehen"-Etikette kennen. Dann mehr Streicheln und Knutschen, das, was man üblicherweise „Vorspiel" nennt. Anfassen, Lecken, wenn es gut läuft, leckt der Mann die Frau, bis sie kommt, wenn es nicht so gut läuft, nur, bis sie erregt genug für den nächsten Part ist: die Penis-in-Vagina-Penetration. Und dann kommt er, und der Sex ist zu Ende.

Das alles findet in einem Kontext voller wirkungsmächtiger Geschlechterstereotype statt: Männer wollen und können immer, Frauen mögen nur Sex mit Gefühlen, Männer sind dominant, Frauen wollen erobert werden, Männer sind stark, Frauen rasiert, bei Männern ist ein hoher „Bodycount", also mit vielen Frauen geschlafen zu haben, cool, bei Frauen bitte möglichst wenig Partner, sonst Schlampe, bei Männern kommt es vielleicht nicht auf die Größe an, dafür umso mehr auf die Performance, Sex macht auch ohne Orgasmus Spaß (weil Männer den Orgasmus haben und Frauen die Nähe genießen, yeah right). Außerdem gibt es wenige übliche Arten, über Sex zu sprechen, die auch öffentlich besprochen werden. Wir kennen alle den einschlägigen Dirty Talk, aber der Informationsgehalt von „OMG, fick mich bitte" ist gering, und Konzepte, die verbalen Consent fokussieren, setzen sich in der Praxis wenig durch. Seien wir ehrlich, es ist nicht so leicht, explizit zu sagen, an welcher Stelle der Vulva man auf welche Art berührt werden möchte, vor allem, wenn man sich (noch) nicht gut kennt. Und ich glaube, dass wir bei derartigen Unsicherheiten schnell das machen, was wir aus dem klassischen Skript, wie Sex geht, kennen.

In diesen Zusammenhängen müssen wir dann das „Miteinanderschlafen“ navigieren. Das erfordert ziemlich viel Kommunikation, das Wissen um seinen eigenen Körper, Selbstbewusstsein, den Mut, mit gesellschaftlichen Erwartungen zu brechen. Das ist nicht leicht. Ich finde das nicht leicht. Aber ich finde es wichtig, dass Frauen häufiger kommen. Deswegen: Sex ist nicht nur Penis-in-Vagina-Penetration, Sex ist zusammen das zu machen, was bei den beteiligten Personen zum Orgasmus führt. Und nein, Sex ist nicht „auch ohne Orgasmus schön“, zumindest nicht, wenn das bedeutet, dass es immer die Frau ist, die keinen Orgasmus bekommt.

Männer sind wegen der Kinder sexy, Frauen trotz der Kinder

Ich bin Single, und ich bin Mutter. Das bedeutet auch, dass ich nicht nur mit den Vätern meiner Kinder die Auswirkungen der Ungleichheiten für Väter und Mütter in unserer Gesellschaft navigieren muss. Es bedeutet auch, dass ich manchmal Männer date. Und Elternschaft im Kontext Dating bedeutet für Väter und Mütter etwas Unterschiedliches: Männer sind wegen der Kinder sexy, Frauen trotz der Kinder. Für einen Mann, der sich gar nicht um sein Kind aus einer vorherigen Beziehung kümmert, gilt das zwar, wenn überhaupt, nur eingeschränkt. Aber bereits einem Vater, der ein Kind alle zwei Wochen am Wochenende hat, sprechen wir gute soziale Eigenschaften zu. Er weiß, wie man sich um andere kümmert.

Dating als Mutter findet in einem gesellschaftlichen Zusammenhang statt, in dem Typen es normal finden, so was zu sagen wie: „Männer sind nicht scharf drauf, sich um *fremde* Kinder zu kümmern, keiner macht das gerne, das ist nur ein Kompromiss." Oder erwarten Dankbarkeit dafür, dass sie einen trotz Kind (WTF!) daten und nicht zu den Männern zählen, bei denen man als Frau mit Kindern nur für Sex, aber nicht für eine Beziehung infrage kommt. Sie wollen also Lob dafür, dass sie eine Mutter daten. Nicht nur ist das offensichtlich super geringschätzig und herabwürdigend, sondern damit sorgen Typen außerdem dafür, dass die okayen Männer nur the bare minimum machen müssen und dafür schon als richtig guter Typ gelten.

Das Dilemma ist, dass Männer so sozialisiert sind, dass sie nicht unbedingt fühlen, inwiefern es schön sein kann, sich um jemanden zu kümmern und eine gute Beziehung zu Bonuskindern zu haben. Und ich werde es ihnen sicher nicht beibringen – weil ich Interesse an einer Beziehung auf Augenhöhe habe und nicht mehr emotionale Arbeit für meinen Partner machen möchte als er für mich. Woran ich außerdem kein Interesse habe: Typen das Leben mit Kindern schmackhaft zu machen, indem ich beispielsweise anpreise, dass ich als getrennte Mutter ja viel kindfrei habe, oder erzähle, wie cute und smart und funny meine Kids sind. Weil, ganz ehrlich, obwohl ich wirklich auch gerne Sachen ohne meine Kinder unternehme, wenn sie bei ihren Vätern sind, und ich auch keinen „Versorger" suche, finde ich die Idee davon, dass man Männern keine Care-Arbeit „zumuten" darf, und vor allem nicht, wenn es sich nicht um die „eigenen" Kinder handelt, einfach komplett zum Kotzen.

Es gibt nicht genug gute Männer für alle

Insgesamt laufen Frauen also in vielerlei Hinsicht Gefahr, dass sie in ihrer Liebesbeziehung mit all ihren Wünschen und Bedürfnissen nicht den Raum finden, den sie aber ihrem Partner ermöglichen. Heterosexuell zu sein, ist für Frauen insofern immer auch ambivalent, weil es einerseits ein Entsprechen der gesellschaftlichen Vorstellung von Sexualität und oft auch Paarbeziehung bedeutet, ihr andererseits aber nicht im Vorhinein eine gleichrangige Rolle zusteht. Heterosexualität nimmt gesamtgesellschaftlich als Norm zwar eine privilegierte Position ein, heißt aber nicht, dass auch Frauen in einer Heterobeziehung privilegiert wären. Auch Liebesbeziehungen finden, egal ob als Mutter oder nicht, nicht unabhängig von Rollenbildern und gesellschaftlichem Kontext statt, und das Frauenbild bewegt sich hier schnell zwischen „Hure“ und „Heiliger“, zwischen zu verfügbar und zu prüde, und es ist schwierig, eine Rolle zu finden, mit der man sich wohlfühlt. Wahlfreiheit würde ja auch hier bedeuten, dass man zwischen unterschiedlichen Lebensmodellen wählen könnte, ohne dass das negative Konsequenzen hätte. Gerade als Frau kann man hier aber wenig richtig machen. Hinzu kommt, dass Frauen auch nicht unbedingt Single oder Single Mom sein wollen.

In der Praxis machen Frauen Kompromisse. Frauen leben mit Männern zusammen, die nicht so viel im Haushalt machen, die nicht gut über Gefühle reden können, die in mancher Hinsicht dem klassischen Männlichkeitsbild entsprechen und sich wenig um ihre Liebesbeziehung kümmern. Es bringt aber niemandem etwas, da dann so etwas zu sagen wie: „Das hat sie doch vorher gewusst, hätte sie sich mal einen anderen Typ gesucht.“ Es gibt nicht genug gute Männer für alle, wenn man unter „gut“ versteht, dass Männer sich um ihre Partnerin und andere notwendige Care-Arbeit kümmern. Es bringt niemandem etwas, diese Situation zu individualisieren, weil dann früher oder später einfach eine andere Frau diesen Mann hat, der nix im Haushalt macht. Trotzdem sollten wir versuchen, Männer, die ihre Partnerinnen nicht gut behandeln, nicht in Schutz zu nehmen mit: „Es ist normal, dass man in Beziehungen auch Kompromisse macht.“ Hier brauchen wir für Frauen sowohl die Power, sich aus solchen Verhältnissen zu emanzipieren, als auch die finanziellen, die praktischen Möglichkeiten, Trennungen in die Tat umzusetzen.

Wir sollten nicht nur Care-Arbeit als Arbeit für Männer und Väter thematisch fokussieren, wir sollten zudem schauen, wie wir gesamtgesellschaftlich andere Strukturen für Care-Arbeit etablieren können, um der Überforderung der bürgerlichen Kleinfamilie und dem Verschieben von Care-Arbeit ins Private entgegenzuwirken. Denn wenn schon in einer Liebesbeziehung die „Beziehungsarbeit“ einseitig verteilt ist, ist dies nicht nur ungerecht, sondern schon ein erster Schritt dahingehend, dass es uns später dann, wenn Kinder da sind, normal vorkommt, dass Mutti die Care-Arbeit macht und Vati das letzte Wort hat. Wir sollten insgesamt daran arbeiten, diese Rollen zu überwinden und geschlechtsunabhängig emotional und verantwortungsbezogen auf eine Art für unsere Beziehungen da sein, die das gegenseitige Einbringen und Bearbeiten von Bedürfnissen auf Augenhöhe möglich macht.

4. Frau und Mutter, Vater, Kind

Es stimmt ja auch irgendwo: Frauen mögen gerne Rosa. Aber es stimmt halt auch nicht. Weil weder alle Frauen noch Frauen natürlicherweise gern Rosa mögen. Warum es aber trotzdem ein bisschen stimmt? Weil wir alle in einer Gesellschaft sozialisiert werden, die uns bestimmte Eigenschaften und Vorlieben so andichtet, dass davon auch etwas hängen bleibt. Die strukturelle Ungleichheit ist groß, und die hierarchisch angelegten Geschlechterrollen tragen ihren Teil dazu bei, diese aufrechtzuerhalten und immer wieder neu zu manifestieren.

Geschlechterrollen sind auf eine Art und Weise systemimmanent, die unser Denken spezifisch strukturiert, und der Umgang mit dem Thema Geschlecht ist gesamtgesellschaftlich nicht immer ein leichter. Frauen gelten immer noch als das schwächere Geschlecht. Und Frauen gelten als das schlechtere Geschlecht. Auch wenn diese Einstellungen nicht mehr so deutlich kommuniziert werden wie in der Vergangenheit, gibt es viele Beispiele, an denen sich dies zeigt. Manche davon sind kulturell so üblich, dass sich auf den ersten Blick gar nicht erschließt, dass hier ein Zusammenhang zu einem misogynen Frauenbild besteht. Rollenbilder aus dem kapitalistischen System, aus dem Patriarchat, beeinflussen unsere Wahrnehmung. Sie sagen uns nicht nur, wie Männer und Frauen sein sollten und was ihre vorgesehene Rolle in der Gesellschaft ist. Sie sagen uns auch, was eine gute Mutter ist, was eine schlechte Mutter ist.

Eine schöne Frau, ein richtiger Mann, eine gute Mutter

Um die hierarchisch-geschlechtsspezifische Arbeitsteilung im Kapitalismus gibt es viele Mythen, die dazu geeignet sind, diese Arbeitsteilung als Naturzustand festzuschreiben, obwohl es sich um ein gesellschaftliches Phänomen handelt. Diese Mythen, diese Ideologien, sind die klassischen Geschlechterrollen. Geschlechterrollen sind die gesellschaftlichen Erwartungen an das Verhalten von Männern und Frauen in bestimmten Lebenssituationen wie Familie und Beruf, im sozialen Miteinander oder im politischen Handeln. Also die Verhaltensweisen, die für ein bestimmtes Geschlecht als typisch oder akzeptabel gelten, und das unabhängig, aber trotzdem in Bezug auf materielle Gegebenheiten: Frauen haben kein „Care-Gen", Männer haben kein „Lohnarbeits-Gen", es gibt keine materielle Grundlage dafür, dass Frauen geeigneter sind, sich um Kranke zu kümmern oder eher in der Grundschule zu unterrichten als am Gymnasium. Bis auf ein paar Ausnahmen, die es natürlich gibt, wenn man zum Beispiel an Schwangerschaft und Stillen denkt, sind erst mal alle zu allem in der Lage.

Es sind die Geschlechterrollen, in denen wir sozialisiert sind, die uns von Anfang an eine vorgezeichnete Bahn aufzeigen. Klar ist es möglich, dass wir Sachen ganz anders machen. Aber von Anfang an lernen wir, was eine gute Mutter ist, was sich als Frau gehört und wie Männer üblicherweise sind.

Geschlechterrollen haben den Zweck, uns für einen reibungslosen Systemablauf in eine bestimmte Position in der Gesellschaft zu bringen, ohne dass offensichtlicher Zwang angewendet wird. Wir leben nicht mehr Achtzehnhundertplötzlich, wo die Frau erst als Tochter im Besitz des Vaters und dann nach der Übergabe bei der Hochzeit der Vormundschaft ihres Ehemannes unterstellt war und in diesem Zusammenhang weder Einfluss auf ihre Rolle im Leben noch auf Familienplanung, Vermögen oder andere relevante Bereiche ihres Lebens hatte.

Es gibt keine oder zumindest nicht so viele Gesetze, die Frauen und Mütter auf ein spezifisches Verhalten festschreiben. In Teilen gibt es diese Gesetze schon, wenn man zum Beispiel daran denkt, wie das Ehegattensplitting das Zuverdienerinnenmodell forciert, bei dem der besserverdienende Mann Vollzeit und die Carearbeitende Frau Teilzeit arbeitet. Oder Gesetze, die sich auf Frauenkörper beziehen, wie das Verbot des Schwangerschaftsabbruchs in § 218 StGB. Frauen sind aber beispielsweise nicht, wie in Russland, von bestimmten Berufen kategorisch ausgeschlossen, Frauen dürfen, was global nicht überall gewährleistet ist, alleine das Haus und das Land verlassen, und Frauen sind nicht mehr zum Sex mit dem Ehemann gezwungen. Vergewaltigung in der Ehe ist (allerdings erst seit Juli 1997!) strafbar, wobei mit dem 33. Strafrechtsänderungsgesetz das Merkmal „außerehelich" aus dem Tatbestand der Vergewaltigung, § 177 StGB, gestrichen wurde, sodass seitdem auch die eheliche Vergewaltigung als ein Verbrechen geahndet werden kann.

Obwohl es in Artikel 3 des Grundgesetzes für die Bundesrepublik Deutschland in Absatz 1 und 2 heißt: „Alle Menschen sind vor dem Gesetz gleich. Männer und Frauen sind gleichberechtigt. Der Staat fördert die tatsächliche Durchsetzung der Gleichberechtigung von Frauen und Männern und wirkt auf die Beseitigung bestehender Nachteile hin", hat sich die Position der Frau in der Familie wenig verändert.

Jungs sind so, und Mädchen sind schlechter

Die Zuschreibung, dass ein bestimmtes biologisches Geschlecht zu einer spezifischen Persönlichkeit führe, zu bestimmten persönlichen Stärken, Schwächen, Vorlieben, Abneigungen und in diesem Zusammenhang zu einer spezifischen Position in der Gesellschaft und zu einer spezifischen Position innerhalb der bürgerlichen Kleinfamilie, beginnt bereits vor der Geburt eines Kindes, wenn die werdenden Eltern aufgrund des kraftvollen Strampelns einen Jungen vermuten. Das Geschlecht eines Ungeborenen wird häufig beim zweiten von drei Ultraschalluntersuchungen während der Schwangerschaft zwischen der 19. und 22. Schwangerschaftswoche festgestellt. Laut § 15 des Gendiagnostikgesetzes (GenDG) darf das Geschlecht, unabhängig davon, ob es per Ultraschall schon erkennbar ist oder im Zuge der Pränataldiagnostik erkannt wird, erst nach Ablauf der 12. Schwangerschaftswoche durch die Gynäkologin mitgeteilt werden. Dies hat den Hintergrund, dass bis zur 12. Woche ein Schwangerschaftsabbruch, und damit auch die geschlechtsselektive Abtreibung von Mädchen, möglich wäre.

Die Rollenzuschreibungen sind auf eine Art systemimmanent, dass es uns nicht gelingen wird, eine abschließende Aufzählung vorzunehmen, wo diese Zuschreibungen überall auftreten. Sie sind da, wenn die Erzieherin in der Kita sagt: „So, dann gehen jetzt die Mädchen zum Tanzen und die Jungs zum Fußball!“, wenn in der Schule nach „starken Jungs“ verlangt wird, um die Tische zusammenzustellen, wenn sich bei der Familienfeier die Mütter, die Tanten, die älteren Töchter um Essen und Küche kümmern und die Männer nach dem Essen rauchen gehen und über die „wichtigen“ Themen sprechen.

Sie verstärken sich im Gender Marketing, wo Spielzeug und Gebrauchsgegenstände einer bestimmten Idee von Jungen und Mädchen zugeordnet sind: Mädchen spielen Prinzessinnen und mit Puppen, weil sie einfach so nett sind und gerne Care-Arbeit machen, Jungs spielen Astronauten, mit Autos, mit Dinosauriern, sie mögen es einfach wild und actionreich und müssen sich eben ausleben. Gender Marketing macht, dass bei bestimmten Modekonzernen Mädchenkleidung pink, eng geschnitten und in Teilen zum Toben ungeeignet ist und Jungskleidung praktisch, weit und militarygrün, obwohl vor der Pubertät keine ausgeprägte Notwendigkeit für unterschiedliche Schnitte anhand des Geschlechts besteht.

Auch die Welt der Erwachsenen ist auf diese Art geschlechtsbezogen strukturiert. Duschgel für Frauen riecht „tropisch-fruchtig“, nach Pfirsich oder Kokos und verspricht mystische Momente und weiche Haut. Duschgel für Männer riecht nach Ölwechsel, Monstertrucks und Roboterapokalypse und ist nicht nur einfach Duschgel, sondern mindestens als 3-in-1-Produkt für Haut, Haare und Gesicht geeignet. Diesem Umstand ist wahrscheinlich geschuldet, dass ich tatsächlich nicht nur einen, sondern schon mehrere Männer kennengelernt habe, die den Unterschied zwischen Duschgel und Shampoo nicht kannten.

Auch in den alltäglichen Kleinigkeiten, von denen viele für sich genommen erst mal gar nicht so schlimm wirken, kommt zum Ausdruck, dass wir von Anfang an in spezifischen Geschlechterrollen sozialisiert werden: Ich habe meine Kinder beide ambulant im Krankenhaus geboren, vor allem deswegen, weil ich dachte, nach einer Geburt werde ich mich ausruhen wollen, und zu Hause kann ich das gut, da ist es schön, ich weiß, wo alles ist, und ich fühle mich wohl. Im Krankenhaus ist eben

Krankenhausatmosphäre. Ambulant heißt, vier Stunden nach der Geburt sind wir, also der Papa, das Baby und ich, jeweils nach Hause gefahren. Nach der Geburt meines jüngeren Kindes sind wir, bevor wir nach Hause gefahren sind, noch zum Hörtest auf die Kinderstation gegangen, damit wir den nächsten Tag nicht noch mal wiederkommen müssen. Die Kinderkrankenpflegerin auf der Station guckte das Baby an, das in der Trage lag, zugedeckt und mit einem rosa-grün-farbenen Mützchen mit einer Blume an der Seite auf dem Kopf. Sie war sehr nett, wir machten Smalltalk. Sie fragt: „Oh, ein Mädchen?" Ich antworte: „Nein, ein Junge", und bin kurz verwundert. Das Geschlecht steht ja auch in den medizinischen Unterlagen, die wir vom Kreißsaal mit auf die Kinderstation gebracht haben. „Oh, dann hat er aber bestimmt eine große Schwester?", fragt sie dann, wohl in der Annahme, dass das die naheliegende Erklärung für die Farbe Rosa und die Blume an der Babymütze ist. „Nein, einen großen Bruder", sage ich, und wir starren uns gegenseitig irritiert an.

Ich war zu müde, zu erschöpft, um so was zu sagen wie: „Äh, Jungs können auch Rosa tragen." Oder „Verdammte Scheiße, ich habe das Kind literally gerade erst geboren und werde jetzt schon mit so scheiß Klischees konfrontiert?!" In der Vorstellung, wie Leute ihre Babys kleiden, kommt es einfach nicht vor, dass Jungs „nur so" etwas Rosafarbenes tragen. Eine Mütze von der großen Schwester, das ginge ja noch. Aber einfach so einem Jungen eine rosa Mütze aufsetzen? Da kommt ja alles durcheinander. So wird man dann, bevor man nach der Geburt überhaupt die erste Nacht geschlafen hat, direkt mit der Rosa-Hellblau-Hölle konfrontiert.

Und dabei bleibt es ja nicht. In Bezug auf die Kinder lauert an jeder Ecke der „Jungs-sind-so-und-Mädchensind-ganz-anders"-Horror. „Sag mal, warum hat dein Sohn eigentlich einen rosa Schnuller?", fragte mich eine andere Mutter beim Rückbildungskurs. Ein bisschen vorwurfsvoll, vielleicht, weil ich den unausgesprochenen gesellschaftlichen Pakt, dass wir alle unsere Babys farblich nach biologischem Geschlecht markieren, damit wir sofort anfangen können, die damit verknüpfte Geschlechterrolle auf das Kind zu projizieren und es dementsprechend zu behandeln, gebrochen habe. Ja, keine Ahnung, ich habe einfach Schnuller in verschiedenen Farben gekauft. Was denken die Leute denn bitte, dass Jungs von Rosa schwul werden? Dass Schwulsein etwas Schlechtes ist? Das kann doch nicht sein, dass es den Leuten so ungewöhnlich erscheint, wenn Kindern alle Farben angeboten werden und nicht nur die Klischees.

Obwohl wir wissen, dass so Ideen wie „Männer können besser logisch denken als Frauen und sind deswegen für manche Berufe geeigneter" oder „Frauen sind einfach emotionaler und können deswegen besser mit Kindern umgehen" keine faktenbasierten, wissenschaftlich fundierten Tatsachen, sondern sexistische Rollenzuschreibungen sind, bleiben wir oft zaghaft und immer wieder in diesen Rollenklischees verhaftet, selbst wenn wir eigentlich versuchen, diese zu überwinden. Das passiert zum Beispiel, wenn Eltern sich über „diese blöde Rosa-Hellblau-Klischeekleidung" für Kinder aufregen und ihren Töchtern dann „Jungskleidung" – also eher Hosen, gedeckte Farben, keine Röcke und Rüschen, kein Pink und Rot – anziehen, aber ihren Söhnen auf keinen Fall „Mädchenkleidung". In einer Gesellschaft, in der Männlichkeit die Norm ist, ist dann auch „Jungskleidung" eine Norm und deswegen erst mal gut und unhinterfragt. „Mädchenkleidung" ist das Spezifische, die Abweichung. Da liegt dann die Vermutung nahe, dass Eltern ihren

Söhnen deswegen keine rosafarbene Kleidung anziehen, weil das eben nicht die Norm darstellt, sondern als Abweichung bestimmten Voraussetzungen unterliegt. Das Attribut „für Mädchen" ist dann mit Vorstellungen wie „Püppchen", „Oberflächlichkeit", „Schwäche" verbunden. In diesem Kontext ziehen manche Eltern selbst ihren Töchtern keine „Mädchenkleidung" an, weil sie sie als komplexe Persönlichkeit wahrnehmen, und nicht als rosafarbenes Klischee, und hoffen, damit sexistischen Klischees aus dem Weg zu gehen. „Meine Tochter ist ja wirklich nicht so eine Tussi", hat mal jemand zu mir gesagt. Well, guess what, alle anderen Töchter und Frauen sind auch nicht „so eine Tussi". Alle Frauen und Mädchen sind Individuen, mit ihren eigenen Persönlichkeiten, Interessen und Vorlieben. So bleibt dann die abwertende Rollenzuschreibung für die anderen Mädchen bestehen, nur das eigene Kind ist dann nicht „so eines".

Wenn Mädchen Blau tragen oder Hosen, gilt das also insofern als normal, als dass das gesamtgesellschaftlich einfach kein Thema mehr ist. Jungen im Rock begegnen einem im Alltag hingegen nicht so oft, und wenn, dann im geschlechtersensiblen Kinderbuch, das es vor allem deswegen überhaupt gibt, weil Jungs im Rock nicht als normal gelten. Als mein Sohn eine Phase hatte, in der er gerne Röcke getragen hat, erklärte mir die Erzieherin in der Kita verständnisvoll, aber ungefragt, dass es „solche" Jungen ab und zu gäbe, aber dass das nicht weiter schlimm sei, weil es sich „wieder verwachsen" würde. Das war bestimmt nett gemeint, aber die Beschwichtigung in ihrer Stimme, die Versicherung, dass „das" wieder weggehen würde, lassen nichts Gutes über den Umgang anderer Eltern und der Gesellschaft mit Söhnen im Rock vermuten. Es ist in den Augen der Gesellschaft, und dementsprechend in den Augen mancher Eltern, für Jungen nicht normal, „Mädchenkleidung“ zu tragen.

Ähnlich kennt man diese Art der internalisierten, also verinnerlichten Frauenfeindlichkeit, auch vom „I'm-not-like-other-girls“-Phänomen, wo manche Frauen das Gefühl haben, sie seien nicht wie die anderen Frauen, weil sie sich selbst nicht für ein – nur bestimmte Eigenschaften aufweisendes – reduziertes Klischeewesen halten. Starre Geschlechterrollen sagen uns, Frauen mögen pinke Kleider, Lipgloss und romantische Komödien. Gleichzeitig werden diese Sachen, die Frauen angeblich machen oder mögen, abgewertet – auch von Frauen selbst. Dumm, oberflächlich, kitschig. Und wenn wir dann für unsere Eigenschaften, die nicht als klischeehaft weiblich gelten, auch noch Komplimente bekommen, dann tut das zwar dem Selbstbewusstsein gut, nährt aber auch die falsche Vorstellung davon, dass wir wertvoll sind, weil wir nicht wie andere Frauen sind, was natürlich misogyner, also frauenfeindlicher Blödsinn ist. Auch die anderen Frauen sind keine Klischeewesen. Und sie sind auch nicht uncooler oder weniger wert, wenn sie gern Rosa mögen oder eher introvertiert und risikoscheu sind oder wenn sie gerne kochen und backen, zumal niemand die perfekte Klischeefrau ist, die in jedweder Hinsicht allen Rollenbildern entspricht.

Während Misogynie oder Frauenfeindlichkeit diese Einstellungen meinen, inwiefern Frauen minderwertig sind, ist Sexismus die konkrete Praxis, in der das zum Ausdruck kommt. Und auch wenn Sexismus anders kommuniziert wird als in der Vergangenheit, ist es offensichtlich nicht wahr, dass Frauen heutzutage gleichberechtigt sind, egal wie viele Thorstens mir das in den Kommentarspalten erklären wollen.

Es ist mir nicht genug, dass ich als arbeitende oder hosentragende Frau keinen öffentlichen Skandal mehr auslöse, solange hinter vorgehaltener Hand immer noch darüber geredet wird, wie es sich wohl auf das Bindungsverhalten der Kinder auswirke, wenn ich vermeintlich zu früh wieder arbeiten gehe. Es reicht mir nicht, dass keiner mehr deutlich sagt: „Du bist dümmer, weil du eine Frau bist", weil ich trotzdem nicht die gleichen Möglichkeiten wie ein Mann habe, meine Familie zu ernähren. Anstrengend finde ich das ständige sexistische Hintergrundrauschen, und es ist herabwürdigend, wie in vielerlei Hinsicht mit zweierlei Maß gemessen wird. Auch wenn einzelne Vorfälle nicht immer auf den ersten Blick schlimm sind, ist doch schlimm, wie normal Sexismus ist. Das fängt mit der sexistischen Werbung an, die überall hängt. Oder als Mutter ständig ungefragt damit konfrontiert zu werden, wie man bitte die Mutterrolle gestalten soll und inwiefern es total „natürlich" sei, sich für die Kinder aufzuopfern. Schönheitsnormen, für Harmonie sorgen, emotionale Arbeit machen. Sexismus sind auch Witze über „Frauen an den Herd", Sexismus ist, wenn Frauen in ihre Schranken verwiesen und kleingehalten werden sollen. Sexismus reicht in den Bereich der sexuellen Belästigung hinein oder zu anzüglichen Sprüchen und ungewollten Berührungen, wie Frauen die Hand auf den Oberschenkel zu legen. Sexismus ist eine Machtdemonstration gegenüber Frauen.

Mein Arzt durfte mich bis Juli 2022 im Internet nicht über Schwangerschaftsabbrüche informieren. Produkte, die es als „Männerversion" und „Frauenversion" gibt, wie Einwegrasierer, sind für Frauen in der Regel teurer, „Pink Tax" nennt sich das, „pink", weil extra für Frauen vermarktete Produkte häufig pink sind, „tax" so wie Steuer. Medikamente passen weniger gut zu mir, weil sie nur an

Männern getestet wurden, und auch Autounfälle sind aus dem gleichen Grund riskanter für mich. Wenn mich jemand sexuell belästigen würde, wäre es schwierig, darüber zu sprechen, weil alle in erster Linie besorgt um den Täter und die Unschuldsvermutung wären. Wenn ich alt bin, bin ich wahrscheinlicher von Altersarmut betroffen, und wenn ich Sex mit einem Mann habe, dann hat der Mann wahrscheinlicher einen Orgasmus als ich. Und wenn ich mit der Tram fahre, manspreaded mir ein Mann in den personal space. Manspreading, „man" wie „Mann" und „spreading" wie „sich ausbreiten", bezeichnet die Praxis, wo Männer, beispielsweise im öffentlichen Personennahverkehr, ihre Beine derart ausbreiten, dass sie direkt mal den Platz von mehreren Personen einnehmen. Sinnbildlich steht Manspreading für den Umstand, dass Männer dazu sozialisiert sind, dass ihnen alles Mögliche zustehen würde: sexuelle Gefälligkeiten, eine Frau, die über seine unlustigen Witze lacht, um ihn nicht zu kränken, der Platz im öffentlichen Raum.

Sexismus, das sind keine Einzelevents im Leben einer Frau. Der Nährboden der Misogynie, die sich immer wieder in sexistischer Diskriminierung bis zur sexuellen Gewalt und zum Femizid Bahn bricht, besteht aus der allgemein fehlenden Empathie mit Frauen, der Nichtunterstützung von Frauen, der Geringschätzung von Frauen. Die Gesellschaft ist durchdrungen von der Abwertung von „Frauenarbeit": Care-Arbeit oder der klassischen „Frauenberufe". Frauen sind wirtschaftlich und strukturell benachteiligt. Spezifische Belange von Frauen werden nicht beachtet, ohne dass es auffällt.

Zudem findet häufig eine Umkehr der Verantwortung statt, beispielsweise wenn Frauen dafür verantwortlich gemacht werden, sexuelle Übergriffe zu vermeiden: durch das Auswählen bestimmter Kleidung oder durch das Vermeiden der Öffentlichkeit, insbesondere nachts. Latent sexistische Einstellungen steigern sich bis in die offene Verachtung und Verächtlichmachung von Frauen, und das nicht nur in antifeministischen und maskulinistischen Zusammenhängen. Frauen werden entmenschlicht und objektifiziert, was dann aufgrund der fehlenden Empathie mit Frauen als „nicht so schlimm" oder „nicht so gemeint" verharmlost werden kann. Dabei reicht die Objektifizierung von Frauen vom Anlegen sexistischer Standards in Bezug auf Körpernormen bis zur Anspruchshaltung daran, Frauenkörper zur Verfügung zu haben. Was dann insgesamt einen gesellschaftlichen Kontext schafft, in dem 40 Prozent der Frauen über 16 Jahre körperliche oder sexuelle Gewalt oder beides erlebt haben, 58 Prozent sexuelle Belästigung, 42 Prozent psychische Gewalt sowie 25 Prozent sexuelle und/oder körperliche Gewalt in der Partnerschaft.[50] Auch das Zuhause und Liebesbeziehungen sind für Frauen nicht notwendigerweise ein sicherer Ort. Sexualstraftaten werden sehr selten von Fremden begangen. Meistens findet sexuelle Gewalt im häuslichen Bereich statt, wobei es sich bei einem Großteil der Täter um den Ehemann oder Lebensgefährten der betroffenen Frau handelt.[51] In diesem Kontext sind auch die Geschlechterrollen so angelegt, dass es für Frauen schwerer sein kann, Nein zu sagen, wenn sie dazu sozialisiert sind, sich selbst für andere zurückzunehmen. Die Frauenrolle ist dazu geeignet, „Nein heißt nein!"

---

50 Bundesministerium für Familie, Senioren, Frauen und Jugend: Lebenssituation, Sicherheit und Gesundheit von Frauen in Deutschland, 2004, S. 28.

51 Wissenschaftliche Dienste des Deutschen Bundestages: Vergewaltigung in der Ehe – Strafrechtliche Beurteilung im europäischen Vergleich, unter: https://www.bundestag.de/resource/blob/407124/6893b73fe226537fa85e9ccce444dc95/wd-7-307-07-pdf-data.pdf, 2008.

zu untergraben. Es ist auch generell besser, als Frau nie eine unvorhersehbare Lebenskrise zu haben oder andere schwierige Situationen meistern zu müssen. Schließlich muss ich im Zweifelsfall davon ausgehen, keinen Platz im Frauenhaus zu bekommen, weil es nicht genug davon gibt. Und an jedem dritten Tag wird in Deutschland eine Frau von ihrem (Ex-)Partner getötet, im Kontext patriarchaler Kontroll- und Dominanzmuster.[52]

Mutterrolle, Muttermythos

Eine besondere Form der Frauenrolle ist die Mutterrolle. Die Mutterrolle ist die normative Idee, wie Mütter sind, wie sie sein sollten. Und sie sollten vor allem selbstlos sein.

Mutterschaft wird als eine Berufung gesehen, als etwas, das alle Frauen wollen würden. Und wenn eine Frau sagt: „Ich will keine Kinder", dann wird das interpretiert als: „Ich will *noch* keine Kinder", ohne Kinder seien Frauen doch unvollständig und heutzutage kriegen viele ja erst spät das erste Kind. Unvorstellbar in vielen Köpfen, dass Frauen Entscheidungen treffen, die nicht der Norm entsprechen. Unvorstellbar, dass Frauen ihren eigenen Weg gehen und selbst wissen, was gut für sie ist.

Mutterschaft, das ist nicht nur etwas, das angeblich alle Frauen wollen. Mutter sein, das ist etwas, das man nicht unter anderem sein kann. Und wenn man noch andere Sachen sein will, Künstlerin, Arbeitnehmerin,

52 Schröttle, Monika im Deutschlandfunk Kultur, 2021, unter: https://www.deutschlandfunkkultur.de/femizide-in-deutschland-getoetet-weil-sie-frauen-sind-100.html.

Liebhaberin, dann hat doch die Mutterschaft immer an erster Stelle zu stehen. Diese Vorstellung von der Mutterrolle ist eine spezifisch deutsche. Während es in den USA und im übrigen Europa als sinnvoll und förderlich gilt, Kindern die Möglichkeit zu geben, Zeit in der Gruppe unter Gleichaltrigen zu verbringen, werden, ganz in westdeutscher Tradition, in Deutschland direkt die Impulse laut, der Mutter vorzuwerfen, das Kind „abzuschieben", gerne auch mit dem Verweis auf die gravierenden Nachteile in der kindlichen Entwicklung, die die Kita mit sich bringen würde, die aber komischerweise weder in Frankreich noch in Italien oder Dänemark auftreten.[53] Die sehr deutsche Überzeugung, dass die Kinder am besten zu Hause von der Mutter erzogen werden sollten, wird vor allem durch das Bildungsbürgertum, durch Frauen, die studiert haben, vertreten. Zudem wird in Deutschland deutlich stärker als in anderen Ländern und von einer überwältigenden Mehrheit der Frauen die Überzeugung vertreten, dass sich Berufstätigkeit und Mutterschaft ausschließen.[54] Insbesondere in Westdeutschland, wo seit der Nachkriegszeit die bürgerliche Kleinfamilie das gesellschaftliche Leitmodell darstellt, aber auch darüber hinaus sind Muttermythen geläufig, die die erwartete Selbstaufgabe der Mutter mit vermeintlich pädagogischen oder entwicklungspsychologischen Gründen zu untermauern versuchen. Besonders aus der Bindungstheorie nimmt der Muttermythos hier Anleihen: Für die glückliche Entwicklung des Kindes sei eine nahezu symbiotische Beziehung zur Mutter unabdingbar, Bindung

---

53 Vgl. Kapitel „Ostdeutschland".

54 Vinken, Barbara: Die deutsche Mutter, Fischer Taschenbuch Verlag, 2. Auflage, 2011, S. 22.

entstehe nur, wenn die Mutter ab der ersten Sekunde für das Kind verfügbar sei. Zum Beispiel das unmittelbare Anlegen des Kindes an die Brust nach der Geburt, das den Beginn der Stillbeziehung darstellt und bei dem die Produktion von Muttermilch angeregt wird – es wird zum wichtigen Meilenstein in der Mutter-Kind-Bindung überhöht.

Stillen wird gesellschaftlich als „das Beste für Mutter und Kind" gesetzt. So ist dann nicht nur das Stillen an sich kaum kritisierbar, denn wer will denn nicht das Beste für sein Kind? Das vermeintliche Kindeswohl steht dann über dem Mutterwohl, und es bleibt einer Mutter nichts anderes übrig, als das Wohl des Kindes zur Handlungsmaxime zu machen. Damit werden die klassischen, asymmetrischen Geschlechterrollen legitimiert, diese werden zudem erhaben über Kritik. Von der Mutter her gedacht gibt es viele verschiedene Faktoren, die die beste Ernährungsmethode für ein Baby determinieren. Zum Beispiel die Erwerbstätigkeit der Mutter, die Rollenaufteilung in der Familie, global betrachtet die Verfügbarkeit von sauberem Trinkwasser, psychologische Faktoren, sodass es unter der Berücksichtigung der Bedürfnisse von Müttern nicht aufgeht, Stillen als beste Methode festzulegen, ohne die konkrete Familie angeschaut zu haben. Wir sollten dringend damit aufhören, das Fläschchengeben als zweitbeste Möglichkeit zu behandeln, denn auch wenn es Argumente dafür gibt, dass das Stillen für Babys gesundheitliche Vorteile haben kann[55], dürfen die Bedürfnisse der Mütter nicht komplett übergangen werden; dieses Glorifizieren des Stillens führt in der

---

55 Rouw, Elien, von Gartzen, Aleyd & Weißenborn, Anke: Bedeutung des Stillens für das Kind: Bundesgesundheitsblatt 61, 2018.

Praxis nur dazu, dass Müttern, die nicht stillen können oder wollen, unnötigerweise ein schlechtes Gewissen gemacht wird.

Auch der erste Blickkontakt, das erste Lächeln, später dann die ersten Schritte und andere klassische Momente der kindlichen Entwicklung werden als Voraussetzung für eine gelingende Bindung und gleichzeitig als deren Beweis verhandelt, sodass eine längere Trennung von Mutter und Kind als dringend zu vermeiden erscheint, als Risiko für ein Weniger an Bindung. Das Schlimmste, das einer Mutter in dieser Hinsicht passieren könne, sei irgendetwas zu verpassen. Und tatsächlich werden Mütter das häufig gefragt, nämlich ob sie nicht Angst hätten, etwas zu verpassen. Väter nicht. Der Muttermythos spricht dem Kind einen permanenten Anspruch auf seine Mutter zu – auf eine Art und Weise, wie es bei Vätern nicht der Fall ist. Müttern wird gesagt, es sei schlecht für die Mutter-Kind-Bindung, wenn sie arbeiten gingen. Müttern wird gesagt, dass sie sich lieber mal um die Familie kümmern sollten, anstatt sich auf eine Führungsposition zu bewerben. Und selbst bei modern anmutenden Ideen, wie Führungspositionen in Teilzeit, bleibt unhinterfragt, dass es Teilzeit sein soll, damit der „Hauptberuf Mutter" weiterhin bestehen kann. Mütter werden gefragt, wie sie das nur übers Herz bringen würden, ihr Kind „fremdbetreuen" zu lassen.

Kitabetreuung wird regelmäßig abschätzig „Fremdbetreuung" genannt. Nein! Die Erzieherinnen sind weder mir und erst recht nicht meinem Kind fremd. Und die anderen Kinder schon gar nicht. Die besten Freundinnen und Freunde meiner Kinder sind Freundinnen aus Kita und Schule. Genau genommen sind noch nicht mal deren Eltern besonders fremd, wenn man daran denkt, wie Besuchskinder in einem gewissen Alter ganz ungefiltert Sachen erzählen wie: „Du bist getrennt? Meine Eltern waren auch schon mal getrennt für ein paar Wochen, der Papa hat dann woanders gewohnt!" Ich finde dieses negative Gerede über „Fremdbetreuung" auch den Fachkräften in der Kita gegenüber wirklich schwierig. Erzieherinnen und Erzieher machen einen superwichtigen Job. Was da dann mitschwingt, ist so eine Idee von: „innerhalb der Kleinfamilie = gut" und „außerhalb der Kleinfamilie = weniger gut", wobei „fremd" auch noch mit „nicht gut" gleichgesetzt wird, was nicht nur im Kontext Kleinfamilie vs. Kindergarten schwierig ist.

Aber auch wenn wir das Thema inhaltlich auf Kinderbetreuung in Familie und Kita beschränken, wird schnell deutlich, wie verkürzt diese Argumentation ist. Kinder lernen von unterschiedlichen Erwachsenen unterschiedliche Dinge. Kinder haben Bock drauf, mit anderen Kindern zu spielen, nicht nur mit dem älteren oder dem jüngeren Geschwisterkind, wobei 26 Prozent der Kinder sowieso Einzelkinder sind.[56] Kinder haben Bock drauf, Aktivitäten in der Gruppe zu machen, es ist wichtig für die Entwicklung von Kindern, in der Gruppe zu spielen und zu lernen. Für einen gelungenen gesellschaftlichen Umgang mit Unterschiedlichkeit und für eine Gesellschaft, die Inklusion im eigentlichen Sinne des Wortes möglich macht, ist es förderlich, wenn Kinder selbstverständlich mit unterschiedlichen Kindern spielen, ohne dass Einzelne einen „Sonderfall" in der sonst homogenen Gruppe darstellen, sondern so, dass unterschiedliche Bedürfnisse von vornherein berück-

---

56 Peuckert, Rüdiger: „Familienformen im sozialen Wandel". Springer Fachmedien Wiesbaden GmbH 9. Auflage, 2019, S. 180.

sichtigt werden, sodass jede und jeder partizipieren kann und notwendige Hilfsmittel, Maßnahmen, Ausrüstungsgegenstände Teil des Standards sind und keine Extramaßnahmen.

Das Gerede über „Fremdbetreuung“ beschwört ein Bild herauf von einem armen Kind, das allein ist in der gefährlichen Fremde, das eigentlich von uns oder am besten von seiner Mutter beschützt werden müsste. Es stellt nicht nur einen riesigen Kontrast dazu dar, dass der Kindergarten ein Ort ist, wo Kinder spielen, malen, essen, soziale Kontakte knüpfen, sondern es ist auch einfach wissenschaftlich betrachtet nicht haltbar, dass die sogenannte „Fremdbetreuung“, die wir besser mal „in die Kita gehen“ nennen sollten, schädlich für die kindliche Entwicklung wäre: Kinder bekommen keine „Bindungsstörungen“, wenn ihre Mütter arbeiten gehen. Kinder bekommen keine „Bindungsstörungen“, wenn sie in den Kindergarten gehen. Nein, auch nicht, wenn sie mit einem Jahr schon in die Kita kommen.

So hat eine Studie des Instituts für Entwicklungspsychologie der Universität Zürich ergeben, dass unterschiedliche Betreuungsmodelle – ob zu Hause oder in der Kita – keinen Einfluss auf die Entwicklung von Kleinkindern haben. Der Besuch einer Kita schadet nicht der „Bindungsfähigkeit“ von Kindern, entscheidend ist vielmehr die Qualität der Beziehung zu den Bezugspersonen, ob Erzieher, Erzieherin, Vater oder Mutter. Laut der Studie muss ein Kind konstante Bindungen zu anderen Menschen aufbauen und sich auf die Beziehungen verlassen können und spüren, dass die eigenen Bedürfnisse ernst genommen werden. Ausschlaggebend dafür ist die Qualität der Interaktion und nicht die Quantität, also die Zeit, die das Kind mit der Bezugsperson verbringt. Bei familienergänzenden Betreuungsstrukturen wie der Kita ist somit der Betreuungsschlüssel zentral. Laut Studie ist ideal, wenn eine Betreuungsperson für drei bis maximal sechs Kinder verantwortlich ist.[57]

Trotzdem wird Kitabetreuung selten als familienergänzend gesehen, als dazugehörend, als Ort, in dem Kinder ihre Freundinnen und Freunde zum Spielen treffen, sondern als anders, als nicht dazugehörig. Einigermaßen erschreckend finde ich, wie einerseits romantisierend darüber geredet wird, dass man das sprichwörtliche „Dorf" bräuchte, um Kinder zu erziehen, aber Kita und Kindergarten trotzdem als „Fremdbetreuung" abgelehnt wird. Wenn das dann noch damit einhergeht, dass auch Väter keine Kinderbetreuung und Erziehung machen, weil die ja ins Büro müssen, dann entsteht eine Situation, wo im Endeffekt maximal die Mütter der Mütter und vielleicht auch die der Väter, also die Großmütter und vielleicht auch Großväter das Dorf sind. Bisschen kleines Dorf, finde ich.

Das Konzept der Bindungstheorie basiert auf der bürgerlichen Kleinfamilie in westlichen Gesellschaften, in der Kinder Bindungen zu in der Regel wenigen erwachsenen Bezugspersonen entwickeln. Für das Dorf, das es zum Aufziehen von Kindern braucht, ist hier also schon mal wenig Platz. Kinder haben nicht unbedingt die eine wichtige erwachsene Bezugsperson. Und auch wenn sie diese haben, muss das nicht notwendigerweise die Mutter sein. Auch wenn Männer weniger Care-Arbeit machen, gibt es trotzdem enge Bindungen von Kindern zu Vätern, zu Großeltern, zu Cousinen und Freunden und zu den Geschwistern. Und es gibt natürlich Fami-

---

57 Bleiker, Marco; Gampe, Anja; Daum, Moritz M.: Effects of the Type of Childcare on Toddlers' Motor, Social, Cognitive, and Language Skills. Swiss Journal of Psychology, 2019.

lien, wo die Hauptbezugsperson nicht die Mutter ist, wo Eltern sich die Elternschaft paritätisch teilen, und es gibt alleinerziehende Väter.

Wenn der Verweis auf die Bindungstheorie dazu benutzt wird, die vermeintliche Überlegenheit der „Mutter-Kind-Bindung" zum Ausdruck zu bringen, geht es auch darum, Frauen auf ihren Platz zu verweisen, auf Heim und Herd, zu den Kindern. Ein ähnlicher Mechanismus passiert beim Attachment Parenting, das auch als „bedürfnisorientierte" Erziehung bezeichnet wird. Auch hier wird häufig ein Bild gezeichnet, wie insbesondere die Mutter für die Bedürfnisse der Kinder zuständig ist. Tatsächlich ist es für eine gelingende Entstehung von Bindung wichtig, die Bedürfnisse von Kindern wahrzunehmen und altersangemessen (!) zu erfüllen. Obwohl „bedürfnisorientiert" genannt, zielt Attachment Parenting nicht automatisch darauf ab, sensibel und aufmerksam in Bezug auf kindliche Bedürfnisse zu sein (was selbstverständlich nicht an eine biologische Grundvoraussetzung gekoppelt ist, alle Erwachsenen können das machen!). In populären Diskursen zu Attachment Parenting scheint vielmehr schon festzustehen, ohne das einzelne Kind zu betrachten, was dessen Bedürfnisse sind: im „Familienbett" schlafen, nicht im Kinderwagen liegen, sondern im Tuch getragen werden, „hochwertiges" Spielzeug, am besten aus Holz, das mindestens Mittelschichtszugehörigkeit zum Ausdruck bringt.

Selten wird in diesen Diskursen erwähnt, wie Protagonisten der Szene in rechten und christlich-konservativen Kreisen verkehren: Evangelikale Organisationen und Netzwerke sind beispielsweise eng mit der AfD verbunden, bei der man sich häufig auf die wissenschaftlich nicht anerkannte „Bindungstheorie" Gordon Neufelds bezieht, welche die sogenannte „Gleichaltrigenbindung", also die

Beziehung von Kindern untereinander, als Ursache für kindliche Selbstmorde, Amokläufe und seelische Verwahrlosung beschreibt, sodass in der Konsequenz staatliche Kinderbetreuung und erwerbstätige Mütter abzulehnen seien. Die „Eltern-Kind-Bindung", die die Kinder vor „Frühsexualisierung" und „Radikalisierung" schützen soll, kann nur durch das Führen einer Lebensweise, die der rechten Vorstellung von Familie entspricht, gewährleistet werden. Die „Neue Rechte" setzt zur Akzeptanz ihrer politischen Agenda auch auf kulturelle Hegemonie, also Vorherrschaft in der Zivilgesellschaft, was eine Verbreitung und Normalisierung rechter Positionen bedeutet.[58] Hier sind Diskurse zur Elternschaft anfällig, wenn der Fokus auf Bindung eine Überhöhung der Mutterrolle und das Festschreiben der Mutter als „Bindungsverantwortliche" durch das falsche Auslegen der Bindungstheorie bedeutet, dass in den ersten drei Lebensjahren die Mutter die einzig wahre Betreuungsperson für ihr Kind sei. Auch der wichtige Vordenker des Attachment Parenting, William Sears, ist evangelikaler Christ, mit den entsprechenden Vorstellungen der Mutterrolle.

Die Art, wie diese Handlungsmodi für Eltern mit mal besseren und mal schlechteren Anleihen aus Pädagogik- und Entwicklungspsychologie in unserer Gesellschaft Anwendung finden, und wie immer wieder mit der „Natürlichkeit" bestimmter Tätigkeiten, wie beispielsweise beim Stillen, die allgemeine Zuständigkeit der Mutter gerechtfertigt wird, kann dazu führen, dass sich bei Müttern diese „innere Stimme" ausbildet, die

---

58 Lühmann, Michael: Meinungskampf von rechts. Über Ideologie, Programmatik und Netzwerke konservativer Christen, neurechter Medien und der AfD, Weiterdenken – Heinrich-Böll-Stiftung Sachsen, 2016, S. 25 f.

immer sagt: „Du willst doch das Beste für dein Kind" und „Die Nähe ist für die gesamte Entwicklung des Kindes unverzichtbar" und „Es liegt in der Natur, dass ich das so machen muss als Mutter".

Das Framen von bestimmten Tätigkeiten als „natürlich" oder „unnatürlich" geht immer wieder damit einher, die Mutter als verantwortliche Person dafür zu sehen, dass durch genug Mutterliebe und Selbstaufgabe aus den Kindern „gute Menschen" werden. Über der Geburt hängt dann der Verdacht der unnötigen medizinischen Eingriffe. Aber nicht jeder medizinische Eingriff ist unnötig und für die psychische und physische Entwicklung des Kindes ist es nicht notwendig, dass die Frau den Geburtsschmerz spürt.

Letztendlich gilt insbesondere in Deutschland die bürgerliche Kleinfamilie, obwohl gesellschaftlich gemacht, als „natürlich" und die damit zusammenhängenden Geschlechterrollen als natürlicherweise am besten zu den Stärken und Schwächen von Frauen und Männern passend. Und wenn nicht, ist das im Zweifelsfall unnatürlich. Eine unangenehme Mischung aus „Natur" und vermeintlicher Wissenschaft führen dann zu einer Situation, in der Mütter in die klassische Mutterrolle gedrängt werden. Mutterschaft ist der Familie zugeordnet, der bürgerlichen Kleinfamilie, der „richtigen" Familie. Mutterschaft findet privat statt, zu Hause. Und Mutterschaft ist nicht für die Öffentlichkeit bestimmt. Das soll nicht heißen, dass Mütter nicht in der Öffentlichkeit zu finden sind, das sind sie heutzutage. Aber nicht als Mütter. Nicht als Subjekt, das seine eigenen Gesetzmäßigkeiten mitbringt, auf die dann Rücksicht genommen würde. Sondern Mütter sollen auftreten und arbeiten, als hätten sie keine Kinder, und trotzdem jederzeit bereit sein zu beteuern, wie gerne sie Zeit mit den Kindern verbringen.

Und so viel Raum in der Öffentlichkeit soll es bitte nicht sein, sie wird doch bestimmt die Kinder schon vermissen. Und für eine Führungsposition ist sie auch nicht geeignet, sie hat doch jetzt andere Prioritäten, Krabbelgruppe und so, und macht sowieso immer um 14:30 Uhr Feierabend.

Eine stereotype Rollenverteilung von einem Hauptverdiener und einer Zuverdienerin oder Hausfrau, die den Großteil der Care-Arbeit übernimmt, reproduziert stereotype, sexistische Geschlechterrollen und sorgt nicht nur dafür, den Gender-Care-Gap, also den Unterschied in der Menge der geleisteten Care-Arbeit, aufrechtzuerhalten, sondern lebt darüber hinaus den Kindern ebendiese Geschlechterrollen vor, was wiederum dazu führt, dass diese in der nächsten Generation wahrscheinlich wieder anzutreffen sind. Mit strikten Geschlechterrollen aufzuwachsen, beeinflusst auch die Berufswahl, die wahrscheinlich auf einen den Geschlechterklischees entsprechenden Beruf fällt. Da Frauen somit wahrscheinlich einen schlecht bezahlten Beruf ergreifen, wird so auch der Gender-Pay-Gap aufrechterhalten, also der Lohnunterschied zwischen Männern und Frauen. Auch Teilzeitarbeit trägt natürlich zu einem unterschiedlichen Einkommen bei. Insgesamt führen diese beiden Faktoren dann zum Renten-Gap bzw. zur Altersarmut für Frauen, insbesondere Müttern.

Dass die meisten Mütter für sich eine Entscheidung treffen, die viele von ihnen in die Altersarmut führen wird, liegt ja nicht daran, dass sie die Altersarmut so gerne in Kauf nehmen möchten. Es liegt daran, dass ihnen diese Entscheidung als die Möglichkeit mit den wenigsten Nachteilen erscheint. Für manche ist es eventuell sogar die einzige Möglichkeit. Das passiert, wenn es keinen Partner gibt, der aus Eigeninitiative Care-Arbeit macht, wenn es nicht genug Kitaplätze gibt, wenn jede Mutter für sich alleine in der Familienwohnung alles schaffen muss, wenn das Abweichen von der vorgesehenen Rolle gesellschaftlich sanktioniert wird.

Die Mutterrolle, oder der Muttermythos, ist so wirkungsmächtig, dass die Realität manchmal komplett verkannt wird. Als ich mit meinem zweiten Kind schwanger war, haben wir während der Schwangerschaft geplant, die Elternzeit 50:50 aufzuteilen. In diesem Zusammenhang ist es uns tatsächlich mit mehreren Personen passiert, dass diese Information einfach an ihnen abgeprallt ist. Egal ob im Privatleben oder auf der Arbeit, alle haben, nachdem ich definitiv schon erzählt hatte, dass der Papa und ich je sieben Monate Elternzeit machen werden, in weiteren Gesprächen so etwas gesagt wie: „Ah, er macht dann bestimmt die zwei Vätermonate, oder?“ Das Bild, dass Väter keine oder höchstens zwei Monate Elternzeit machen, war einfach so stark, dass die Leute sich nur gemerkt haben: „Vater macht Elternzeit“ = „Vater macht zwei Monate Elternzeit“.

Und auch danach waren in manchen Köpfen die Rollenklischees stärker als das, was sie in der Praxis mit uns erlebt haben: Als mein jüngerer Sohn in die Kita gekommen ist, hat der Papa die ersten beiden Wochen der Kitaeingewöhnung gemacht. Er war dann die Vormittage mit unserem Sohn in der Kita, und nach und nach hat der Kleine immer größer werdende Zeiträume alleine in der Kita verbracht. Der Papa hat ihn nicht nur in die Kita begleitet, auch der Mental Load bezüglich des Kitastarts lag bei ihm, er hat sich um das ganze organisatorische Drumherum gekümmert: Er hat die Gespräche mit den Erzieherinnen geführt, er hat das Sprachlerntagebuch, das im weiteren Verlauf zur sprachlichen Entwicklung des Kindes in der Kita geführt wird, ausgefüllt, er hat die Kopie vom Impfpass mitgebracht, außerdem Trinkbecher, Wechselsachen, Windeln, alles, was man so braucht, und alles beschriftet. Da er der Elternteil war, der die ersten Tage komplett mit dabei war in der Kita, war er auch der Elternteil, der die Erzieherinnen, die Abläufe in der Kita, die anderen neuen Eltern, die Kinder am besten kannte. Man hätte also in der Kita mitbekommen sollen, dass er ein sehr engagierter Vater ist. Ich habe dann die zweite Hälfte der Eingewöhnung in der Kita gemacht, als unser Sohn dann schon so weit war, dass er morgens von alleine freudig in den Gruppenraum gelaufen ist und bis zum Mittagessen in der Kita blieb.

Am letzten Tag der Eingewöhnung fragte dann die Erzieherin, bis wie viel Uhr der Kleine denn ab nächster Woche in der Kita bleiben sollte. Ich sagte: „Montag und Dienstag holt sein Papa ihn ab. Ich weiß nicht genau wann, schätze mal so gegen 15 Uhr." Erwiderte die Erzieherin: „Und Sie holen den Kleinen an den anderen Tagen dann früher ab, nehme ich an." Und das, ohne dass es einen konkreten Hinweis darauf gegeben hätte, dass dem so sein könnte. „Äh nein", sagte ich. „Ich hole ihn später ab als der Papa, weil ich mehr Stunden arbeite." Obwohl die Praxiserfahrung gezeigt hat, dass der Papa viel Care-Arbeit macht, zeigte sich das Klischee, dass Mütter die Kinder früher abholen und zuständiger sind, gänzlich unbeeindruckt.

Später lernte ich eine andere Mutter kennen, ihr erstes Kind hatte gleichzeitig mit meinem Kleinen die Eingewöhnung angefangen. „Ich arbeite nur 20 Stunden, dann kann ich die Kleine jeden Tag um 14 Uhr abholen!", erzählte sie mir, und sie klang stolz, als sie das sagte. Ich wusste nicht, was ich erwidern sollte. Ja, ich weiß, gute Mütter holen ihre Kinder früh von der Kita ab, herzlichen Glückwunsch. Aber außer der dürftigen Anerkennung, dass man zumindest in diesem Punkt der Mutterrolle genügt, gibt es für Mütter nichts zu gewinnen im Patriarchat. Egal wie „gut" man die Mutterrolle performt, ob man sie „besser" als andere Mütter performt, man schafft es damit nur, halbwegs der Abwertung als „schlechte Mutter" zu entgehen, aber nicht, für sich selbst und das Kind oder die Kinder sichere materielle Verhältnisse zu schaffen.

Momshaming

Ein Mittel, um Frauen in der Mutterrolle zu halten, ist das schlechte Gewissen. Das schlechte Gewissen lässt sich leicht aktivieren, und zwar durch Beschämung: Momshaming nennt sich das. Momshaming ist zum Beispiel die Bekannte, die stellvertretend für die Gesellschaft und natürlich nur zu Müttern und niemals zu Vätern sagt: „Nach sieben Monaten wieder arbeiten gehen? Wofür hat man denn dann überhaupt Kinder bekommen?" Momshaming, das sind vermeintlich witzige Klischees, die eigentlich voll scheiße sind und verletzend sein können. Momshaming ist manchmal krass schmerzhaft, manchmal nur eine Kleinigkeit, die weggelächelt werden kann. Aber wie traurig ist das: Ich kann etwas weglächeln, weil ich mich daran gewöhnt habe.

Momshaming ist das Beschämen von Müttern, das sie in eine ganz bestimmte Mutterrolle drängt: die Unmögliches verlangt, wo kein „gut genug" vorgesehen ist und eigene Interessen oder Tätigkeiten außerhalb von Mutterschaft auch nicht. Wenn man ein kleines Baby hat und dann schon „früh" weggeht, Freundinnen trifft, mal ins Kino, was weiß ich was macht und am nächsten Tag auf der Arbeit davon erzählt, dann kommt dieses „Also ich könnte das ja nicht", nämlich das Baby alleinlassen. Bei Papa oder Oma, wo es halt nicht alleine ist, naja. Mich trifft das dann immer doppelt: einerseits wegen der Abwertung, die ganz klar damit verbunden ist, und andererseits tut mir die Mutter, von der das kommt, oft ein bisschen leid, weil ich vermute, dass ihr Mann die Kinder nicht nimmt und sie das eben im wahrsten Sinne des Wortes einfach nicht könnte, selbst wenn sie es wollte.

Wenn man also in manchen Punkten nicht dieser Idee von Mutterschaft entspricht, gilt man für andere als „schlechte Mutter", als „Rabenmutter". Ich bin eine von diesen „schlechten Müttern": Ich habe sehr ungerne und auch kurz gestillt, jeweils fünf Monate ungefähr, und auch in dieser Zeit hat der Papa dem Kind manchmal Fläschchen mit Pulvermilch gemacht, weil ich auch die ersten Monate nicht 24/7 mit dem Baby verbracht, sondern auch Sachen für mich gemacht habe. Sport, Sprachkurse, Freundinnen und Freunde treffen. Mir war wichtig, einen Ausgleich zu haben, denn als „schlechte Mutter" fand ich Elternzeit oft sehr langweilig. Ich habe außerdem mit Wegwerfwindeln gewickelt, Gläschen gefüttert und auch Zucker vor dem ersten Lebensjahr gegeben, insbesondere beim zweiten Kind. Außerdem finde ich Einschlafbegleitung manchmal superanstrengend, und ich spiele auch nicht gerne. Am wenigsten mag ich Rollenspiele und Spielplätze, und ich bastle nicht. Beim großen Kind bin ich nach acht Monaten wieder arbeiten gegangen, beim kleinen Kind nach sieben Monaten, und ich lohnarbeite Vollzeit. Meine Kinder sind mit einem Jahr in die Kita gekommen und waren auch an Tagen in der Kita, an denen ich nicht lohnarbeiten musste.

All diese Sachen, die ich mache, haben Gründe: strukturelle Gründe, persönliche Gründe, andere Gründe.

Aber ich finde nicht, dass Mütter nur „entschuldigt“ sind, wenn sie einen anerkannten, inhaltlichen Grund dafür haben. Jede Mutter hat Themen, bei denen sie dem gesellschaftlichen Bild einer guten Mutter nicht entspricht, und das ist total okay. Auch Mütter, die nicht lohnarbeiten, die über mehr zeitliche und materielle Ressourcen verfügen, müssen das Aufopferungsideal deswegen nicht mehr erfüllen als andere. Mütter, die nicht lohnarbeiten, können genauso Gläschen füttern oder nicht stillen. Lohnarbeit sollte nicht „Ausrede“ sein, die Mutterschaft weniger „arbeitsintensiv“ zu gestalten.

Die Anforderungen an die Mutterschaftsperformance sind riesig und führen damit zwangsläufig dazu, dass die Anforderungen niemals alle erfüllt werden können. In letzter Konsequenz heißt das, der große Druck führt vor allem dazu, dass Mütter sich schlecht fühlen, und das ist scheiße. Eine „gute Mutter“, ein „guter Elternteil“ zu sein, heißt nicht, sich möglichst nah an ein gesellschaftliches Ideal anzupassen und auf dem Weg dahin Anteile der eigenen Persönlichkeit und der eigenen Bedürfnisse verleugnen zu müssen, sondern es heißt, feinfühlig mit den Kindern umzugehen, sie wertzuschätzen, ihnen beizubringen, wie das Leben ist, ihre Bedürfnisse zu achten, die eigene Haltung und die Erfahrungen aus der eigenen Kindheit zu reflektieren, entspannt zu sein, wenn es um Netflix geht oder um Schokolade, um Verzeihung zu bitten, sich für die Kinder freuen zu können, wenn diese eine enge Beziehung zum anderen Elternteil, zu Großeltern, zu Freundinnen und Mitschülern haben, und noch so viel mehr. Und ganz sicher reicht es aus, den Kindern eine ausreichend gute Mutter zu sein. Eine, die Sachen unerledigt lassen darf, die Fehler machen darf.

Sich aber dem Müttermythos so gut es geht anzupassen, in der Hoffnung, so dem Momshaming aus dem Weg zu gehen, kann sich leider als trügerischer Frieden erweisen. Momshaming ist nämlich nur die Spitze des Eisbergs an Mütterfeindlichkeit in unserer Gesellschaft. Die ganze Mutterrolle ist eigentlich mütterfeindlich, frauenfeindlich angelegt.

Mütterfeindlichkeit ist, wenn du nach der Elternzeit auf der Arbeit plötzlich nur noch die langweiligen Aufgaben ohne Verantwortung bekommst, wenn du nicht mehr befördert wirst, weil du dir dumme Sprüche anhören musst, wenn du früher Feierabend machst, obwohl zu Hause die Second Shift in Form von Care-Arbeit auf dich wartet.

Mütterfeindlichkeit ist, dass Mutterschaft gleichzeitig ein Mehr an Aufgaben und ein Weniger an Zugang zu Ressourcen bedeutet, das dann durch Anstrengung wieder ausgeglichen werden soll, obwohl das gar nicht möglich ist, weil die Strukturen das gar nicht hergeben.

Mütterfeindlichkeit ist auch, wenn aus den Bedingungen für Mütter auf dem Arbeitsmarkt resultiert, dass sie zu wenig Geld verdienen, um eine eigene Wohnung anmieten zu können, falls sie ihren Ehemann verlassen wollen, weil sie ihn nicht mehr lieben, weil er vielleicht fremdgeht oder wegen häuslicher Gewalt. Nicht in allen Fällen ist es möglich, gemeinschaftlich eine Trennung zu beschließen und auch gemeinschaftlich die diesbezüglichen finanziellen Aspekte zu klären: Bei häuslicher Gewalt kann eine Mutter nicht einfach den Täter fragen, ob er ihr eine Wohnung mietet, in die sie mit den Kindern vor ihm fliehen kann.

Mütterfeindlichkeit ist weiterhin, wenn der Gutachter vor Gericht dann findet, dass jetzt das Wichtigste für die Kinder der Kontakt zum Vater sei, schließlich hätte er die Kinder ja nie geschlagen, sondern nur die Mutter.

Mütterfeindlichkeit ist, wenn Müttern unterstellt wird, sie würden die Kinder dem Vater „entfremden", weil die Kinder keinen Kontakt zu einem gewalttätigen Vater möchten.

Mütterfeindlichkeit ist, wenn das unwissenschaftliche, misogyne „Parental Alienation Syndrome" mit Erfolg vor Gericht gegen Mütter und Kinder verwendet wird, das besagt, dass eine gute Bindung zur Mutter, die sie zur Beeinflussung des Kindes ausnutzen würde, dem Vater die Kinder in strittigen Trennungssituationen „entfremden" würde. Dieses angebliche Syndrom kommt vor Gericht vor allem als Verteidigungsstrategie bei Anklagen wegen sexuellen Missbrauchs von Kindern zum Einsatz.[59]

Mütterfeindlichkeit sind die beschissenen Bedingungen, unter denen Frauen gebären sollen.

Mütterfeindlichkeit ist eine Gesellschaft, die die Hälfte der getrennten Väter, die keinen Unterhalt zahlen, nicht in die Verantwortung nimmt.

Und das sind nur Beispiele für Bedingungen, die Mütter betreffen können, die keine Einzelfälle sind, die wir nicht verhindern können, indem wir uns Mühe geben, uns noch mehr anzupassen. Das sind die Beispiele, von denen wir alle gerne hoffen wollen, dass sie uns niemals betreffen werden. Aber es sind die Bedingungen, wo wir deutlich hinschauen sollten, inwiefern sie durch die Art und Weise, wie die Gesellschaft strukturiert ist, hervorgebracht werden. Gleichzeitig will ich aber auch

---

[59] Whitfield, Charles L.: The „False Memory" Defense: Using Disinformation and Junk Science In and Out of Court. In: Journal of Child Sexual Abuse. 9, Nr. 3–4, 2001.

Bedingungen für Mütter, die Sicherheit und echte Wahlfreiheit gewährleisten können. Wie so oft sind hier die kulturell üblichen misogynen Ausdrucksformen Symptom von tiefer liegenden, systematischen materiellen Bedingungen zuungunsten von Frauen und insbesondere Müttern.

Und die Väter?

Unweigerlich fragt man sich: Gibt es das Gleiche denn auch für Väter? Die meisten Ansprüche werden an Mütter gestellt – was dem Patriarchat guttut. Nicht, dass einzelne Männer nicht auch unter Rollenbildern und diesem System leiden, auch sie sind Leidtragende, was sich in psychischer und physischer Gesundheit im Zusammenhang mit einer Geschlechterrolle, bei der keine „Schwäche" vorgesehen ist, zeigt. Und obwohl auch Männer unter einschränkenden Geschlechterrollen leiden und Männer, die ihrer Rolle weniger entsprechen, auch wenig in gesellschaftlichen Diskursen vorkommen, profitieren Männer eben doch von dem System, in dem die ihnen zugewiesene Geschlechterrolle höhergestellt ist als die der Frauen.

Männer profitieren davon, dass Frauen die alleinige Verantwortung für die Vereinbarkeit von Familie und Beruf zugesprochen wird und sie deswegen auf dem Arbeitsmarkt keine Führungspositionen bekommen. Diese gehen dann an die Männer.

Männer profitieren davon, dass Frauen die Care-Arbeit alleine machen. Die Männer haben dann eine Familie, ohne dass sie viel dafür tun müssen. 85 Prozent der Männer ab 18 Jahren in festen Partnerschaften im gemeinsamen Haushalt sind der Ansicht, dass die

Frau ihrem berufstätigen Partner den Rücken freihalten sollte.[60] Fünfundachtzig Prozent.

Es gibt einzelne Männer, die wenig vom Patriarchat profitieren, aber diejenigen, die am meisten von diesem System profitieren, sind trotzdem Männer. Und es sind Männer, für die es normalisiert ist, den Anspruch zu haben, eine Frau zu finden, die sich um ihn kümmert und für die Karriere des Mannes zurücksteckt.

Die „guten Väter" und die „netten Männer" profitieren davon, wie wenig Anforderungen im Patriarchat an Männer gestellt werden, wenn es um Care-Arbeit und emotionale Belange geht. Sie profitieren davon, mit wie viel Bullshit sie wegkommen, ohne dass sie Konsequenzen für ihr Handeln tragen müssen. Dieser Umstand führt dazu, dass dann die guten Männer nur the bare minimum machen müssen, um gelobt zu werden und als guter Typ gesehen zu werden.

Immer wieder ist zu beobachten, wie Väter ihre Elternzeit gleichzeitig mit der Elternzeit der Mutter nehmen – für einen schönen, langen Familienurlaub. Wer dann wohl für das Windelwechseln, das Kochen, die Einschlafbegleitung zuständig ist? Ich halte es für wahrscheinlich, dass Väter, die alleine die Elternzeit machen, auch danach mehr Care-Arbeit machen werden, weil sie sich während ihrer Elternzeit in alle notwendigen Arbeitsschritte eingearbeitet haben.

Vor allem aber kommt es darauf an, welche Form von Männlichkeit Väter repräsentieren. Väter können nach außen das Bild vom „modernen Vater" darstellen, aber eigentlich trotzdem weiterhin Mütter beziehungsweise

---

[60] Bundesministerium für Familie, Senioren, Frauen und Jugend: Männer-Perspektiven. Auf dem Weg zu mehr Gleichstellung?, 2016, S. 20.

Frauen abwerten, indem sie sich als „bessere" Mütter inszenieren. Einfach cooler und nicht so verklemmt, mit den Kindern toben und auf locker Pizza bestellen. Viel Hausarbeit muss man dabei nicht unbedingt machen, und eigentlich verlässt man sich weiterhin darauf, dass Mütter an alles denken.

Aber das kommt im öffentlichen Bild vom „Supervater" nicht vor. So eine Inszenierung als „Supervater", der alles besser macht als die Mutter, ist letztendlich auch ein traditionelles Bild von Männlichkeit. Und das, obwohl traditionelle Männlichkeit kaum beinhaltet, sich um andere zu kümmern. Die männliche Hegemonie, also die Vormachtstellung, wird darüber hergestellt, „besser als die Frau" zu sein. Dass für Väter andere Regeln gelten als für Mütter, sieht man auch daran, dass das gesellschaftliche Verständnis dafür groß ist, dass Männer, die Vater geworden sind, „ganz normal" ihren Hobbys nachgehen und selbstbestimmt über ihre Freizeit entscheiden. „Ziemlich viel Bier beim Fußball getrunken zu haben", kann dem Ruf als liebevoller Familienvater wenig anhaben. Für die Kinder ist ja so oder so die Mutter zuständig. Männer sind eben so, Fußball ist normales Männerhobby. Eine besoffene Mutter hingegen, das klingt überhaupt nicht gut, so richtig gar nicht. Da ist man gedanklich schnell bei Kindeswohl und fängt schon fast an, die Nummer des Jugendamts zu googeln. Vernachlässigt sie etwa die Kinder?

Die Vorstellung, dass Mütter und Kinder sich die ganze Zeit aufeinander beziehen sollen, ist hartnäckig. Und die erste Assoziation „Papa passt auf die Kinder auf = normal" ist selten. Und wenn die Kids dabei sind, sollte ja tatsächlich weder die Mutter noch sonst irgendwer besoffen sein. In konservativen Ideen von Mutterschaft und Familie sind die Kinder aber eben immer bei der Mutter, und das macht den Handlungsspielraum klein.

Kleinfamilie auf Kosten der Mütter

Ich denke aber, dass in unserer Gesellschaft deutlich wird, dass die bürgerliche Kleinfamilie nicht das Nonplusultra ist. Das Wenige an „Dorf“, das in unserer Gesellschaft praktiziert wird, ist beispielsweise während der Covid-19-Pandemie weggefallen. Väter wären lieber im Büro als im Homeoffice gewesen, weil sie die Familie nicht ausgehalten haben und die Selbstbestimmung gefehlt hat. Mütter wären gerne im Büro gewesen, weil gleichzeitig Care-Arbeit und Homeoffice natürlich viel zu viel ist, Eltern sollten ja die Schulpflicht in Form von Homeschooling durchführen. Das sagt meines Erachtens nicht nur was über Lohnarbeit, Leistung und System aus, sondern auch über die Beschränkungen, welche die bürgerliche Kleinfamilie mit sich bringt, beziehungsweise dass diese Projektion von romantischem Glück in der bürgerlichen Kleinfamilie einfach überdeckt, dass eben nicht alle Bedürfnisse innerhalb der Kleinfamilie gedeckt werden können. Frauen können eben nicht alleine für die Care-Arbeit zuständig sein und vielleicht auch noch lohnarbeiten gehen, was unweigerlich zur Überarbeitung führt.

Denn die Mutter ist es, an die dieser Anspruch gestellt wird. Die Mutter ist es, die bei den Kindern bleiben muss. Die Mutter ist es, die die Verantwortung trägt. Sie ist es, die für den reibungslosen Ablauf zuständig ist, die den Mental Load trägt, von dem heute zwar immer wieder mal die Rede ist, der aber trotz allem noch weit weg von der Mehrheitsgesellschaft diskutiert wird: „Mental Load“ bezeichnet die Notwendigkeit, immer an alles denken zu müssen, damit die Abläufe in der Familie reibungslos klappen, und die mit dieser Organisationsaufgabe einhergehende Belastung. Es geht also nicht nur darum, die eigentliche praktische Aufgabe zu erledigen, sondern darum, alle dafür notwendigen Voraussetzungen zu schaffen und alle damit zusammenhängenden Aufgaben zu antizipieren, also zu wissen, dass sie drankommen werden und was damit alles verbunden ist.

Beispielsweise reicht es nicht, einfach die Waschmaschine anzustellen, um saubere (Kinder-)Kleidung zu haben, sondern man muss vorher überlegen, wann man die Waschmaschine anmacht und wie lange der Waschgang braucht, damit man zu Hause ist, um die Wäsche aufzuhängen und sie nicht zu lange in der Waschmaschine liegt und anfängt zu müffeln. Man muss damit zusammenhängend im Blick haben, wann das Waschmittel alle ist, um rechtzeitig neues zu kaufen. Außerdem braucht man vielleicht Weichspüler oder Entkalker oder Farbfangtücher, und ziemlich wahrscheinlich braucht man Fleckentferner, wenn man Kinder hat. Man muss nicht nur wissen, wie man die Waschmaschine bedient, sondern auch, welche Art Gewebe wie gewaschen werden sollte, um möglichst wenig Verschleiß an der Kleidung zu verursachen. Man muss im Blick haben, wie viel Bunt-, Koch-, Fein- oder Wollwäsche in den Wäschekörben der Haushaltsmitglieder ist, um zu wissen, welche Art Wäsche als Nächstes zu waschen Sinn macht. Damit wiederum zusammenhängend muss man wissen, wann die Kinder Sport in der Schule haben, damit die Sportsachen zum passenden Termin gewaschen und getrocknet sind. Ähnliches gilt für Kleidung, die man für andere besondere Anlässe braucht. Gerade besonders schicke Sachen kann man vielleicht gar nicht in der Waschmaschine waschen, sondern muss sie in die Reinigung bringen. Dafür muss man wissen, wann die Reinigung geöffnet hat oder wie sie heißt, damit man die Öffnungszeiten googeln kann. Und dann muss man planen, an welchem Tag es am besten passt, die Sachen auf dem Arbeitsweg in die Reinigung zu bringen. Auf dem Arbeitsweg, weil man wahrscheinlich so viel zu tun hat, dass man keine Zeit hat, dafür einen Extraweg zu machen. Bei Kinderkleidung kommt noch hinzu, dass Kinder wachsen und dementsprechend immer wieder neue Sachen gekauft werden müssen. Einfach waschen reicht hier deswegen nicht, weil zu kleine, frisch gewaschene T-Shirts trotzdem einfach zu kleine T-Shirts sind. Um neue Kinderkleidung zu kaufen, muss man nicht nur die richtige Kleidergröße wissen, sondern auch, wann Flohmarkt ist, wie die Größen bei welchem Onlineshop ausfallen, welche Farben und Schnitte das Kind mag oder wann ein geeigneter Zeitpunkt ist zusammen einkaufen zu gehen, was dann ja auch wieder terminlich geplant werden muss. Altersabhängig kann man sich dann eventuell noch beim Shopping darüber streiten, was angemessene Kleidung ist und ob bestimmte Marken wirklich sein müssen. Je nach Einkommensverhältnissen muss auch das Budget geplant oder aufwendig recherchiert werden, wo es die passenden Winterschuhe secondhand oder reduziert gibt. Wenig verwunderlich, wenn es dann eher zu Streit als zu Dankbarkeit führt, wenn *er* dafür gelobt werden will, dass *er* auch einmal die Waschmaschine angemacht hat, oder *er* daran erinnert werden muss, eine einzelne bestimmte Tätigkeit im Haushalt auszuführen.

Diese unsichtbare Mitdenkarbeit lastet häufig auf den Schultern der Frauen und bezieht sich häufig auf Tätigkeiten, die sich dem Bereich Care-Arbeit zuordnen lassen. Aber nicht nur in Partnerschaft, Haushalt, auch in die Lohnarbeit wird diese Form der unsichtbaren Arbeit hineingetragen. Bin ich rechtzeitig zum Termin wieder im Büro, wenn ich in der Mittagspause das Geschenk für den Kindergeburtstag kaufe? Wer kommt als Babysitter in Frage, wenn ich mit meinem Partner ins Kino gehen will? Oder könnte das Kind bei einer Schulfreundin übernachten? Habe ich die Kontaktdaten der Eltern?

Den Mental Load übernehmen zu müssen, weil sonst niemand mitdenkt, ist ein Zustand, von dem es keinen Feierabend gibt, der die ganze Zeit in der Familie stattfindet, er beginnt morgens, wenn man überlegt, eine Kühltasche mitzunehmen, weil man gestern den letzten TK-Spinat verbraucht hat und schon die Einkaufsliste für nach der Arbeit am nächsten Tag gemacht hat, bis zum Abend, wenn man daran denkt, dem Kind die dicken Socken für den nächsten Tag mit rauszulegen, weil man vorhin beim Wetterchecken gesehen hat, dass es kalt wird. Und sogar in der Nacht wacht man dann noch auf, um Dinge umzuplanen und neu zu planen, weil man dann ja endlich „Zeit dafür hat“.

Die weibliche Sozialisation bewirkt insbesondere im Kontext der bürgerlichen Kleinfamilie, dass Frauen wahnsinnig viel Mental Load haben, dauerhaft überarbeitet sind und es an Wahlmöglichkeiten mangelt. Ich erinnere mich daran, dass ich Typ Nachteule war, bevor ich Kinder hatte, und keine Frühaufsteherin. Jetzt stehe ich immer früh auf, es geht ja nicht anders, die Kinder stehen früh auf. Auch an freien Tagen werde ich früh wach, weil freie Tage selten sind. Einmal habe ich mich gefragt, ob ich jetzt *echte* Frühaufsteherin bin? Oder trotzdem noch *eigentlich* Langschläferin? Dann ist mir aufgefallen, dass das komplett egal ist. Es ist egal, was da meine Vorliebe ist, was zu mir passt. Ich bin egal, ich muss so oder so früh aufstehen. Dieses „Immer-alles-trotzdem-machen-Müssen“, dieses „Das-Leben-im-Griff-haben-Müssen“ ist ausgesprochen anstrengend, insbesondere für alleinerziehende und für in der Familie allein verantwortliche Mütter, weil es nur auf Kosten der eigenen Bedürfnisse und Gefühle funktioniert. Es gibt kaum Raum dafür, irgendwas nicht zu schaffen, nicht mehr zu können, nicht zu wollen. Ich denke manchmal, ich kann nicht mehr. Und dann merke ich, dass es ja keine Wahl gibt.

Wir leben in einer Gesellschaft, in der es eine „Mutter-Kind-Kur“ gibt, weil Mütter üblicherweise früher oder später überlastet oder ausgebrannt sind. Eine Kur machen kann ja auch in einer anderen Gesellschaft eine gute Sache sein, nichtsdestoweniger sollten wir die grundlegenden Umstände verändern, die zur Überlastung von Müttern führen: Gesteht Müttern zu, dass sie nicht 24/7 alles „als Mutter“ machen wollen. Gesteht Frauen mit Kindern Freiräume ohne Kinder zu. Und zwar bitte richtige Freiräume, nicht nur eine Verteilung von Lohn- und Care-Arbeit, die zwar fair ist, aber alle zeitlichen Ressourcen frisst, sodass keine Zeit mehr für irgendwas anderes bleibt. Richtige Freiräume, wo nicht unbedingt etwas gemacht werden muss, das „was bringt“. Kein Fensterputzen, um „die kindfreie Zeit zu nutzen“. Ich will ein System mit freier Zeit für Mütter, für persönliche Interessen, zwischenmenschliche Erfahrungen, für Politik, Bildung. Und Freiräume, auch die Sachen zu machen, von denen man hinterher denkt: „Oha, das war jetzt vielleicht nicht die beste Idee, aber es hat Spaß gemacht.“

Also bei mir ist das irgendwie ganz anders!

Wer sind eigentlich diese Mütter und Väter, diese Männer und Frauen, von denen hier immer die Rede ist? Die Beschreibungen von Rollen und Klischees, in denen die

Menschen in unserer Gesellschaft sozialisiert werden und in denen sie dann mit mal mehr und mal weniger Übereinstimmung agieren, bilden natürlich nicht das Individuum ab, sondern eine Tendenz, die mit der Sozialisierung zusammenhängt. Wenn wir über die Mutterrolle reden, darüber, was diese ausmacht, und wie Mütter so sind in unserer Gesellschaft, dann heißt das natürlich nicht, dass alle Mütter so sind, dass Mütter „von Natur aus“ so sind oder dass Mütter so sein sollten.

Bei mir persönlich ist das auch ganz anders, aber dann wieder doch nicht. Ich lebe nicht in einer bürgerlichen Kleinfamilie, ich lebe nicht mit einem Mann zusammen. Auch die Mutterrolle erfülle ich in mancher Hinsicht nur schlecht. Ich lohnarbeite Vollzeit, ich habe kein schlechtes Gewissen, wenn ich die Kinder spät abhole, ich habe keine Lust, mich aufzuopfern. Obwohl Menschen unterschiedlich konform mit den ihnen vorgegebenen Rollen sind, gibt es nicht einerseits die einen, bei denen alles mit der Rolle übereinstimmt, und andererseits die anderen, die ganz anders sind. Meine weniger den zugeschriebenen Rolleneigenschaften entsprechenden Verhaltensweisen sind zum Beispiel: Ich mache Kraftsport, ich schminke mich nie, ich trage häufig Herrenkleidung. Natürlich mache ich gleichzeitig auch Dinge, die der Frauenrolle oder der Mutterrolle entsprechen: Ich gehe feinfühlig mit meinen Kindern um, ich habe lange Haare, ich mag Nagellack, ich habe als Sozialarbeiterin einen „Frauenberuf“.

Da aber letztendlich fast alle Tätigkeiten, Verhaltensweisen, Vorlieben einer Idee von Geschlechterrolle zugeordnet sind, kommen wir gar nicht umhin, auch Eigenschaften oder Verhaltensweisen zu haben, die mit dem anderen Geschlecht oder der anderen Elternrolle assoziiert werden, auch wenn wir der Vorstellung von

„unserem" Geschlecht oder „unserer" Elternrolle gut entsprechen. Diese Ideen, was alles welchem Geschlecht zugeordnet ist, sind überall, sodass die meisten von uns das gar nicht unbedingt immer wahrnehmen.

Einstellungen zum Geschlecht

In unserer Gesellschaft gibt es unterschiedliche Annäherungen und persönliche Einstellungen zum Thema „Geschlecht". Manche Menschen haben konservative bis sexistische Ansichten, die irgendwo zwischen „Männer können eben besser einparken", „Weil Frauen stillen können, müssen sie das auch wollen" und „Fußballspielen ist unweiblich" angesiedelt sind. Auch biologistische Ideen, wie ein „Frauengehirn", sind in vielerlei Hinsicht eher sexistisch als wissenschaftsorientiert, passen sich aber gut in unser Alltagswissen ein, dass Frauen und Männer irgendwie unterschiedlich sind. Andere sind mit traditionellen „Frauen-an-den-Herd"-Erklärungen so halb zufrieden und denken irgendwie doch manchmal, dass da wohl was dran sein muss, schließlich sind ja Männer wirklich häufiger im Handwerk tätig und scheinen Frauen ein größeres Bedürfnis nach sozialer Harmonie zu haben. Hier passiert auch häufig eine sich selbst erfüllende Prophezeiung, zum Beispiel wenn Jungs immer unbewusst zum Wildsein und Ballspielen ermuntert werden und dann ihr Spielen hinterher als Beweis dafür genommen wird, dass Jungs eben so sind.

Den eingeschränkten Möglichkeiten in manchen Kontexten, sich abseits von Geschlechterrollen zu verhalten, wird dann begegnet mit so einem: „Hihi, ja so ist das eben." Ich bin mir gar nicht so sicher, warum. Vielleicht gibt es einfach so ein Gefühl von „Wir sitzen alle im selben Boot", wenn Frauen sich über ihre allesamt nichts im Haushalt machenden Ehemänner austauschen. Vielleicht gibt es auch Ohnmachtsgefühle, die mit einem „So-sind-Männer-eben"-Witzchen überspielt werden wollen, wenn der Partner einfach schon wieder den Abend mit den Jungs verbracht hat und man selbst schon wieder nicht zu dem gekommen ist, was man gerne gemacht hätte, weil die Einschlafbegleitung wieder an einem hängen geblieben ist.

Anderen wiederum ist der Identitätsaspekt von Geschlecht besonders wichtig, wobei sich Identität in Bezug auf Geschlecht irgendwo in dem Spannungsfeld zwischen materieller Realität, von außen an einen herangetragenen Erwartungen an die Erfüllung der dazugehörigen Geschlechterrolle und der individuellen, eigenen Wahrnehmung der Identität abspielt sowie zwischen deren Wechselwirkungen aus Sozialisation und Diskurs. Aus Kulturindustrie und Social Media ist diese zunehmende Fokussierung auf Identität bekannt, trotzdem kommt es immer wieder zu Unklarheiten und Unterstellungen, was auch mit dem Begriff „Geschlecht" zusammenhängt: Geschlecht meint einerseits das fortpflanzungsbezogene Geschlecht, das üblicherweise als „Sex" bezeichnet wird, andererseits das soziale Geschlecht, „Gender". Bereits hier ist nicht immer klar, was jeweils gemeint ist, wenn über „Geschlecht" gesprochen wird, zumal sich um das soziale Geschlecht ja auch viele biologisierende Mythen ranken, von wegen Jungs würden „natürlicherweise" mit Baggern spielen, weil sie so veranlagt seien und nicht etwa, weil ihnen Puppen nie angeboten würden oder sie komisch angeschaut würden, wenn sie damit spielten. Zu dieser Unklarheit trägt bei, dass häufig das Wort „Gender" verwendet wird, wenn das Wort „Sex" gemeint ist, vielleicht, weil „Sex" eben nicht nur „biologisches Geschlecht", sondern auch Geschlechtsverkehr bedeutet.

Ein Beispiel dafür ist der Begriff „Gendermedizin". Gendermedizin konzentriert sich auf die geschlechtsspezifische Erforschung und Behandlung von Krankheiten unter besonderer Beachtung der biologischen Unterschiede von Männern und Frauen. Der passendere Begriff wäre eigentlich „Sexmedizin", aber das wäre vielleicht verwirrend, weil es zum einen nicht um Geschlechtsverkehr geht und zum anderen das Wort Sex auch heutzutage immer noch eine anrüchige Note hat. Der Ausdruck Gendermedizin passt insofern nicht, als dass zum Beispiel die Schlaganfallsymptome, die sich bei Frauen von denen der Männer unterscheiden, ja nicht durch die Zugehörigkeit zum sozialen Geschlecht Frau ausgelöst werden, sondern mit dem materiellen Körper, der theoretisch schwanger werden kann, zusammenhängen.

Es gibt keine einheitliche oder materiell feststellbare Definition, zu einem sozialen Geschlecht „Gender", zu einer Geschlechterrolle zu gehören. Die Zugehörigkeit zum sozialen Geschlecht „Frau" ist einerseits dadurch bestimmt, als Frau sozialisiert zu werden, was aufgrund des biologischen Geschlechts geschieht, und dementsprechend so viele als „weiblich" geltende Dinge zu machen, dass man eben „als Frau lebt". Oder sie ist dadurch bestimmt, dass ein Individuum sagt, dass es dem jeweiligen sozialen Geschlecht angehört. Hier ist aus materialistischer Perspektive wichtig zu beachten, dass es wissenschaftlich betrachtet keine immaterielle Entität gibt, die uns innewohnt und Auskunft über ein Geschlecht geben kann. Manchen bedeutet „Frausein" eine Rolle, mit der man sich identifizieren kann, ein Gefühl von Übereinstimmung. Menschen sind unterschiedlich zum Komplex „Gender" positioniert. Und

Übereinstimmungen, die sich individuell mit der zugeschriebenen Geschlechterrolle finden lassen, werden von Menschen individuell beurteilt.

Manchen Menschen ist im Zusammenhang mit Geschlecht wichtig, dass es eine gefühlte Übereinstimmung von biologischem und sozialem Geschlecht gibt. Da hier häufig die individuelle Positionierung zum Gender einen hohen Stellenwert hat, wird davon ausgegangen, dass man vom biologischen Geschlecht, das man Menschen üblicherweise ansieht, nicht davon ausgehen könne, welches Geschlecht die Person „wirklich" habe. Es wird dann davon ausgegangen, dass man das nicht wissen könne, schließlich könnte es sein, dass die Person ihre geschlechtliche Identität ganz anders lebt. Insbesondere um das Geschlecht „Frau" gibt es hier in linken, aber auch gesamtgesellschaftlichen Zusammenhängen Kämpfe darum, wer genau gemeint ist und wer dementsprechend Zugang zu bestimmten, Frauen betreffenden Räumen und Debatten haben sollte. Nicht nur das Wort Geschlecht unterliegt dieser doppelten Bedeutung, die sich einerseits auf das Fortpflanzungspotenzial und andererseits auf die Geschlechterrolle bezieht, sondern auch die Bezeichnungen „Frau" und „Mann".

Unterdrückung und Fortpflanzungsveranlagung

Menschen pflanzen sich zweigeschlechtlich fort, wobei das weibliche Geschlecht, die Frau, dasjenige ist, welches die Eizellen bereitstellt, und das männliche Geschlecht, der Mann, dasjenige, das die Samenzellen bereitstellt. Menschen lassen sich, unabhängig davon, wie sie sich selbst erleben, einem auf Fortpflanzung bezogenen Geschlecht zuordnen, woran weder einzelne Frauen, die aus unterschiedlichen Gründen nicht schwanger werden können, noch Männer, die keine Kinder zeugen können, noch die Komplexität der biologischen Zusammenhänge in der Entwicklung oder Menschen mit Varianten der Geschlechtsentwicklung etwas ändern. Obwohl das Themenfeld Biologie ein komplexes ist und Menschen als soziale Wesen unterschiedliche Perspektiven haben, gibt es materiell kein drittes Geschlecht im fortpflanzungsbezogenen Sinn, da die Fortpflanzung über die Verschmelzung von Ei- und Samenzelle die einzige menschliche Fortpflanzungsart darstellt. Das biologische Geschlecht ist unveränderbar, auch anpassende Operationen führen nicht dazu, dass beim Fortpflanzungsprozess die andere Rolle eingenommen werden kann, sondern dazu, dass Menschen sich vom Aussehen her dem annähern, wie das andere Geschlecht durchschnittlich aussieht beziehungsweise wie wir uns das als Gesellschaft so vorstellen.

Der Zweck der biologischen Geschlechter ist die Reproduktion, und der Part, den wir bei der Reproduktion spielen können oder spielen könnten, unterscheidet eine Frau von einem Mann. Diese biologische Definition sagt selbstverständlich nichts über individuelle Charaktereigenschaften, über Stärken, Fähigkeiten, Vorlieben, Abneigungen usw. von Individuen aus, und es geht keinesfalls darum, Individuen auf ihren Part im Reproduktionsprozess, zum Beispiel in Form ihrer Genitalien, zu reduzieren. Diese beiden biologischen Geschlechter bestimmen weder unsere individuelle Persönlichkeit noch unsere persönlichen Interessen, und wir können mögen, was auch immer wir wollen, unabhängig davon, welchem biologischen Geschlecht wir angehören.

Einem biologischen Geschlecht anzugehören, bedeutet nicht, dass wir die damit verbundene Geschlechterrolle annehmen oder ausfüllen müssen. Aber einem biologischen Geschlecht anzugehören, bedeutet in unserer Gesellschaft, auf eine von zwei verschiedenen Arten behandelt zu werden, sozialisiert zu werden. In diesem Zusammenhang ist dann das soziale Geschlecht, die Geschlechterrolle etwas, das von außen im Sozialisationsprozess an uns herangetragen wird und von dem wir nicht unabhängig sind. Das „Geschlecht" zuzuschreiben, bedeutet nicht, dass Babys zufällig in „männlich" oder „weiblich" eingeteilt werden, sondern dass Menschen aufgrund ihrer Fortpflanzungsveranlagung unterschiedlich behandelt werden. Geschlechterrollen sind die kulturelle Definition von Verhalten, das in einer bestimmten Gesellschaft zu einem bestimmten Zeitpunkt für das jeweilige biologische Geschlecht als angemessen gilt.

Es gibt Menschen, die diese durch die Geschlechterrollen hervorgerufenen Zwänge aus ganz unterschiedlichen Gründen als belastend und limitierend empfinden. In diesem Zusammenhang kommen einige zu dem Schluss, dass sie eine größere Übereinstimmung mit sich selbst haben, wenn sie die Geschlechtsnormen des anderen biologischen Geschlechts annehmen oder versuchen, sich außerhalb der Normen zu positionieren. Obwohl auf das Individuum bezogen eine erleichternde und nachvollziehbare Lösung, stellt dies gesamtgesellschaftlich keine Lösung für alle dar. Denn nicht jede Person, die sich mit der ihr zugewiesenen Rolle unwohl fühlt, möchte deswegen die andere Geschlechterrolle annehmen oder sich als Person identifizieren, die, im Gegensatz zu anderen Personen, außerhalb der Binarität der Geschlechterrollen stattfindet, weil dies ja „den anderen" auch wieder zuschreibt, ein Klischee zu sein. Zumal ja das Leben in der „anderen" Geschlechterrolle weder davor schützt, nicht in der kompletten eigenen Identität wahrgenommen zu werden, noch davor, in Bezug auf die Geschlechterrolle oder in Bezug auf das biologische Geschlecht diskriminiert zu werden. Die eigene Positionierung steht immer in Wechselwirkung mit der Sozialisation, niemand wird unabhängig von der Gesellschaft sozialisiert. Geschlechterrollen schränken alle Menschen ein, unabhängig davon, wie groß die individuelle Belastung ist.

Für Frauen ist die Geschlechterrolle Frau auch insofern eine Belastung, als dass die Frauenrolle als die unterlegene Rolle angelegt ist. Frauen lassen sich auch als Klasse auffassen, die im Zusammenwirken von Kapitalismus und Patriarchat aufgrund ihrer Gebärfähigkeit insbesondere als Mütter ausgebeutet werden. Diese geschlechtsspezifische Unterdrückung lässt sich nicht anhand einer Identifikation mit einer „Geschlechtsidentität" analysieren. Hier sind Frauen betroffen, unabhängig davon, wie sie sich individuell positionieren oder wie sie sich positioniert sehen wollen. Der Unterdrückung von Frauen und der Ausbeutung aufgrund der Gebärfähigkeit ist es sozusagen egal, wie wir uns fühlen, sowohl im Hinblick auf Geschlecht als auch im Allgemeinen.

Die hierarchisch-geschlechtsspezifische Arbeitsteilung im Kapitalismus bezieht sich auf den reproduktionsbezogenen Unterschied zwischen Männern und Frauen und ist abhängig davon, dass Frauen Kinder gebären und dann dazu gebracht werden, im privaten die Care-Arbeit zu erledigen und Kinder großzuziehen – die dann wiederum entweder als Männer ihre Arbeitskraft verkaufen werden, wovon die produktionsmittelbesitzende Klasse profitiert, oder als Frauen Care-Arbeit leisten, ohne dass es die produktionsmittelbesitzende Klasse etwas kostet.

Frauen als Klasse aufzufassen, bedeutet auch den Zusammenhang zu sehen zwischen den „Personen mit Uterus", die von einem Abtreibungsverbot betroffen sind, den „Personen mit Vagina", die von sexueller Gewalt betroffen sind, den „Menstruierenden", die mit Schmerzen arbeiten gehen müssen.

Auch wenn es individuell natürlich wichtig ist, sich „gesehen und angenommen" zu fühlen, ist es in diesem Zusammenhang „egal", ob man sich als Frau, als Mann, als nicht binär identifiziert: Es sind nur biologische Frauen, denen beispielsweise Gewalt unter der Geburt passiert, also zum Beispiel der medizinisch nicht notwendige Dammschnitt, der möglicherweise sogar ohne Einwilligung gemacht wird, oder der „Husband Stitch", also das zu enge Zunähen einer Vagina nach der Geburt zur vermeintlichen sexuellen Freude des Ehemannes, was so unfassbar ist, dass es erst mal fast wie eine urbane Legende klingt; zum Beispiel das Googeln nach „zu eng genäht nach Dammschnitt" belehrt einen da eines Besseren.

Menschen, die kein materialistisches Verständnis von Geschlecht haben, sondern ein postmodernes oder identitätspolitisches, finden ja trotzdem nicht außerhalb von materiellen Gegebenheiten statt, sondern alle Menschen haben ein biologisches Geschlecht. Wenn die Analyse der Unterdrückung von Frauen im Patriarchat als „Ausschluss" empfunden wird, liegt mindestens ein Missverständnis vor. Es geht nicht darum, darauf zu bestehen, dass der Kampf gegen Unterdrückung nur für „Frauen, die sich mit ihrem zugewiesenen Geschlecht wohlfühlen" ist, sondern die politische Analyse von der Unterdrückung von Frauen zeigt, dass unsere Unterdrückung sich in vielerlei Hinsicht auf materielle Gegebenheiten bezieht. Das ist beispielsweise bei den Themenfeldern reproduktive Rechte, Sexismus, Gewalt unter der Geburt, weibliche Genitalverstümmelung, absichtliche Aborte bei weiblichen Föten, Periodenarmut oder häuslicher Gewalt der Fall.

Diese konkreten und gewaltvollen Spitzen der Unterdrückung von Frauen im Patriarchat passieren unabhängig davon, mit welchem Gender, also mit welchem sozialen Geschlecht sich jemand identifiziert. Und das Abschaffen dieser Unterdrückung ist für alle Frauen, unabhängig davon, ob sie Geschlechterrollen ein gutes Konzept finden oder, wenn ja, in welcher sie sich wiederfinden. Unsere Unterdrückung als Frauen bezieht sich nicht auf ein Gender, mit dem man sich identifizieren kann oder nicht. Die subjektive Wahrnehmung kann insofern keine Basis für eine allgemeingültige Definition eines spezifischen Begriffs darstellen, als dass sie eben subjektiv ist. Wir haben keinen Zugang zur individuellen Selbstwahrnehmung von anderen und können dementsprechend nicht feststellen, ob sich ein Geschlechtsgefühl verschiedener Menschen gleich, ähnlich oder unterschiedlich anfühlt.

Unsere Unterdrückung hängt mit unserem konkreten materiellen Körper zusammen. Wenn wir diese Unterdrückung also abschaffen wollen, müssen wir genau analysieren, wie sie funktioniert und wo sie herkommt. Und das können wir nicht, wenn wir sowohl in der Gruppe der Unterdrückten als auch in der Gruppe derer, die von unserer Unterdrückung profitieren, die Gruppenmitglieder „Frauen“, „Männer“ und „nicht binär“ nennen. Wenn wir uns auf die Geschlechterrolle beziehen und die Opfer von Gewalt unter der Geburt nach persönlich empfundenem Geschlecht als „Frauen“, „Männer“ oder „nicht binär“ benennen, machen wir unsichtbar, dass hier eine spezifische Gewalt an Frauen verübt wird.

Der Unterschied zwischen biologischem und sozialem Geschlecht ist relevant für den Zusammenhang von Fortpflanzung und Männerherrschaft, Fortpflanzung und Familie im Patriarchat. Wenn sich alle Menschen als „nicht binär“ identifizieren würden, würde immer noch die Hälfte der Menschheit, nämlich Frauen, unterdrückt werden, da die Selbstidentifizierung nicht das Potenzial hat, den Kapitalismus und das Patriarchat grundlegend zu verändern. Wenn individuelle Gefühle strukturelle Analyse ersetzen, können wir die Gesellschaft nicht so verändern, dass alle davon profitieren. Die subjektive Identifizierung ändert nichts daran, dass es mit der Gebärfähigkeit von Frauen zusammenhängt, wie sie in Kapitalismus und Patriarchat ausgebeutet werden, und das Patriarchat lässt sich nicht per Sprechakt abschaffen. Das negiert nicht, dass es auch Diskriminierungsformen gibt, die sich konkret auf die Abweichung von der zugewiesenen Geschlechterrolle beziehen.

Auch Mütter, die soziale Mütter sind, wie beispielsweise Pflegemütter, sind von Diskriminierung als Mutter betroffen. Bestimmt werden sie, und nicht ihre Ehemänner, in der Kita dafür verantwortlich gemacht, dass Wechselsachen fehlen. Auch Frauen, die gar keine Mütter sind, sind von bestimmten mutterschaftsbezogenen Diskriminierungsformen betroffen. Auf dem Arbeitsmarkt reicht ein „könnte Kinder kriegen“ schon dafür aus, also genau genommen ein „könnte Kinder gebären“, das gleichbedeutend ist mit „wird wegen Care-Arbeit ausfallen“, sodass es nicht für Männer gilt.

Auch Männer, die nicht ihrer Geschlechterrolle entsprechen, werden abgewertet oder sind von konkreter Gewalt betroffen. Schwule Männer werden als „weiblich“, „schwach“ oder „tuntig“ herabgewürdigt und angegriffen, und auch trans Frauen sind in diesem Zusammenhang von Diskriminierung und Gewalt betroffen. Dies hängt auch damit zusammen, dass die Geschlechterrollen hierarchisch angelegt sind, wobei die männliche Rolle die „bessere" ist. Die weibliche Rolle ist die „schlechtere", die, die abgewertet wird. In diesem Zusammenhang gilt dann die Abwertung auch den vermeintlich „weiblichen" Verhaltensweisen von Menschen. Frauen werden für ihre „freizügige" Kleidung abgewertet, oder es werden Übergriffe damit gerechtfertigt. Diskriminierung in Bezug auf weibliche Verhaltensweisen oder abweichendes Verhalten von der zugedachten Geschlechterrolle ist nicht notwendigerweise an das biologische Geschlecht gekoppelt.

Da die Idee, einem bestimmten Geschlecht bestimmte Vorlieben und Verhaltensweisen zuzuschreiben, auch immer bedeutet, dass wir in unserer Entwicklung in eine bestimmte Richtung gedrängt werden und uns nicht frei entfalten können, sollten wir nicht die eine sexistische Idee, wie ein Mensch aufgrund des Geschlechts sei, mit einer anderen tauschen. Vielmehr sollten wir das Gesamtkonzept in Frage stellen. Auch, weil es einen grundlegenden Baustein in der Unterdrückung und Ausbeutung von Frauen darstellt. Auch, weil es Männer limitiert und insgesamt niemandem gerecht wird. Ich will, dass wir gleichzeitig unabhängig von Geschlechterklischees aufwachsen können und gleichzeitig spezifische Bedürfnisse aufgrund des biologischen Geschlechts berücksichtigt werden. Ich will, dass alle alles machen können, aber nicht so wie bei Unisex-Kleidung. Ist euch das mal aufgefallen, dass Unisex-Kleidung immer so geschnitten ist wie Herrenkleidung? Eine geschlechtergerechte Welt funktioniert nicht so, dass Frauen sich der Männerrolle annähern. Eine geschlechtergerechte Welt funktioniert auch nicht so, dass wir von einer limitierenden Rolle in eine andere limitierende Rolle wechseln.

Ich träume von einer Welt, in der die starren und hierarchischen Geschlechterrollen nicht existieren. In der das fortpflanzungsbezogene Geschlecht unabhängig von Charakter, Vorlieben und sozialen Verhaltensweisen gesehen wird. In der weder von der Biologie auf den Charakter noch vom Charakter auf das Geschlecht geschlossen wird. In dem biologisches Geschlecht existieren darf, im Sinne der Verfügbarkeit von notwendigen medizinischen und reproduktionsbezogenen Ressourcen, ohne dass daraus sexistische Zuschreibungen oder Ausbeutung erfolgt. Ich träume von einer Gesellschaft, in der Menschen frei aus den Vorlieben und Verhaltensweisen wählen, die wir derzeit mit Männlichkeit und Weiblichkeit assoziieren, ohne sich für ein Team entscheiden zu müssen. In der lange Haare einfach nur lange Haare sind. In der füreinander da zu sein etwas ist, das alle betrifft.

5. Reproduktionsarbeit und Körper

In einem kapitalistischen, einem patriarchalen System zu leben, in dem die Regeln von Männern für Männer gemacht sind, bedeutet auch, dass die Regeln nicht immer gut zu Frauen passen. Auch wenn weder alle Männer persönlich direkt deutlich vom Patriarchat profitieren noch alle Frauen beispielsweise PMS haben, so ist es doch so, dass frauenspezifische, körperliche Belange als Privatproblem gesehen werden, für das keine systemische Lösung vorgesehen ist, mit dem frau selbst klarkommen muss – obwohl es sich um Gegebenheiten handelt, die viele Frauen betreffen und die eigentlich eine Art „Nachteilsausgleich“ erforderlich machen würden. Ach, was sage ich, Nachteilsausgleich reicht nicht, am besten wäre natürlich gar kein Patriarchat!

Schwangerschaft ist keine Krankheit

Die hohe Erwartung an die Performance von Müttern als Mütter fängt schon in der Schwangerschaft an. „Schwangerschaft ist keine Krankheit“, heißt es, und eigentlich ist damit gemeint, dass die eigene Leistungsfähigkeit trotz Schwangerschaft unter Beweis gestellt werden soll. Bloß keine Schwäche zeigen, ganz so, als sei die schwangere Frau an ihrer Diskriminierung am Arbeitsplatz selbst schuld, als läge diese gar nicht an der Leistungsgesellschaft und der dieser zugrunde liegenden Wirtschaftsordnung.

Bei einer Schwangerschaft ist es üblich, die ersten zwölf Wochen niemandem davon zu erzählen, weil das Risiko, eine Fehlgeburt zu haben, in diesem Zeitraum relativ hoch ist. Das Schweigen über die Schwangerschaft ermöglicht es, auch über die Fehlgeburt zu schweigen. Das kann angenehm sein, weil man mit manchen Menschen auf gar keinen Fall darüber reden möchte. Es passt sich aber auch nahtlos in eine Kultur ein, wo reproduktionsbezogene, körperliche Belange nicht relevant sind und den Ablauf der Lohnarbeit möglichst nicht stören sollen.

Reproduktive Arbeit wird im Gegensatz zu produktiver Arbeit regelmäßig abgewertet und geringgeschätzt. Das unbezahlte Erledigen von reproduktiver Arbeit durch größtenteils Frauen wird vorausgesetzt. Nicht nur Care-Arbeit, emotionale Arbeit und Mental Load sind hiervon betroffen. Auch die Schwangerschaft und die Geburt sind eigentlich unsichtbare „Arbeit" von Frauen. Keine Arbeit im Sinne der Lohnarbeit, aber „Arbeit" in der umgangssprachlichen Bedeutung des Wortes: Man muss etwas mitunter Anstrengendes erledigen.

„Schwangerschaft ist keine Krankheit", heißt es, und das klingt ja erst mal wahr und auch irgendwie wholesome. Schwangerschaft ist ja auch etwas Schönes, ein Grund zur Freude, zumindest erleben das viele Schwangere individuell so. Trotzdem kann Schwangerschaft mit Krankheit einhergehen, wenn man zum Beispiel an Schwangerschaftsdiabetes, schwangerschaftsbedingten Bluthochdruck, Präeklampsie („Schwangerschaftsvergiftung") oder Hyperemesis gravidarum (starkes Erbrechen) denkt. Natürlich gibt es Krankschreibungen oder Beschäftigungsverbote, genau wie es auch verständnisvolle Arbeitgeber gibt.[61] Aber es gibt eben auch einen Arbeitsmarkt, auf dem Leistungsfähigkeit einen hohen

---

[61] Es gibt auch Arbeitergeberinnen, aber suggeriert beispielsweise das Wort „Arbeitgeber:innen" nicht, dass es genauso viele wären? Dass für Frauen alles genauso erreichbar wäre wie für Männer?

Stellenwert hat und an dem als Arbeitnehmerin zu partizipieren, für Menschen, die keinen Anteil an den Produktionsmitteln besitzen, alternativlos ist. Was sich ja auch nicht dadurch ändert, dass einzelne Arbeitgeber bemüht sind, gute Bedingungen für Schwangere zu schaffen, und erst recht nicht dadurch, dass einzelne Schwangere während der Schwangerschaft tatsächlich lange keine oder kaum Beschwerden haben und so arbeiten können, als wären sie nicht schwanger.

Eine Krankschreibung oder ein Beschäftigungsverbot gilt sowieso nur für den Bereich Lohnarbeit und nur bei „richtigen" Krankheiten. Care-Arbeit, die erledigt werden muss, ist dem sogenannten Privatleben zugeordnet. Hier ist dann von Verständnis und Hilfsbereitschaft und der „Du-bist-schwanger-und-nicht-krank"-Logik im eigenen sozialen Nahbereich abhängig, wie viel Unterstützung schwangere Frauen bekommen. Erschreckend finde ich dann, wenn Frauen, die wegen ihrer Schwangerschaftsbeschwerden für die Lohnarbeit krankgeschrieben sind, immer noch wie selbstverständlich damit alleingelassen werden, sich um die bereits vorhandenen älteren Geschwister zu kümmern, den Haushalt zu erledigen, dem Ehemann Essen zu kochen. In Familienkonstellationen, die von vornherein nicht darauf abzielen, die Care-Arbeit und die Verantwortung für den Haushalt aufzuteilen, wird es dann besonders schwierig, weil es schnell heißt: „Wie will sie das alles schaffen, wenn das Kind erst mal da ist, wenn sie das jetzt schon nicht schafft? Das hätte sie eben vorher wissen müssen!"

Wie konkrete Einschränkungen in der Schwangerschaft aussehen und ob diese überhaupt vorliegen, ist ja letztendlich sowieso eine einzelfallbezogene Sache. Und es gibt neben Krankheiten, die spezifisch in der Schwangerschaft auftreten können, noch jede Menge anderer körperlicher Beschwerden, die als häufig, aber unbedenklich beschrieben werden, weil sie Mutter und Kind nicht dauerhaft gefährden. Dass sie sich trotzdem total unangenehm anfühlen, es der schwangeren Frau trotzdem nicht gut geht, hat oft keine Relevanz und wird gar nicht erst erwähnt, wobei auch hier die fehlende Empathie mit Frauen in der Gesellschaft sichtbar wird.

Klassische Beschwerden in der Schwangerschaft sind Rückenschmerzen, Gelenkschmerzen, Müdigkeit, Erschöpfung, Übelkeit. Hier wird dann zum Teil – ganz so, als wäre schwanger zu sein ein Privatvergnügen, das man sich leisten können muss – von schwangeren Frauen erwartet, so zu arbeiten, als wären sie nicht schwanger. Obwohl es genug Wissen darum gibt, dass Schwangerschaft eine besondere gesellschaftliche Rücksichtnahme erforderlich macht, sind die Gesellschaft und das Wirtschaftssystem nicht darauf ausgelegt, diese zu ermöglichen. Vielmehr muss erst recht die eigene Leistungsfähigkeit unter Beweis gestellt werden, um „mithalten zu können". Der Preis für das Vorrücken von Frauen auf dem Arbeitsmarkt im kapitalistischen Patriarchat ist viel zu oft also der, so zu tun, als wären sie ein Mann.

Schwangersein ist scheiße

Natürlich kann schwanger zu sein, trotz aller Nebenwirkungen, wirklich auch sehr schön sein. Die Tritte, die innere Ruhe, die Vorfreude, die gute Durchblutung der Vulva, der gute Teint. Ich habe mich gefreut, ab einem bestimmten Zeitpunkt mein Baby zu fühlen, habe mich gefreut, dass es wächst, und war unendlich glücklich, nachdem ich beide Kinder geboren hatte. Aber ich fand schwanger zu sein, ehrlich gesagt, auch oft ziemlich scheiße. Und ich finde nicht nur dieses Beweisenmüssen von Leistungsfähigkeit schwierig, sondern auch das gesellschaftlich und medial präsente Bild von der glücklichen Schwangeren mit dem Glow.

Wenn wir über Schwangerschaft sprechen, ist selten im Fokus, was für ein anstrengender „Job" eine Schwangerschaft sein kann. Ich mag diese altmodische Redewendung: „Ein Kind unter dem Herzen tragen", weil so schön deutlich wird, dass schwanger zu sein auch bedeutet, neun bzw. zehn Monate lang ein immer schwerer werdendes Kind zu „tragen", in einer Situation, in der man körperlich immer unfitter und eingeschränkter wird. Auch wenn die Schwangerschaft medizinisch betrachtet unauffällig ist, wenn also alles in Ordnung ist, ist eine Schwangerschaft nicht „nichts". Schwanger zu sein bedeutet, dass im eigenen Körper, genährt von den eigenen körperlichen Ressourcen, ein neuer Mensch entsteht. Und das merkt man auch, wenn man einen komplikationslosen Schwangerschaftsverlauf hat.

Ich hatte zwei Schwangerschaften, die zum Glück beide keine so richtig gefährlichen Nebenwirkungen mit sich gebracht haben, aber doch einige gesundheitliche, psychische, zwischenmenschliche Einschränkungen. Körperlicher Art waren das vor allem diese schreckliche Müdigkeit, insbesondere im ersten Drittel der Schwangerschaft, aber auch danach. Ich war so müde, dass ich teils bei Freundinnen mitten im Gespräch auf der Couch eingeschlafen bin. Trotzdem habe ich nachts meist schlecht geschlafen und hatte häufig Albträume, wahrscheinlich wegen der Sorgen um die vielen auf mich zukommenden Veränderungen. Gerade beim ersten Kind befindet man sich an einem Meilenstein im Leben, dessen Konsequenzen inhaltlich noch gar nicht unbedingt so absehbar sind. Aber eine Ahnung davon, dass sich das Kinderkriegen unweigerlich auf ungefähr alle Lebensbereiche auswirken wird, ist definitiv vorhanden.

Auch der Bauchumfang hat sich bei mir ab einer gewissen Größe auf die Schlafqualität ausgewirkt, irgendwann war einfach jede Position verdammt unbequem. Die veränderte Körperform und der veränderte Körperschwerpunkt haben außerdem dazu geführt, dass ich mich häufiger gestoßen habe oder gegen den Türrahmen gelaufen bin, weil ich meine eigenen Maße falsch eingeschätzt habe. Mit wachsender Bauchgröße wurden zudem, insbesondere in der zweiten Schwangerschaft, die alltäglichen Aufgaben immer belastender. Den älteren Bruder von der Kita abholen, einkaufen gehen, kochen, die Treppe hochgehen, allgemein zu Fuß gehen. Ich glaube, in den letzten Wochen der Schwangerschaft habe ich jeweils meinen Kiez gar nicht mehr verlassen, einfach zu anstrengend. Dann bietet einem niemand in der Tram einen Sitzplatz an, außer ältere Frauen, die wahrscheinlich selbst einmal schwanger waren und wissen, wie das ist. Alle anderen Leute muss man immer selbst, mal freundlich, mal nicht freundlich, dazu auffordern, den Platz zu räumen. Und nein, irgendwann konnte ich auch bei einer Strecke von einer Station nicht einfach mal stehen.

Das hat sich natürlich auch auf mein soziales Leben ausgewirkt. Zum Tanzengehen war ich zu müde, in Berliner Kneipen wird für Schwangere zu häufig geraucht. Auch Rückenschmerzen waren irgendwann mein täglicher Begleiter, vor allem im unteren Rücken, weil ich ab einer gewissen Bauchgröße die ganze Zeit im Hohlkreuz war und das Becken nicht mehr komplett kippen konnte, autsch. Und es ist ja nicht nur, dass der Bauch supergroß wird, er wurde bei mir auch superschnell hart, wenn ich mich „angestrengt“ hatte, wobei irgendwann einfach alles anstrengend war, zum Beispiel vom Wohnzimmer zum Kühlschrank zu laufen oder mich zu bücken.

Auch mental ist eine Schwangerschaft eine große Aufgabe. Ständig muss die Schwangerschaft mitgedacht werden: an der Käsetheke, wo es darum geht, ob der Käse Rohmilchkäse ist oder nicht, bis zum Abends-den-Bauch-einölen-nicht-Vergessen. Leider war ich da insgesamt nicht so gut, die Schwangerschaft hat mich nämlich total vergesslich gemacht, und ich musste mir immer extra Mühe geben, nicht zu vergessen, den Herd auszumachen. Und von den Leuten, die einen einfach so an den Bauch fassen, will ich gar nicht erst anfangen. Hallo, sonst geht man doch auch nicht hin und fasst Leute an den Bauch! Auch wenn natürlich der werdende Vater oder andere Familienmitglieder, Freundinnen, Freunde, die Schwiegereltern einem sehr viele Sachen abnehmen können – kochen, einkaufen, sich um Geschwisterkinder kümmern –, bleibt dennoch immer ein Teil übrig, den man als schwangere Mutter selbst machen muss.

Meine „Nebenwirkungen“ von Schwangerschaft gelten natürlich erst mal nur für mich. Andere Schwangere haben andere Nebenwirkungen, manche noch viel mehr, manche weniger. Die schlechten Bedingungen für schwangere Frauen in unserer Gesellschaft hingegen gelten für alle: Auf dem Arbeitsmarkt funktionieren zu müssen, trotzdem Care-Arbeit machen zu müssen, die mangelnde Empathie für Frauen, die mangelnde medizinische Versorgung, die mangelnde Unterstützung für werdende alleinerziehende Mütter, das fehlende Verständnis dafür, inwiefern Schwangerschaft und Kinderkriegen kein Privatvergnügen ist. Die Sache ist die: Man kann vom Schwangersein keine Pause machen, obwohl man manchmal echt eine brauchen könnte. Und weil man eben keine Pause vom Schwangersein machen kann, wäre die Pause vom Lohnarbeiten und Care-Arbeiten umso wichtiger.

Gebären ist Arbeit

Am Ende der Schwangerschaft steht auch ein Punkt, der häufig romantisiert wird: die Geburt. Möglichst natürlich sollte sie sein und intuitiv. Frauen müssten nur in sich hineinhorchen, dann wüssten sie schon, wie das geht. Der Schmerz sei wieder vergessen in dem romantischen Moment, wo man zum ersten Mal das Baby auf der Brust liegen hat und sich sofort in das Baby verliebt.

Wenn wir über Geburt sprechen, heißt es: „Das Baby hat sich auf den Weg gemacht" oder „Eine Wehe rollt heran". In Geburtsberichten lese ich häufig: „... und dann war unsere kleine Maus da." Das klingt alles immer so, wie wir es auch aus Fernsehserien kennen. Frauen gebären unter erstaunlich wenig Anstrengung und mit guter Betreuung durch das Krankenhaus innerhalb kurzer Zeit ein rosiges Baby.

Wenn wir realistisch über Geburt reden würden, würde ich sagen: „Ich habe mein Baby mit Kopfumfang 37,5 cm unter den krassesten Schmerzen, die ich je in meinem Leben hatte, aus meiner Vagina herausgepresst." Und nein, ich habe den Schmerz auch nicht vergessen, als ich das Baby im Arm hatte. Ein Kopfumfang von 37,5 cm, das ist ein Durchmesser von knapp 12 cm. Auch mental empfand ich es als krasse Herausforderung, dass das Köpfchen zwischen den Wehen zwar jedes Mal ein Stückchen mehr geboren wird, aber jedes Mal auch ein kleines bisschen wieder zurückrutscht und du denkst: Fuck, dieses kleine Stückchen muss ich gleich noch mal rauspressen und eigentlich will ich das nie wieder fühlen, wie sich das anfühlt, aber ich kann ja auch nicht einfach so bleiben, mit halbgeborenem Kind in der Vagina.

Eine Geburt ist ein einschneidendes Erlebnis, eine körperliche Extremsituation, deren Ergebnis das eigene Leben unwiderruflich verändert. Und es sollte außer Frage stehen, dass eine gebärende Frau in so einer Situation die bestmögliche Unterstützung haben sollte. Frauen sollten nicht ihrem Mann sagen müssen, dass er während der Geburt darauf achten muss, dass niemand den Damm einschneidet, ohne dass es medizinisch notwendig ist oder ohne zu fragen. Frauen sollten eine Hebamme haben können, ohne dass sie 30 Hebammen in der Umgebung anrufen müssen, die alle ausgebucht sind oder ihren Beruf wegen der schlechten Bezahlung, schlechten Arbeitsbedingungen und hohen Versicherungsbeiträge bei Selbstständigkeit an den Nagel gehängt haben. Dabei ist eine Hebamme nicht nur für die Nachsorge nach der Geburt, wo sie sowohl medizinische als auch psychosoziale Unterstützung leisten kann, von großer Bedeutung. Auch für die Vorsorge leistet sie Dienste von unschätzbarem Wert. Ich habe während meiner ersten Schwangerschaft die Vorsorge abwechselnd bei meiner Gynäkologin und meiner Hebamme gemacht. Bei meiner zweiten Schwangerschaft war meine Gynäkologin bereits in Rente und es war nicht leicht, jemanden zu finden, der damit einverstanden war, die Vorsorgeuntersuchungen auch bei meiner Hebamme zu machen. Auch wenn das medizinische Equipment in einer Arztpraxis und auch die medizinische Ausbildung umfangreicher sind, so ist es doch sehr wichtig, was Hebammen außer dem medizinischen Teil leisten. Die Möglichkeit, über Ängste vor der Geburt zu sprechen, Informationen darüber zu bekommen, was alles während der Geburt passiert, Übungen zur Rückbildung gezeigt zu kriegen, über die Veränderungen in der Paarbeziehung und in der gesamten Familienkonstellation zu sprechen, die sich in der Familie aufgrund des neuen Familienmitglieds ergeben, all das und noch mehr habe ich so beim Gynäkologen nicht erlebt. Dabei kann Letzteres – gerade in einer Gesellschaft, in der Frauen während Schule, Ausbildung oder Studium wenig bis gar nicht darauf vorbereitet werden – gar nicht genug wertgeschätzt werden.

Auch wenn für das eigene Gefühl für manche Frauen das Atmen und Therapieformen, deren Wirkung nicht über den Placeboeffekt hinausgehen, wie Aromatherapie und Homöopathie[62], wichtig sein können, braucht es wissenschaftlich begründete Geburtsumstände, um sowohl die medizinischen, also auch die psychosozialen Bedürfnisse von Frau und dann Neugeborenem bestmöglich abdecken zu können. Zudem sollten wir Frauen als mündige Erwachsene betrachten, die sowohl in der Lage sind, den Hintergrund von medizinisch notwendiger Intervention zu verstehen, um dann informiert einwilligen zu können. Frauen sind keine Kinder, die man von der Realität ablenken sollte, sondern wir sollten ihnen zutrauen, vorher zu wissen, wie krass eine Geburt werden kann. Wir sollten auch drastische Aspekte der Geburt benennen können, ohne dass das als zu erschreckend, distanzlos oder unschicklich gilt.

---

62 Shang, Aijing et al.: Are the clinical effects of homoeopathy placebo effects? Comparative study of placebo-controlled trials of homoeopathy and allopathy, The Lancet, 2005.

Insgesamt sind Schwangerschaft, Geburt und Wochenbett herausfordernde Situationen, sodass Frauen zum Gebären nicht nur Wahlmöglichkeiten, zum Beispiel in Bezug auf die Geburtsposition oder die Art der medizinischen Intervention, brauchen. Geburt ist nicht (nur) etwas, das Frauen „passiert“, sondern etwas, das Frauen „machen“. Und unabhängig von medizinischer Intervention bedeutet eine Geburt immer, dass eine Frau etwas Krasses „geschafft“ hat. Auch wenn sie einen Kaiserschnitt oder eine PDA hatte. Aber sie sollte das nicht „schaffen“ müssen, unter Umständen, die immer wieder Schlagzeilen provozieren wie: „Uniklinik Essen muss immer wieder werdende Mütter abweisen“[63] oder auch „Gewalt unter der Geburt: Ich habe panische Angst, jemals wieder schwanger zu werden“[64].

Die Zustände im profitorientierten Gesundheitswesen sind nicht nur insgesamt abzuschaffen, da der Zweck des Gesundheitswesens an den medizinischen Bedarfen der Bevölkerung ausgerichtet sein sollte, sondern die Zustände sind auch in Bezug auf die Gesundheitsversorgung von Schwangeren ein Skandal. Der noch größere Skandal ist, dass die Probleme hinlänglich bekannt sind und sich trotzdem nichts ändert.

---

63 Wandt, Christina: Uniklinik Essen muss immer wieder werdende Mütter abweisen, Westdeutsche Allgemeine Zeitung, unter: waz.de/staedte/essen/uniklinik-essen-muss-immer-wieder-werdende-muetter-abweisen-id233203627.html.

64 Tischewski, Oda: Ich habe panische Angst, jemals wieder schwanger zu werden, Rundfunk Berlin-Brandenburg, unter: rbb24.de/panorama/beitrag/2021/11/geburt-gewalt-frauen-schutz-psychische-folge.html.

Das schwächere Geschlecht

In Heterofamilien lassen sich viele Sachen paritätisch aufteilen. Wenn es um Care-Arbeit geht, können, natürlich jeweils im Rahmen der Umstände, viele Aufgaben 50:50 aufgeteilt werden. Papa bringt die Kinder morgens zur Kita und Schule, Mama holt sie nachmittags ab. Essen kochen, Windeln wechseln, Einschlafbegleitung, alle möglichen Tätigkeiten können aufgeteilt werden, und entgegen so mancher Geschlechterklischees können Väter das alles nicht notwendigerweise schlechter als Mütter. Es gibt darüber hinaus verschiedene Varianten, wie man so ein arbeitsteiliges Vorgehen aufteilen kann. Es ist denkbar, dass jeder Elternteil 50 Prozent des Kochens übernimmt. Genauso ist denkbar, dass Mama staubsaugt und Papa wischt. Auch wenn man in der Praxis häufig auf Varianten trifft, die mal mehr und mal weniger unfair anmuten und zwar häufig zuungunsten der Mütter: Mama kocht immer und räumt nach dem Essen die Küche auf, Papa kümmert sich um den Aktienkauf und bringt einmal im Jahr das Auto zur Inspektion.

Aber auch, wenn man diesbezüglich große Ziele hat, gibt es doch bestimmte materielle Gegebenheiten, die sich nicht verändern lassen: Schwangerschaft lässt sich nicht aufteilen. Der Partner kann einem zwar was Geiles zu Essen kochen oder einem den Rücken massieren, aber die schwangere Frau muss mit ihrem Körper das Baby alleine bauen und kann davon eben noch nicht mal Pause machen, obwohl man manchmal eigentlich dringend eine bräuchte. Stillen kann ebenfalls nur die Mutter, allerdings können die Väter hier sehr wohl Fläschchen mit abgepumpter Milch geben oder auch mit Pulver.

Auch die Menstruation ist etwas, das nicht aufgeteilt werden kann. Doch während es für die Schwangerschaft und die Stillzeit zumindest das Bewusstsein gibt, dass man als Mutter geschont werden sollte, kommt vor allem auch beim Thema Menstruation die Idee der Leistungsgesellschaft zum Ausdruck, wenn es heißt: Schmerzmittel nehmen, Zähne zusammenbeißen und trotzdem auf dem gleichen Niveau wie sonst performen. Weil unser Wert auf dem Arbeitsmarkt davon abhängt, was wir beitragen können, ist die logische Konsequenz, dass Frauen an Tagen, an denen sie Menstruationsbeschwerden haben, so tun müssen, als hätten sie diese nicht.

Dabei kann Menstruation nicht nur Unterleibsschmerzen bedeuten, sondern auch Migräne, was wiederum nicht nur mit weiteren Schmerzen einhergeht, sondern auch mit Reizüberflutung, Lichtempfindlichkeit, Konzentrationsschwierigkeiten und anderen Symptomen. Menstruation kann bedeuten, morgens kaum aufstehen zu können, bevor man eine Schmerztablette genommen hat. Schon in der Woche vor der Menstruation kann es verschiedene Beschwerden geben, Kopfschmerzen, Kreislaufprobleme, Spannungsgefühle in der Brust, unreine Haut, Verdauungsstörungen, Unterleibsschmerzen, PMS, das Prämenstruelle Syndrom. Auch Stimmungsschwankungen können vorkommen, die sich in manchen Fällen bis zum PMDS steigern, der Prämenstruellen dysphorischen Störung. Diese kann durch hormonelles Ungleichgewicht nach dem Eisprung im Zusammenwirken mit anderen Faktoren wie familiäre Belastungen, Stress und psychische Erkrankungen verursacht werden. Während bei dem weitaus bekannteren PMS in der zweiten Zyklushälfte körperliche Symptome im Vordergrund stehen, bezieht sich PMDS auf psychische Komponenten: Depressive Verstimmung, Ängstlichkeit, Anspannung, Stimmungsschwankungen (plötzliche Traurigkeit, Weinen, Empfindlichkeit gegenüber

Zurückweisungen), Reizbarkeit oder Wut, Interesselosigkeit für übliche Aktivitäten, Konzentrationsschwierigkeiten, Energieverlust, Schlafstörungen.

Präsentismus bezeichnet die Tatsache, Schmerzen zu haben und trotzdem zur Arbeit zu gehen, ein Phänomen, das bei Frauen mit Menstruationsbeschwerden weit verbreitet ist. Eine Befragung 32.748 niederländischer Frauen im Alter zwischen 15 und 45 Jahren ergab, dass zwar fast ein Drittel der Befragten bereits unter so starken Menstruationsbeschwerden gelitten hatte, dass sie einen Arzt aufsuchen mussten, aber dass weniger als 14 Prozent deshalb einen Tag nicht zur Arbeit erschienen waren. Zudem gaben mehr als 80 Prozent der Frauen an, dass sie an Tagen, an denen sie unter Regelschmerzen litten, weniger produktiv waren und sich abgelenkt und unkonzentriert fühlten. Wenig verwunderlich, wenn man mit Schmerzen arbeitet.[65]

Ich bin das Tabu, das die Menstruation immer noch umgibt, total leid. Für das, was einen zur Frau macht, sollte man sich nicht schämen müssen. Dafür, eine Frau zu sein, sollte man sich nicht schämen müssen. Menstruation ist kein freaky, ekliger Shit, der nur komischen Leuten passiert, Menstruation ist eine normale Sache, die die Hälfte der Bevölkerung betrifft. Und in einer Gesellschaft, in der Männlichkeit eine Norm ist und Weiblichkeit nicht nur in Bezug auf kulturell zugeschriebene und im Prinzip ausgedachte Attribute, wie die vermeintliche Oberflächlichkeit, Matheinkompetenz oder Naivität, sondern auch in Bezug auf konkrete Körperlichkeit abgewertet wird, möchte ich deutlich sagen, dass ich damit

---

65 Schoep, Mark E.; Adang Eddy M. M.; Maas Jaques W. M. et al: Productivity loss due to menstruation-related symptoms: a nationwide cross-sectional survey among 32 748 women, 2019.

nicht einverstanden bin, denn durchschnittlich kommt nun mal an sieben von 32 Tagen Blut aus meiner Vagina. Und weil ich auch auf die „nette“ Version dieser Abwertung – in Form von „Musst du da wirklich öffentlich drüber reden, das ist doch privat!“ – keine Lust habe, möchte ich gleich noch was deutlich machen: Mein Menstruationsblut hinterlässt Flecken, manchmal in der Unterwäsche, manchmal auf dem Bettlaken. Wenn ich eine Menstruationstasse benutze, ist meine Hand manchmal blutig. Ich will nicht meine Menstruation verstecken müssen, was nicht heißt, dass ich die Blutflecken nicht rauswasche. Aber ich will nicht, dass die Erwartungshaltung an Frauen ist, die Menstruation immer zu 100 Prozent verschwinden zu lassen, und ich will nicht für meine Körperfunktionen beschämt werden. Menstruation ist weder außergewöhnlich noch unhygienisch. Mein Menstruationszyklus ist Teil meines Körpers. Ein regelmäßiger Teil meines Lebens, der immer wieder passiert. Ein Teil von mir. An Tagen mit Menstruationsbeschwerden lohnarbeiten zu gehen, bedeutet also nicht nur, trotz Schmerzen zu arbeiten, sondern auch die Verleugnung eines Teils von mir selbst. Frauen arbeiten, leben, verhalten sich so, als wären sie nicht eine Frau, die alle vier Wochen aus dem Uterus blutet, sondern ein Mann. Ich bin aber kein Mann.

Diesem „Keine Schwäche auf dem Arbeitsmarkt zeigen zu dürfen, weil diese sonst genutzt wird, die eigene Diskriminierung zu legitimieren“ liegt ein androzentristisches, also ein sich auf Männer und Männlichkeit beziehendes Verständnis von Gleichberechtigung zugrunde, in welchem Frauen dann eben die gleichen Dinge sollen und dürfen wie ein Mann, wenn sie sich nur so gut es geht genauso benehmen. Der Männerkörper ist dann das Modell, und Frauen müssen unter Beweis stellen, dass sie „genauso gut“ sind, weil ihr Zugang zu Arbeit und Ressourcen von ihrer Leistungsfähigkeit abhängt. Zudem ist die konkrete Art, wie die Bedingungen an Arbeitsplätzen gestaltet sind, nicht auf die Bedürfnisse von Schwangeren und Stillenden ausgelegt. Wir befinden uns in einem Kontext, in dem Führungspositionen in Unternehmen historisch und gegenwärtig immer noch hauptsächlich von Männern besetzt sind, die nie schwanger waren oder gestillt haben, die keine Menstruation und keine Menstruationsbeschwerden haben und möglicherweise auch wenig Ahnung davon haben. Menstruation ist eben unser privates Problem. Während es für das subjektive Empfinden einen großen Unterschied macht, ob man gerade um den Eisprung herum super motiviert ist oder in der zweiten Zyklushälfte schlechte Laune hat, ist das für die Lohnarbeit egal. Auch der durch Kämpfe der Arbeiterinnen und Arbeiter, der Gewerkschaften errungene Acht-Stunden-Tag, den wir heute noch als klassische Art der Vollzeit-Lohnarbeit als 40-Stunden-Woche kennen, passt wenig zum Menstruieren, Kinderhaben oder Stillen. „Acht Stunden arbeiten, acht Stunden schlafen und acht Stunden Freizeit und Erholung“ funktioniert nicht für Frauen mit Kindern und auch nicht für Schwangere. Bedürfnisse von Frauen spielen also eine untergeordnete Rolle.

Auch wenn natürlich beispielsweise Pflegemütter oder Bonusmütter (traditionell Stiefmütter genannt) genauso soziale Mutterschaft leben wie andere Mütter auch, sind Schwangerschaft, Stillzeit und somit Mutterschaft auch auf eine spezifische Art biologisch, die nicht nur kein Nachteil sein sollte, sondern eigentlich einen „Nachteilsausgleich“ erforderlich macht.

Ich will Anerkennung für Reproduktionsarbeit, und nicht nur auf die Art, dass allen bewusst ist, was Frauen

„leisten“, nicht nur die traditionelle Wertschätzung der Mutter durch Blumengeschenke, sondern so, dass schwangere Frauen materielle und finanzielle Sicherheit haben, unabhängig davon, ob und was sie lohnarbeiten und wer das Kind gezeugt hat.

Wir brauchen eine grundsätzliche Umstrukturierung und eine weitreichende Berücksichtigung davon, dass Menschen auch aufgrund körperlicher wie auch anderer Faktoren weniger beitragen können, weniger arbeiten können, und dass dies eben nicht, wie im Neoliberalismus und insbesondere im Nationalsozialismus, bedeutet, dass derjenige „unnütz“ ist oder weniger Ressourcen verdient. Ganz im Gegenteil kann ein Weniger an Lohnarbeit durchaus auch mit einem Mehrbedarf einhergehen, sodass für Frauen, für Mütter, für Menstruierende, für Schwangere, für Menschen mit körperlichen oder anderen Einschränkungen, für Menschen mit psychosozialen oder anderen Problemlagen nicht nur unsere Solidarität gefragt ist, sondern auch konkret die Ausstattung mit allen nötigen Ressourcen, unabhängig davon, wie viel diese Menschen leisten können oder wollen.

6. Kapitalismus und Patriarchat

Die Art, wie Mutterschaft in unserer Gesellschaft funktioniert, das, was Mutterschaft bedeutet, ist nicht nur ein irgendwie in der historischen Entwicklung zustande gekommenes kulturelles Phänomen, sondern eines, das sehr konkret mit den systemischen und materiellen Bedingungen zusammenhängt, denen wir unterworfen sind, aufgrund derer sich unsere kulturellen Ausdrucksweisen ausgeprägt haben. Das heißt, wenn wir bessere Bedingungen für Mütter wollen, müssen wir uns anschauen, durch was die aktuellen Bedingungen bestimmt sind. „Ist doch klar", will man da sagen, „sie sind durch den Kapitalismus und das Patriarchat bestimmt!" Kapitalismus und Patriarchat. Das sind zwei von diesen Sachen, von denen wir alle wissen, dass es sie gibt, von denen wir aber häufig nur eine ungefähre Vorstellung haben, was diese charakterisiert, und dementsprechend auch, was genau eigentlich die Kritikpunkte daran sind.

Die Gesellschaft im Kapitalismus ist eine Leistungsgesellschaft, in der der Wert des Einzelnen[66] *davon abhängt, wie viel er leistet beziehungsweise in Form von Lohnarbeit beiträgt. Dies erkennt man schon daran, dass die erste Frage nach dem Kennenlernen häufig dieses „Und, was machst du so?" ist, mit dem nicht gemeint ist, dass man gerne Malen-nach-Zahlen-Bilder malt oder morgens immer mit dem Labrador rausgeht, sondern was man lohnarbeitet. An der Art der Lohnarbeit ist dann abzulesen, wie viel Prestige man hat. Auf eine total traurige Art*

---

[66] Das hier ist ein Buch über Feminismus und du benutzt schon wieder das generische Maskulinum? – Nein! Ich will hier nur zeigen, dass die „lohnarbeitende Person von Wert" in unserer Gesellschaft in vielerlei Hinsicht tatsächlich immer noch ein Mann ist.

vielsagend ist es dann auch, wenn Mütter auf diese Frage antworten mit: „NICHTS, ich bin in Elternzeit!“

Der Kapitalismus ist aber nicht nur ursächlich für unser Leistungsdenken, sondern bedeutet eine spezifische Art der Organisation von Wirtschaft, Arbeit und, damit zusammenhängend, der Lebensweise der Menschen einer Gesellschaft.

Was genau ist denn überhaupt dieser Kapitalismus?

Die Wirtschaftsordnung in Deutschland basiert, wie die der anderen westlichen Industrienationen, auf den Prinzipien des Neoliberalismus. Neoliberalismus ist eine Spielart des Kapitalismus, dessen Idee es ist, dass der Staat sich möglichst aus der Wirtschaft heraushält, damit diese sich frei entfalten könne, was die Menschen wiederum dazu bringen würde, ihr Leben eigenverantwortlich zu gestalten. Der Neoliberalismus ist insbesondere davon geprägt, staatliche Aufgaben wie Eisenbahn, Post, Energieversorgung, öffentliche Infrastruktur oder das Gesundheitswesen zu privatisieren, was dann dazu führt, dass diese Aufgaben nicht mehr in Bezug auf die gelingende Nutzbarkeit durch alle Gesellschaftsmitglieder organisiert werden, sondern im Hinblick auf Profitabilität. Das führt, wie man es vom Beispiel Eisenbahnverkehr kennt, zu Verspätungen, Zugausfällen und schließlich zur Stilllegung von Bahnstrecken, weil unrentable Verbindungen eingestellt werden.

Auch wenn das Wirtschaftssystem in Deutschland üblicherweise (soziale) Marktwirtschaft genannt wird, braucht man sich da nichts vorzumachen. Das ist einfach nur ein anderer Begriff, inhaltlich handelt es sich um das Gleiche. Kennzeichnend für den Kapitalismus ist in erster Linie, dass sich das Eigentum an den Produktionsmitteln in privater Hand befindet, die freie Preisbildung, das Anstreben von Wettbewerbs- und Gewerbefreiheit. Produktionsmittel sind diejenigen Mittel, die zur Produktion von Gütern notwendig sind: Arbeitsmittel wie Fabriken, Maschinen, Werkzeuge sowie Arbeitsgegenstände, also aus der Natur entnommene und auch bereits bearbeitete Rohstoffe.

Wenn das Privateigentum an den Produktionsmitteln, beispielsweise aus marxistischer Perspektive, kritisiert wird, ist damit nicht das persönliche Eigentum, also zum Beispiel der Besitz einer Zahnbürste, eines Autos, einer selbst bewohnten Wohnung gemeint. Kritisiert wird vielmehr, dass in einer Gesellschaft strukturell Ungleichheit, Ausbeutung, Armut hervorgerufen werden, wenn die Produktionsmittel – die letztendlich genutzt werden, um die Bedürfnisse aller Gesellschaftsmitglieder zu stillen – nicht ebendiesen zum Beispiel kollektiv oder den konkreten Arbeiterinnen und Arbeitern, die die Produkte eines Unternehmens erwirtschaften, gehören.

Waren und ihr Wert

Grundlegend stellt der Kapitalismus eine spezifische Form der Warenwirtschaft dar. Schematisch kann man sich das so vorstellen: Ein Produzent stellt Waren nicht her, um sie selbst zu nutzen, sondern um sie gegen andere Dinge einzutauschen. In diesem Zusammenhang haben Waren dann einen „Gebrauchswert“ und einen „Tauschwert“. Der Gebrauchswert einer Ware bezieht sich auf seinen dinglichen Charakter, seine physikalischen oder chemischen Eigenschaften, auf seine Nützlichkeit, ein menschliches Bedürfnis zu befriedigen. Wofür kann ich eine Ware gebrauchen? Was ist der Verwendungszweck des Gebrauchsgegenstandes? Der Gebrauchswert einer Lasagne ist, dass man sie essen kann, sie schmeckt gut und macht satt. Der Gebrauchswert eines Sofas ist, dass man darauf chillen kann.

In der kapitalistischen Produktionsweise sind Waren nicht nur durch diesen Gebrauchswert bestimmt, ihnen kommt eine „zweite Natur" zu: Gebrauchsgegenstände haben als Waren Tauschwert, ein quantitatives Verhältnis, in welchem unterschiedliche Waren sich gegeneinander austauschen. Bei unserem Sofa könnte das sein: 1 Sofa = 1 Playstation 5. Im Tauschprozess wird der Wert einer Ware sichtbar, indem eine Ware mit einer anderen Ware gleichgesetzt wird. Dass Waren einen Tauschwert besitzen, heißt, dass Gebrauchsgegenstände dann nicht nur in Form des Gebrauchswertes genutzt werden. Unternehmer produzieren Waren also nicht wegen eines Eigenbedarfs, sondern zum Tausch. Ein besonderer Stellenwert kommt dabei dem Geld zu, das als generalisiertes Tauschmittel als allgemeines Äquivalent funktioniert. Waren werden gegen Geld getauscht, da ohne allgemeines Äquivalent das Finden eines Tauschpartners nötig wäre, der genau das Gleiche tauschen möchte wie ich.[67]

Unter Kapitalismus wird also ein System verstanden, in dem Waren produziert und gehandelt werden, wobei sich die zur Produktion dieser Waren notwendigen Mittel im Privatbesitz einzelner Unternehmer(innen) befinden. Historisch betrachtet befinden sich Produktionsmittel im Besitz von Männern, und auch die zeitgenössische Möglichkeit, als Frau im Besitz von Produktionsmitteln zu sein, hat bisher wenig an dieser Tatsache geändert. Zudem

---

67 Marx, Karl. Das Kapital. Kritik der politischen Ökonomie. Erster Band. Marx-Engels-Werke Band 23. Berlin: Dietz-Verlag, 1962, S. 49 ff.

waren historisch betrachtet Frauen keine handelnden bürgerlichen Subjekte, sondern ihrem Vater und dann ihrem Ehemann zu- bzw. untergeordnet, was umgangssprachlich durchaus auch als „Besitz“ bezeichnet wird.

Den Lebensunterhalt „verdienen“

Im Kapitalismus zu leben, bedeutet im konkreten Alltagsleben der meisten Menschen in unserer Gesellschaft, dass man den Bedingungen des Arbeitsmarktes unterworfen ist. Die wenigsten von uns besitzen genug Ressourcen, um ein Unternehmen zu gründen und dann vom Gewinn zu leben. Weil Ressourcen – im Alltag sind das in erster Linie Wohnung, Heizung, Nahrungsmittel, Kleidung, Strom, Kommunikationsmittel – mit Geld gekauft werden müssen, ist es nahezu alternativlos, durch Lohnarbeit Geld zu verdienen. Das Arbeitslosengeld der Arbeitslosenversicherung stellt hier keine Alternative dar, weil es nicht nur von der vorherigen sozialversicherungspflichtigen Beschäftigung abhängig, sondern eine zeitlich befristete Leistung ist. Noch weniger stellt das umgangssprachlich „Hartz IV“ genannte Arbeitslosengeld II eine Alternative zur Lohnarbeit dar, da es nicht bedingungslos ausgezahlt wird. Zudem liegen laut § 8 RBEG in Verbindung mit der Anlage zu § 28 SGB XII für einen Einpersonenhaushalt die Bedarfe für Nahrungsmittel, Getränke und Tabakwaren bei 150,93 Euro monatlich, die für Bekleidung und Schuhe bei 36,09 Euro und die für Bildung bei 1,57 Euro, womit sich ein durchschnittlicher Zugang zu Kultur, gesunder Ernährung, Freizeit, Sport und anderen Lebensbereichen nicht gewährleisten lässt.

Es gibt in der Bundesrepublik Deutschland keinen Mechanismus, der die Partizipation von Menschen an gesellschaftlichen Zusammenhängen und die Ausstattung mit notwendigen Ressourcen unabhängig von Lohnarbeit möglich macht. Ich muss also arbeiten gehen, und je nach Ausbildung, Standort, Tarifvertrag, Berufserfahrung, Geschlecht und anderen Faktoren verdiene ich dabei mal mehr und mal weniger Geld. Dieses Arbeitengehen nennen wir auch „den Lebensunterhalt verdienen", ganz so, als hätte jemand, der nicht arbeiten gehen kann oder will, weniger Ressourcen oder Teilhabe verdient.

Ich selbst lohnarbeite als Sozialarbeiterin. Der soziale Bereich ist – wie andere Bereiche, die von Frauen dominiert werden, wie Pflege, Friseurhandwerk und andere – schlecht bezahlt, wobei ich als Sozialarbeiterin zu den „Glücklichen" gehöre, die aufgrund des Studienabschlusses etwas mehr verdienen als beispielsweise Erzieherinnen (Männer mitgemeint). Trotzdem bin ich mit meinem Haushalt, in dem ich alleine mit zwei Kindern lebe, nur knapp über dem Prekariat angesiedelt. Und tatsächlich kassiert man dann manchmal auch noch so einen blöden Spruch à la: „Augen auf bei der Berufswahl!" Haha. Es können nicht alle eine „bessere" Ausbildung machen, und das nicht nur, weil Menschen ihren individuellen Interessen folgen möchten, sondern auch, weil wir als Gesellschaft auf bestimmte Berufe angewiesen sind und diese nicht nur theoretisch durch unnützes Klatschen vom Balkon wertgeschätzt werden sollten, sondern ganz konkret durch bessere materielle Bedingungen!

Während der Covid-19-Pandemie wurden Berufe der sogenannten kritischen Infrastruktur, also beispielsweise Grundversorgung, Gesundheitssystem oder Energieversorgung, als „systemrelevant" bezeichnet. Auch mein Arbeitsbereich war als „systemrelevant" eingestuft. Sozialarbeiter und Sozialpädagoginnen arbeiten mit Menschen, die einen spezifischen Unterstützungsbedarf haben: mit Kindern und Jugendlichen, mit Familien, mit Wohnungslosen, in Frauenhäusern, im betreuten Wohnen und in anderen Bereichen, in denen Menschen von Armut betroffen sind, ausgegrenzt werden, psychosoziale Problemlagen haben, nicht über genug Ressourcen – sei es materiell oder immateriell – verfügen, um ein menschenwürdiges Leben zu leben, und in dem diese den an Menschen gestellten Anforderungen im Kapitalismus nicht gerecht werden können. „Systemrelevant" hieß hier leider trotzdem nur, dass ich als Sozialarbeiterin unter erschwerten bzw. unsicheren Bedingungen weiterarbeiten „durfte" und dabei ein höheres Ansteckungsrisiko hatte. Es hieß leider nicht, dass die gesellschaftliche Wertschätzung für soziale Arbeit darüber hinaus gestiegen wäre oder dass es einen „Coronabonus" in Form eines angemessenen Gehalts gegeben hätte. Vor allem hieß systemrelevant erst recht nicht, dass die Bedingungen zugunsten der Zielgruppe so verändert wurden, dass zumindest im Hinblick auf die Versorgung der Grundbedürfnisse kein Mangel mehr besteht.

Ausbeutung

Im kapitalistischen System ist man nun als Arbeiterin und Arbeiter zunächst doppelt frei, wie es bei Marx genannt wird,[68] und zwar zum einen frei, im Rahmen des Systems eigene Entscheidungen in Berufswahl und Privatleben zu treffen, da man ja keine Leibeigene wie im Feudalismus oder ähnliches ist. Zum anderen ist man auch frei von Besitz und muss eben selbst arbeiten

---

[68] Marx, Karl. Das Kapital. Kritik der politischen Ökonomie. Erster Band. Marx-Engels-Werke Band 23. Berlin: Dietz-Verlag, 1962, S. 183.

gehen – da klingt das „Freisein“ gleich ein bisschen weniger gut, denn man muss ja das eigene Überleben durch Lohnarbeit absichern. Insofern ist man also abhängig von denjenigen, die die Produktionsmittel besitzen, denn wer die notwendigen Rohstoffe und Arbeitsmittel, wie Maschinen und Transportmittel oder Fabriken, besitzt, verfügt über die Arbeitskraft und den Arbeitsprozess.

„Arbeit“ ist begrifflich in konkrete und abstrakte Arbeit unterteilt: Konkrete Arbeit meint die spezifische, nützliche Arbeit eines Menschen, die einen Gebrauchswert schafft – konkrete Arbeit ist zum Beispiel, wenn der Polsterer das Sofa polstert. Abstrakte Arbeit meint die Verausgabung der Arbeitskraft – ist also unabhängig von der konkreten Arbeitstätigkeit. Durch die in einer Ware steckende menschliche Arbeit wird ihr Wert festgelegt. Da die menschliche Arbeit den Wert von Waren bestimmt und diese getauscht werden können, muss es einen gleichbleibenden Moment von Arbeit geben. Arbeit entwickelt ihren zweifachen Charakter als konkrete und abstrakte Arbeit also nur dann, wenn die Produkte der Arbeit als Waren getauscht werden. Abstrakte Arbeit hat dann einen gesellschaftlichen Charakter, und Wert ist materialisierte abstrakte Arbeit. Eine Ware, die einen Wert hat, hat einen Teil der Reichtum erzeugenden Tätigkeit der Gesellschaft, einen Teil der abstrakten Arbeit, in sich aufgenommen.[69]

Mit dem Verkauf der eigenen Arbeitskraft wird dann ein bestimmter Lohn erzielt, indem man mit den Arbeitsmitteln des Arbeitgebers an einem bestimmten Produkt arbeitet, wobei der Profit zugunsten des Unternehmers, bei dem man angestellt ist, geht. Der Profit ergibt sich aus

---

[69] Ebd., S. 57 ff.

der Produktion von Mehrwert durch die Ausbeutung des Mehrwerts, der durch die eigene Arbeitskraft entsteht – der Mehrwert ergibt sich aus der Differenz zwischen dem Wert der Arbeitskraft plus den für die Herstellung eines Produkts nötigen Produktionsmitteln und dem von Arbeiterin oder Arbeiter mit dieser Arbeitskraft geschaffenen Wert, da der Arbeitsprozess so strukturiert ist, dass bereits vor Feierabend Waren im Wert der Arbeitskraft produziert wurden.

Der Arbeitstag lässt sich so als in zwei Teile geteilt beschreiben: Der eine Zeitabschnitt beinhaltet die notwendige Arbeit, deren Wert die Arbeiterin oder der Arbeiter in Form des Lohnes erhält. Im zweiten Zeitabschnitt wird der Mehrwert erarbeitet, der beim Kapitalisten, dem Unternehmer, verbleibt. Die produzierten Waren enthalten also mehr Arbeit, als der Kapitalist für den Lohn der Arbeiterin und des Arbeiters bezahlt. Sie enthalten einen Wertanteil, der den Kapitalisten nichts kostet, an dem er aber beim Verkauf der Ware verdient.[70]

Es ist also die eigene Arbeit, die man nicht bezahlt bekommt, die zu Profit führt. Da der Arbeitslohn nicht durch den Wert der geleisteten Arbeit, sondern durch den Wert der angebotenen Arbeitskraft festgelegt wird, wird ein unbezahltes Mehrprodukt erwirtschaftet, das als Profit dem Kapital zugutekommt und nicht der Arbeiterin oder dem Arbeiter. Ein Teil des so von Arbeiterinnen und Arbeitern für den Arbeitgeber erwirtschafteten Mehrwerts wird in den Produktionsprozess reinvestiert, wobei dies nur zutrifft, wenn tatsächlich Investitionen getätigt werden, also Arbeitsbedingungen verbessert werden, mehr Leute eingestellt werden etc. Die ganz normalen

70 Ebd., S. 245 ff.

Fixkosten im Sinne von Erhaltung des Arbeitsprozesses sind nicht Teil des Mehrwerts, sondern bereits Teil der Produktionskosten. Der Rest des Mehrwerts wird privat konsumiert oder angesammelt – von der Bourgeoisie.

Kennzeichnend für den Kapitalismus ist also, dass auch die Arbeitskraft der Arbeiterin und des Arbeiters die Form einer ihm gehörenden Ware annimmt. Dieser Wert der Arbeitskraft ist so bestimmt wie bei anderen Waren auch: Arbeitskraft als Ware bedeutet, dass sich der Wert der Arbeitskraft an der zu ihrer Produktion bzw. Reproduktion notwendigen Arbeitszeit bemisst, also an der Arbeitszeit, die notwendig ist, um die „Lebensmittel" herzustellen, welche die Arbeiterinnen und Arbeiter benötigen, um ihre Arbeitskraft zu reproduzieren. „Lebensmittel" umfasst hier sowohl Nahrungsmittel als auch Wohnung, Heizung, Kleidung und anderes. Auch die Versorgung der Familie ist miteingeschlossen, da „Familie" hier als der Ort verstanden wird, an dem neue potenzielle Arbeitskraft (die Kinder) produziert wird.[71]

Dies stellt den Ausbeutungscharakter der kapitalistischen Warenwirtschaft dar. Durch die Reproduktion des Kapitals „zementiert" das System das Klassenverhältnis zwischen Kapitalisten und produktionsmittelfreiem Proletariat. Den Kapitalismus unterscheidet von der nicht kapitalistischen Warenwirtschaft, dass das Eigentum an den Produktionsmitteln im Kapitalismus in der Hand der einen liegt, während die anderen gezwungen sind, ihre Arbeitskraft anzubieten und somit unselbstständig zu produzieren. Insofern setzt der Kapitalismus die Existenz einer Klasse voraus, die nichts besitzt als ihre Arbeitsfähigkeit und die dann ausgebeutet werden kann.

---

71 Ebd., S. 185.

Ausbeutung meint hier allerdings nicht ihre extremen Ausprägungen, wie Kinderarbeit, Sklaverei und sexuelle Ausbeutung in Form von Prostitution, sondern die Aneignung des durch fremde Arbeit geschaffenen Mehrwerts. Die Ausbeutung der Arbeiterinnen und Arbeiter besteht also nicht oder nicht nur darin, dass diese unter schlechten Bedingungen für zu wenig Lohn arbeiten müssen, sondern darin, dass sie im Kapitalismus gezwungen sind, mehr zu arbeiten als das, was sie für ihre Arbeit bekommen, also ohne dass sie selbst oder die Arbeiterklasse insgesamt davon profitieren würden.

Egal ob man „Die Lage der arbeitenden Klasse in England" von Friedrich Engels (1845) gelesen oder den Film „Der kleine Lord" (1980) gesehen hat, man hat eine spezifische Vorstellung davon, wie krass die Lebensbedingungen von Arbeiterinnen und Arbeitern zu Beginn der Industrialisierung waren. 14- bis 16-Stunden-Schichten harter körperlicher Arbeit, keine hygienischen sanitären Zustände, hohe Kindersterblichkeit, die ganze Familie wohnt in einem Raum und hat Mühe, genug Essen auf den Tisch zu bekommen. Heutzutage ist das ja gar nicht mehr so schlimm, mag man da vielleicht denken. Dabei vergisst man leicht, dass die extremsten Formen von Ausbeutung im globalisierten Kapitalismus nicht notwendigerweise in dem Land vorkommen, in dem man selber wohnt.

Mittelschichtszugehörigkeit? Klasse!

Es stehen sich schematisch gesprochen zwei Klassen gegenüber: Die Unternehmer (die „Kapitalisten" oder „Bourgeoisie"), also diejenigen, die nicht ihre Arbeitskraft verkaufen müssen, weil sie genügend Vermögen beziehungsweise Anteil an den Produktionsmitteln haben, und die lohnabhängige Arbeiterklasse, die auch, einigermaßen retro anmutend, „das Proletariat“ genannt wird, was – insbesondere in Form von „der Proll“ oder „der Prolet“ – als abwertend wahrgenommen wird und häufig auch abwertend gemeint ist. Angestellte und Arbeiterinnen und Arbeiter fallen hier ein Stück weit auseinander. Angestellte produzieren nicht in jedem Fall auf die gleiche Art ein Produkt, wie die Arbeiterinnen und Arbeiter in der Fabrik einen Gegenstand herstellen. Gleich bleibt aber die Lohnabhängigkeit sowie die Abwesenheit von nennenswertem Kapital, also von Besitz und Anlagen.

Die Mittelschicht ist der Ort, an dem der Gegensatz zwischen denen, die arbeiten gehen müssen, und denen, die davon profitieren, unsichtbar wird. Sowohl die alleinerziehende Künstlerin, eigentlich von Armut betroffen und deswegen unterhalb der Mittelschicht angesiedelt, als auch der Politiker, der mehrere Flugzeuge besitzt, werden als Teil der Mittelschicht gesehen oder sehen sich selbst dort. Wenn man die Zugehörigkeit zur Mittelschicht anhand des Einkommens abbildet, gehören alle Haushalte, die ein Nettoäquivalenzeinkommen zwischen 70 und 150 Prozent des mittleren Einkommens in Deutschland haben, dazu.[72] Erhebt man die Zugehörigkeit nach Selbsteinschätzung, zählen sich bis zu zwei Drittel der Menschen zur Mittelschicht, obwohl nur knapp die Hälfte dazugehört, wenn man die Einkommensverhältnisse zugrunde legt. Von Armut betroffene

72 Wirtschafts- und Sozialwissenschaftliches Institut der Hans-Böckler-Stiftung: Neuer WSI-Verteilungsbericht Mittelschicht: Positive Entwicklung bis zur Corona-Krise – jetzt erleidet vor allem untere Mitte Einkommensverluste, unter: https://www.boeckler.de/de/pressemitteilungen-2675-mittelschicht-positive-entwicklung-bis-zur-corona-krise-36742.htm, 2021.

Menschen neigen dazu, den Beginn der Mittelschicht niedriger einzuschätzen, als er ist, und die reiche Oberschicht neigt dazu, das Ende der Mittelschicht höher einzuschätzen, sodass sie selbst, trotz ihres Reichtums, noch dazugehören.[73] Die Mittelschicht ist „the place to be“, denn sie ist der Ort, an dem man zur Gesellschaft gehört, an dem man über Bildung verfügt, sonntags den „Tatort“ guckt, ein Auto fährt, einen Bausparvertrag hat und die Dinge erreichen kann, die für ein erfolgreiches, aber bescheidenes Leben notwendig sind. Auch wenn die Mittelschicht recht heterogen aufgestellt ist und die Lebensentwürfe und Verhältnisse bezüglich Besitz, Bildung, Kapital durchaus unterschiedlich sind, wobei das verbindende Element eben die Lohnabhängigkeit ist, bleibt die Mittelschicht mittig, und alle hoffen irgendwie, im Antagonismus zwischen Arm und Reich, zwischen Ausgebeuteten und Ausbeutern in der Mitte bleiben zu können. Indem die Mittelschicht vermeintlich neutral bleibt und ein Bewusstsein für die eigene Abhängigkeit und die Gemeinsamkeit mit der sogenannten Unterschicht fehlt, schreibt sie die Verhältnisse fest, statt sie zu bekämpfen.

Gesamtgesellschaftlich wird der Klassengegensatz nur selten thematisiert. Viel üblicher ist die Darstellung der Gesellschaft im Schichtmodell oder das Sprechen über unterschiedliche Milieus. Schichtmodelle gliedern die Bevölkerung einer Gesellschaft nach ähnlichen Lebensbedingungen und sozialen Lagen, wie bei der bereits erwähnten Mittelschichtszugehörigkeit. Der Milieuansatz gruppiert die Menschen nach Unterschie-

---

73 Zucco, Aline; Özerdogan, Anil: Verteilungsbericht 2021, WSI Report, Düsseldorf, 2021, S. 4.

den in ihren Wertorientierungen und Lebensstilen zu subkulturellen Einheiten. Auch wenn der Zugang zu Bildung, Ressourcen und Chancen sowie der eigene Habitus je nach Zugehörigkeit zu einer Schicht und zu einem Milieu deutlich unterschiedlich ausfällt, so ist der Unterschied zwischen den Zugangschancen zu Ressourcen von unterschiedlichen Milieus nicht so groß wie der Unterschied zwischen der besitzenden und der nicht besitzenden Klasse. Trotzdem sprechen wir höchstens über Klasse, wenn es um Klassismus geht.

„Klassismus" bezeichnet die Diskriminierung von Menschen aufgrund einer tatsächlichen oder vermuteten Zugehörigkeit zu einer „niedrigen" Klasse. Das Thematisieren von Klassismus ist ein bisschen ein schwacher Ersatz für einen Klassenkampf, der darauf setzt, die Zustände, unter denen die ausgebeutete Klasse leidet, abzuschaffen. Zumindest wenn es nur noch darum geht, dass Diskriminierung gegenüber besonders benachteiligten Arbeiterinnen und Arbeitern nicht okay ist. Die Lage des ausgebeuteten Pizzaboten ändert sich weder dadurch, dass ich nett und respektvoll zu ihm bin und auf ein hohes Trinkgeld achte, noch dadurch, dass ich kritisch reflektiere, dass ich mehr Geld verdiene und es mir leisten kann, mir Essen liefern zu lassen. Es braucht Veränderungen am Konzept der Klassenzugehörigkeit selbst, um ein gutes Leben für alle zu ermöglichen. Und obwohl sich die eigene Lage als Mittelschichtsangehörige von der des Pizzaboten unterscheidet, ist der gemeinsame Nenner trotzdem die Lohnabhängigkeit.

Seit Beginn der letzten Hälfte des 20. Jahrhunderts liegt der Fokus auf dem Individuum, auch im Kontext der kulturellen Akzeptanz der Logiken des Neoliberalismus. In diesem individualistischen System müssen wir uns individuell optimieren, leistungsfähig sein, flexibel, anpassungsfähig und immer an uns arbeiten. Der gesellschaftliche Aufstieg, der theoretisch die Chance bietet, nicht mehr oder weniger von Klassismus betroffen zu sein, kann nur gelingen, wenn man sich Mühe gibt, und auch dann nur vielleicht und nur für Einzelne. Dieser Logik wohnt auch inne, dass die anderen, die, die es nicht schaffen, sich einfach nicht genug Mühe gegeben haben. Außerdem birgt diese Logik die Gefahr, dass wenn es darum geht, voranzukommen und Rechte zu erhalten, auch nur einzelne Mitglieder von diskriminierten Gruppen der gesellschaftliche Aufstieg gelingt, was im Kapitalismus nicht notwendigerweise bedeutet, dass es konkrete Verbesserungen für alle gibt. Eine individualistische Herangehensweise kann dann dazu führen, dass es nur darum geht, wie man sich selbst einen Vorteil verschaffen kann und dann selbst wieder zum Ausbeuter wird.

Ideologien im Kapitalismus

Im Kapitalismus aufgewachsen, sozialisiert, erzogen worden zu sein, Schule und Ausbildung durchlaufen zu haben, führt dazu, dass uns die Rahmenbedingungen und Funktionsweisen des Kapitalismus als fast naturgegeben erscheinen. So ist das kapitalistische System auch eines, in dem der Druck zum Beziehen der individuellen Positionen im System nicht durch direkte Gewalt ausgeübt wird, auch wenn sich Polizeigewalt in der Praxis immer wieder auch gegen linke Gruppen und Personen richtet, die das kapitalistische System wegen seiner negativen Auswirkungen auf den Menschen und die Gesellschaft verändern wollen.

Das System hat vielmehr die Tendenz, uns in die Bahnen zu bringen, in denen wir den Eindruck haben, dass wir das tun, was wir tun wollen. Die Wirtschaftsweise scheint uns logisch, weil wir innerhalb des Systems sozialisiert sind, weil wir es nicht anders kennen und auch, weil das System ein Stück weit ein Glaubenssystem ist. Zentrale Glaubenssätze sind so was wie: „Wirtschaft braucht Wachstum“, „Der Wirtschaft muss es gut gehen (unabhängig davon, ob es den Menschen gut geht)“, „Geschickt investieren lohnt sich, das sollten alle einfach machen“, „Warum sucht er sich nicht einfach einen anderen Job, wenn er nicht genug Geld verdient“.

Auch der von Marx sogenannte Fetischcharakter der Waren ist ein Glaubenskonstrukt. „Fetisch“ ist hier nicht auf das Sexuelle bezogen, sondern mystisch-religiös gemeint. Einem Gegenstand wird etwas zugesprochen, das dieser materiell nicht besitzt. Obwohl der Wert eine durch die beschriebene Art des Tausches zustande gekommene gesellschaftliche Bestimmung ist, sieht es so aus, als sei der Wert eine von Natur aus gegebene Eigenschaft des Gegenstandes. Warenfetisch meint, dass den Produkten die Eigenschaften, Ware zu sein und Wert zu besitzen, als dingliche Eigenschaften zugesprochen werden, während es sich in Wirklichkeit um gesellschaftlich bestimmte Zuschreibungen handelt. Der gesellschaftliche Charakter ihrer eigenen Arbeit erscheint daher als gegenständlicher Charakter der Arbeitsprodukte selbst, als deren Natureigenschaften. Dies hat zur Folge, dass eine gesellschaftliche Organisation ohne Wert und dementsprechend ohne Geld unvorstellbar scheint.[74]

---

[74] Marx, Karl: Das Kapital. Kritik der politischen Ökonomie. Erster Band. Marx-Engels-Werke Band 23. Berlin: Dietz-Verlag, 1962, S. 86 f.

Ein weiterer Glaubenssatz ist die Vorstellung, dass der Kapitalismus das „beste aller Systeme“ sei. Die kapitalistische Wirtschaftsweise erscheint damit schnell alternativlos, was sie eigentlich nicht ist. Bei dem Gerede darüber, wie wichtig es sei, dass es „der Wirtschaft gut geht“, findet dann eine Verknüpfung von Wirtschaft, Arbeitsplatz und Wohlstand statt, bei der das Überleben des Einzelnen von seiner Arbeit abhängt. Als Rechtfertigung für die Wichtigkeit des Wohlergehens der Wirtschaft dient die „Trickle-down-Theorie“, die davon ausgeht, dass der Wohlstand der obersten Schicht im Laufe der Zeit zu den unteren Schichten „durchsickern“ würde. Was aber eigentlich passiert, ist, dass die berühmte Schere zwischen Arm und Reich immer weiter auseinandergeht. Die soziale Ungleichheit ist groß, insbesondere im Hinblick auf materielle, aber auch auf immaterielle Ressourcen.

Laut einer Studie des Deutschen Instituts für Wirtschaftsforschung (DIW) besitzt das reichste Prozent bereits rund 35 Prozent der individuellen Nettovermögen in Deutschland. Die reichsten 10 Prozent kommen gemeinsam auf 67,3 Prozent des Vermögens in der Bundesrepublik. Schaut man sich den „unteren“ Teil der Bevölkerung an, sehen die Zahlen ganz anders aus: Die untere Hälfte (!) der Bundesbürgerinnen und Bundesbürger besitzt nur rund 1 Prozent (!) des gesamten Nettovermögens. In konkreten Zahlen bedeutet das, dass eine Person der „unteren“ 50 Prozent ein durchschnittliches Vermögen von 3682 Euro besitzt. Wenn man den Blick wieder nach „oben“ wendet, besitzen dort circa 1,5 Prozent der Deutschen jeweils mehr als eine Million Euro. Wenig überraschend handelt es sich hierbei meist um ältere Männer aus Westdeutschland. Lediglich 6 Prozent der deutschen Millionäre und Millionärinnen kommen aus Ostdeutschland. Nur 30 Prozent sind Frauen, lediglich 14 Prozent der Millionäre haben Migrationshintergrund.

Die großen Erzählungen dieses individualistischen Systems des Kapitalismus – „Vom Tellerwäscher zum Millionär", „Jeder (!) ist seines Glückes Schmied" – sind Erzählungen, die uns sagen, dass sich der Einzelne, möglicherweise auch die Einzelne nicht nur durch große individuelle Anstrengung hocharbeiten, sondern so auch gegenüber dem anderen aufsteigen kann. Und obschon es sich um Erzählungen handelt, die sich für den Einzelnen sowieso nicht einlösen, wird schon in diesen Vorstellungen deutlich, inwiefern die Teilnahme an der Lohnarbeit im Kapitalismus die Teilnahme als Mann an einer Männerwelt darstellt. Weil wenn die Millionärswerdung des Tellerwäschers in der Leistungsgesellschaft harte Arbeit bedeutet, wie würde er das machen, wäre er Mutter? Wer würde auf die Kinder aufpassen, während er so hart arbeitet? Nun liegt es leider im Kapitalismus in der Natur der Sache, dass die Möglichkeiten, in die Klasse derjenigen, die nicht arbeiten gehen müssen, aufzusteigen, sehr begrenzt sind und auch die Ausnahmefälle, in denen dies gelingt, nichts an der Lage für alle anderen in der arbeitenden Klasse ändern. Diese Erzählungen sind nicht wahr, zumindest nicht für die allermeisten. Und schon gar nicht für Mütter. Im Kapitalismus kann jeder Millionär werden, aber eben nicht *alle*. Nicht alle gleichzeitig. Der Aufstieg ist nicht nur sehr unwahrscheinlich, er funktioniert auch nur, wenn andere unten bleiben.

Für Mütter gibt es eine ganze Reihe Hürden und Herausforderungen, bezüglich derer im gesellschaftlichen Diskurs immer wieder verhandelt wird, wie man sie überwinden könne. Im Hinblick auf das Wirtschaftssystem und konkreter in Bezug auf die Teilnahme am Arbeitsmarkt wird immer nur auf Mütter bezogen das Thema „Vereinbarkeit von Familie und Beruf" besprochen, ganz so, als müssten Väter das nicht vereinbaren.

Es gibt eine gewisse Einigkeit darüber, dass hier ein Ungleichgewicht zum Nachteil von Müttern vorliegt und dass diesbezüglich Abhilfe geschaffen werden sollte. Oftmals äußert sich das in Form von Forderungen „an die Politik". Bekanntere Forderungen sind hier zum Beispiel, dass das Ehegattensplitting abgeschafft und gegen ein Kindersplitting ersetzt werden sollte, dass Diskriminierung gegen Eltern (!) als Merkmal ins „Allgemeine Gleichbehandlungsgesetz" (AGG) aufgenommen werden sollte oder dass finanzielle Anreize für Väter geschaffen werden müssten, damit diese länger als die zwei sogenannten Vätermonate oder eben überhaupt in Elternzeit gehen würden. Aber auch diese Reformen, die gefordert werden, tun vor allem nur eines: an der Oberfläche kratzen. Das System würde leicht umgemodelt werden, aber: Es bliebe weiterhin das System.

Auf gewisse Weise ist schon alles, was unser jetziges Leben gerechter machen würde, erst mal ein Schritt, der uns Erleichterung verschafft. Aber wir sollten uns vor Augen halten: Das ist nicht der Endpunkt. Das darf nicht der Endpunkt sein. Eine Reform innerhalb eines ungerechten Systems macht die Ungerechtigkeit für die Betroffenen ganz bestimmt leichter ertragbar, und ich möchte auch nicht dafür argumentieren, dass man solche „Symptombehandlungen", wie es Reformen nun einmal sind, nicht durchführen sollte. Ich möchte aber doch nicht in Vergessenheit geraten lassen, dass diese immer auch zu einer erneuten Stabilisierung des Systems beitragen, weil es uns erst mal doch nicht mehr so schlimm vorkommt. Aber viele dieser „Symptome", die wir als Mütter in Bezug auf Arbeitsmarkt, Vereinbarkeit, Rollenklischees, Teilhabechancen und anderes erleben, bleiben Symptome dieses Systems. Und wir müssen uns fragen: Woher kommen sie? Wieso sind die Dinge, wie sie sind? Was steckt dahinter? Und vor allem: Was macht das mit uns als Einzelpersonen, was als Gesellschaft?

Reproduktionsarbeit in Kapitalismus und Patriarchat

Frauen sind zunächst einmal auf die gleiche Art wie Männer den Bedingungen des kapitalistischen Systems unterworfen, was sich, insbesondere wenn sie kinderlos oder unverheiratet oder beides davon sind, ähnlich verhält wie bei Männern: Besitzen sie kein Vermögen, müssen sie lohnarbeiten. Das ist aber nicht alles. In unserem System ist es Frauen zugewiesen, die Reproduktionsarbeit zu erledigen und das in der Sphäre des privaten.

Reproduktionsarbeit sind Tätigkeiten, die zur Erhaltung der menschlichen Arbeitskraft dienen. Hier ist sowohl die eigene Arbeitskraft gemeint als auch die Arbeitskraft der nächsten Generation in Form der heranwachsenden Kinder. Reproduktionsarbeit stellt keine Erwerbsarbeitsverhältnisse dar, sondern liegt in den Bereichen der Care-Arbeit, in Form von beispielsweise Hausarbeit, Pflegearbeit für Alte, Kranke und Behinderte, Kinderbetreuung und -erziehung, oder in den Bereichen des ehrenamtliches Engagements, zum Beispiel in Form von politischen oder Selbsthilfegruppen. Reproduktionsarbeit ist also Arbeit, auf die die produktive Lohnarbeit direkt angewiesen ist. Neben Lohnarbeit muss natürlich der Haushalt gemacht werden, nach der Lohnarbeit muss das Abendessen gekocht werden, dafür muss eingekauft werden. Sind pflegebedürftige Angehörige da, muss die Pflege erledigt werden, sind Kinder da, müssen diese betreut werden, und so weiter. Zudem sind diese Kinder, die in der bürgerlichen Kleinfamilie erzogen werden, die nächste Generation Menschen in unserer Gesellschaft, von denen wiederum ein größerer Teil die eigene Arbeitskraft wird verkaufen müssen.

Diese zur Reproduktionsarbeit gehörenden Care-Tätigkeiten sind unabdingbare Voraussetzungen dafür, dass der Bereich Lohnarbeit erledigt werden kann. Damit dies das warenproduzierende System in seiner Funktionsweise nicht beeinträchtigt, werden diese Care-Tätigkeiten an Mütter in der privaten Sphäre delegiert und nicht als kollektive gesellschaftliche Aufgaben organisiert, wobei Kindergarten und Schule besonderen Bedingungen unterworfene Ausnahmen darstellen. So ist die Kindergartenbetreuung nicht flächendeckend ausgebaut oder überall ganztägig. Zudem sind Kindergärten vielerorts nicht in öffentlicher, sondern in freier Trägerschaft, was zum Beispiel zusätzliche Gebühren oder Engagement innerhalb der Kita, zumeist durch Mütter, bedeutet. Auch Schulen übernehmen zumindest für die Zeit, in der die Kids in der Schule sind, bestimmte Care-Tätigkeiten, vor allem die Beaufsichtigung der Kinder und das Mittagessen in der Ganztagsschule. Schon beim Frühstück sieht man aber, wie wenig Care-Arbeit in der Schule steckt: Das Pausenbrot hat Mutti nämlich noch früh um 7:15 Uhr geschmiert, während sie gleichzeitig das Geschwisterkind ermahnt hat, sich endlich anzuziehen, den Brei für das Baby gekocht hat und von ihrem Mann gefragt wurde, was er denn heute einkaufen soll. Der eigentliche Unterricht erfüllt dann ein bisschen das Lernbedürfnis der Kinder, wobei dies je nach Lehrmethode, Gruppengröße etc. mal mehr und mal weniger gut gelingt. Gleichzeitig erfolgt aber eine ideologische Prägung im

Sinne der kapitalistischen Gesellschaft. Schule ist in dieser Hinsicht ein zweischneidiges Schwert, weil nicht nur bloße Bildung vermittelt wird. Das institutionalisierte Bildungswesen erfüllt in einer kapitalistischen Gesellschaft insofern auch eine Reproduktionsfunktion, als dass es systemimmanent agiert und die neue Generation auf ihre Rolle in der Gesellschaft vorbereitet.

Begleitet wird die Zuweisung von Care-Arbeit an Mütter im Privaten von einem großen ideologischen Überbau, der die Funktion hat, uns glauben zu machen, dass diese Art der Care-Arbeit, wie sie von Müttern „unentgeltlich" – also ohne dass diese dafür einen ausreichenden Zugang zu notwendigen Ressourcen bekämen – in der bürgerlichen Kleinfamilie geleistet wird und unter derer Last viele Mütter leiden, eine „natürliche" Art zu leben sei, obwohl die bürgerliche Kleinfamilie eigentlich vergleichsweise jung ist. So entstand sie, wenig überraschend, mit der Industrialisierung. Industrialisierung bedeutete die Ausbreitung der kapitalistischen Produktionsweise und damit zusammenhängend die Trennung von Arbeits- und Wohnstätte, da Güter zunehmend nicht mehr von bzw. in der Familie produziert wurden. Die Verlagerung der Produktion stellte eine grundlegende Voraussetzung für die „Privatisierung" der Familie dar, wo nun, zunächst auf wenige Wohlhabende beschränkt, Frauen und Kinder nicht mehr lohnarbeiten mussten, was nicht nur die „Liebe" zu einem wichtigeren Punkt in Bezug auf die Ehe machte, sondern auch die Geschlechterrollen polarisierte – Männer lohnarbeiten außerhalb, Frauen versorgen Kinder innerhalb der Familie. Außerdem waren sowohl das zunehmende Wegfallen der Kinderarbeit als auch die neue Ausrichtung der Institution „Familie" wichtige Voraussetzungen für die „Erfindung der Kindheit", wo diese zunehmend als eigenständige Lebensphase gesehen wurde – und die in dieser Lebensphase wichtige Erziehung des Kindes wurde zur Aufgabe der Frau. Die bürgerliche Familie wurde zwar zunehmend Leitbild und Ideal, an dem sich auch weniger wohlhabende Familien orientierten, dennoch konnte die klassische, bürgerliche Kleinfamilie nur von privilegierten bürgerlichen Schichten „erfolgreich" gelebt werden, da der Lebensstandard in weniger privilegierten Familien, insbesondere Arbeiterfamilien, nicht finanzierbar war, sodass in Arbeiterfamilien auch wieder die Frauen – zusätzlich – lohnarbeiten mussten.[75]

Die Hausfrau wird letztendlich als unproduktiv gesehen, sie kümmert sich ja „nur" um die Kinder und den Haushalt. Als wichtig empfunden wird sie höchstens in Bezug auf sexuelle Befriedigung und Reproduktion, und dann aber immer in Bezug auf den (Ehe-)Mann, für den sie zur Verfügung stehen und dem sie Kinder schenken (!) soll. Es ist schließlich der Ehemann, der die „richtige" Arbeit macht. Diese Form der hierarchisch-geschlechtsspezifischen Arbeitsteilung als Ausbeutung der Arbeitskraft der Frau in der Familie stützt durch Sexismus und spezifische Geschlechterrollen in der bürgerlichen Kleinfamilie das kapitalistische System. Ich stelle mir vor, wie die Leserin sich an dieser Stelle denkt: „Ausbeutung in der Familie? Das klingt ja nun doch ein bisschen drastisch, mein Mann beutet mich doch nicht aus, wir sind ein Team und haben gemeinschaftlich die Entscheidung getroffen, dass ich mich vorrangig um die Kinder kümmere. Und ich habe ja alles, was ich brauche, wo soll da denn bitte die Ausbeutung sein?"

---

[75] Peuckert, Rüdiger: Familienformen im sozialen Wandel. Springer Fachmedien Wiesbaden GmbH 9. Auflage, 2019, S. 13 f.

Auch der „Lohn“ der Mutter entspricht nie der tatsächlich erbrachten Arbeitsleistung, sodass sie mehr „Wert“ schafft, als sie selbst verdient. Wobei Reproduktion keine Form des Mehrwertes darstellt, sondern die Erhaltung der Arbeitskraft und die Schaffung der Arbeitskraft der nächsten Generation. Es entsteht dabei keine Ware, kein „Wert“ im kapitalistischen Sinne. Trotzdem bedeutet Reproduktionsarbeit zu machen, praktisch betrachtet, zu arbeiten, im Sinne von Tätigkeiten auszuführen, die getan werden müssen, sich anstrengen zu müssen, keine Zeit für Freizeit zu haben. Mütter bekommen dafür keinen Lohn, wie ihn eine Arbeiterin oder ein Arbeiter bekommt, sondern leben mit vom Lohn ihres Ehemannes oder Partners, wobei beispielsweise eine eigene ausreichende Rente nicht automatisch inkludiert ist, je nach Ehevertrag oder Bestand der Ehe. Oder sie leben vom Familieneinkommen, zu dem sie häufig zusätzlich mit eigener Teilzeitlohnarbeit beitragen.

Wenn ich sage, Care-Arbeit ist Arbeit, dann meine ich damit nicht, dass diese den gleichen Marktbedingungen und kapitalistischen Logiken unterworfen werden sollte wie die von Männern dominierte Lohnarbeit. Vielmehr meine ich damit, dass diese nicht geringgeschätzt werden sollte. Care-Arbeit ist Arbeit in dem Sinne, dass sie verrichtet werden muss, Kraft kostet, einen zeitlichen Aufwand erfordert und so weiter.

Wenn wir uns also mit Mutterschaft beschäftigen, mit den damit einhergehenden Rollenbildern, mit Vaterschaft, damit, wie wir eigentlich unsere Kinder erziehen wollen und wie wir sie dann erziehen, mit der Art, wie Lohnarbeit in unserer kapitalistischen Gesellschaft organisiert ist, und mit den Rahmenbedingungen von Care-Arbeit, dann stellen wir schnell fest, dass es bestimmte

Gemeinsamkeiten gibt, auch wenn natürlich nicht alle Individuen so leben oder Abziehbilder patriarchaler Rollenverteilung sind. Trotzdem ist keine von uns Müttern die Einzige, die zum Beispiel die Erfahrung gemacht hat, dass sie blöd gefragt wird, wo sie denn das Kind gelassen hat, wenn sie alleine unterwegs ist, ganz im Gegensatz zum Vater des Kindes, der das nie gefragt wird. Keine von uns ist die Einzige, die das Gefühl hat, dass es irgendwie ungerecht ist, dass in der Kita immer nur die Mütter angesprochen werden, wenn es darum geht, dass für das Sommerfest Kuchen gebacken werden soll. Keine von uns ist die Einzige, die später „zufällig" in der Altersarmut landet.

Viele Erfahrungen, die Mütter in unserer Gesellschaft machen, sind keine Einzelfälle. Das alles geschieht unter spezifischen gesellschaftlichen und politischen Bedingungen: Wir leben im Kapitalismus. Und wir leben im Patriarchat. Und da ist nichts, was wir uns einfach wegdenken können, nichts, was wir auslassen dürfen, wenn wir über Mutterschaft reden oder schreiben. Denn der Kapitalismus ist das System, in dem wir alle stecken, unter dessen Prämissen wir arbeiten und leben. Alles, was wir tun, tun wir in diesem System, das dem Leistungsprinzip folgt.

Da unsere Umstände und Verhältnisse direkt mit dem kapitalistischen System zusammenhängen, tun wir gut daran, uns mit den Funktionsweisen und der inneren Logik dieses Systems auseinanderzusetzen. Denn auch hier liegt eine Wurzel unserer Unterdrückung, und wir können innerhalb dieses individualistischen Systems keine Befreiung für alle, sondern immer nur eine Verbesserung für Einzelne erreichen, die darüber hinaus häufig sogar auf Kosten von Dritten geht.

Patriarchat ist, wenn man sich umguckt und überall sind Männer

Patriarchat ist einer dieser Begriffe, um die man nicht herumkommt, wenn man sich mit Feminismus beschäftigt. „Smash the Patriarchy", heißt es oft, „Patriarchat abschaffen" oder „Patriarchat zerschlagen". Patriarchat ist ein Begriff, bei dem wir alle eine diffuse Vorstellung davon haben, was das eigentlich alles bedeutet, es aber gar nicht so leicht ist, aus dem Stegreif eine passende Definition bereitzuhaben. Was ist eigentlich dieses Patriarchat?

Aspekte des Patriarchats, die in verschiedenen Definitionen immer wieder angeführt werden, sind zum Beispiel die Vorherrschaft des Vaters in der Familie, die politische Macht von Männern über Frauen, die Kontrolle von biologischer Reproduktion – also die Macht über Fortpflanzung und Sexualität von Frauen, beispielsweise in der Ehe oder bei Töchtern vor deren Ehe – und die hierarchisch-geschlechtsspezifische Arbeitsteilung, die zu wirtschaftlicher Abhängigkeit von Frauen führt. Patriarchat ist eine Gesellschaftsordnung, bei der der Mann eine bevorzugte Stellung in Staat und Familie hat. „In einer umfassenderen Bedeutung meint Patriarchat die Manifestation und Institutionalisierung der Herrschaft der Männer über Frauen und Kinder innerhalb der Familie und die Ausdehnung der männlichen Dominanz über Frauen auf die Gesellschaft insgesamt", wie Gerda Lerner in ihrer Schrift über die „Entstehung des Patriarchats" festhält.[76]

---

[76] Lerner, Gerda: Die Entstehung des Patriarchats. Frankfurt am Main/ New York: Campus 1991, S. 295.

In der historischen Entwicklung des Patriarchats war laut Lerner seit der Entwicklung der Landwirtschaft in der Jungsteinzeit der stammesübergreifende „Frauentausch" ausschlaggebend, da dieser nicht nur als Mittel zur Vermeidung ständiger Kriege durch Ehebündnisse diente, sondern weil Gesellschaften mit mehr Frauen mehr Kinder zeugen konnten, deren Arbeit nutzbar war, um die Produktion zu steigern und demzufolge wirtschaftlichen Erfolg zu haben. Frauen selbst wurden damit zu einer Ressource, die von Männern erworben wurde. Frauen wurden getauscht, als Ehefrauen „gehandelt", in kriegerischen Auseinandersetzungen erobert oder in die Sklaverei gekauft und verkauft, wobei die an ihnen verübte sexuelle Gewalt Teil ihrer „Arbeit" war und ihre Kinder das Eigentum ihrer Herren, ihrer Besitzer. In jeder bekannten Gesellschaft wurden zunächst Frauen der eroberten Gemeinschaften versklavt, während Männer zunächst getötet wurden. So gingen die Versklavung von Frauen und ihre sowohl sexistischen als auch rassistischen Grundlagen der Bildung von Klassen und ihrer Unterdrückung voraus.

Das Produkt dieser Kommodifizierung von Frauen, wie der Brautpreis, Verkaufspreis und ihre Kinder, wurde von Männern angeeignet. Dies kann, wenn man so will, als die erste Anhäufung von Privateigentum dargestellt werden, da es den Eroberern möglich wurde, durch den Verkauf oder Handel mit dem Produkt der Arbeit der Sklavinnen (und Sklaven) und dem Produkt ihrer Fortpflanzung materiellen Reichtum zu erwerben. Klassenunterschiede waren in ihren Anfängen also als patriarchale Verhältnisse ausgedrückt. Aber es waren nicht die Frauen als Gesamtperson, die verdinglicht und kommodifiziert wurden und werden, sondern deren Sexualität und Fortpflanzungsfähigkeit. Frauen wurden nie selbst „Dinge", noch wurden sie 1:1 so wahrgenommen. Frauen, egal wie sie objektifiziert, ausgebeutet und missbraucht wurden, behielten ihre Handlungs- und Entscheidungsmacht in ähnlichem, aber insgesamt niedrigerem Umfang wie die Männer ihrer Gruppe. Also lebten Frauen immer in einem größeren Zustand der Unfreiheit als Männer, so wie wir es heute noch kennen.

Die erste geschlechtsspezifisch definierte soziale Rolle für Frauen, die erste Geschlechterrolle war es, diejenige zu sein, die bei Heiratstransaktionen getauscht wurde. Die umgekehrte Geschlechterrolle der Männer bestand darin, dass sie diesen Tausch vornahmen, sodass eine geschlechtsbezogene Hierarchisierung vorlag. Die geschlechtsspezifisch definierte Rolle des Kriegers, also des Eroberers, führte dazu, dass Männer Macht über eroberte Gruppierungen erlangten. Männer hatten im primären Austausch von Frauen gelernt, wie sie Macht über Menschen ausüben, die „anders" sind als sie selbst. Auf diese Weise erwarben die Männer das Wissen, das notwendig war, um „Differenz", welcher Art auch immer, zu einem Kriterium für Dominanz zu erheben.

Die Rolle der Ehefrau verlieh Frauen, insbesondere in höheren Schichten, Macht und Privilegien, jedoch abhängig von der Bindung an den Ehemann und damit auch von zumindest zufriedenstellender Leistung bei der Erbringung sexueller und reproduktiver Dienste. Seit ihren Anfängen in der Sklaverei nahm die Klassendominanz unterschiedliche Formen für versklavte Männer und Frauen an: Männer wurden in erster Linie als Arbeiter ausgebeutet, Frauen wurden immer sowohl als Arbeiterinnen als auch in Bezug auf Sexualität und Reproduktion ausgebeutet. Die Klassenzugehörigkeit der Männer beruhte immer auf ihrem Verhältnis zu den Produktionsmitteln: Wer die Produktionsmittel besaß, konnte diejenigen beherrschen, die sie nicht besaßen.

Die Besitzer der Produktionsmittel erwarben auch die „Ware der weiblichen sexuellen Dienstleistungen“, sowohl von Frauen ihrer eigenen Klasse als auch von Frauen der untergeordneten Klassen. Im alten Mesopotamien, in der klassischen Antike und in Sklavengesellschaften erwarben die herrschenden Männer auch das Produkt der Reproduktionsfähigkeit der untergeordneten Frauen als Eigentum: Kinder, die je nach Fall ausgebeutet, gehandelt, verheiratet oder als Sklaven verkauft wurden. Für Frauen wurde die Klasse durch ihre sexuelle Bindung an einen Mann vermittelt. Für Frauen ist darüber hinaus die sexuelle Ausbeutung dann das Kennzeichen ihrer Klassenausbeutung als Frau, wobei sich die sexuelle Ausbeutung von Frauen der Unterschicht durch Männer der Oberschicht in der Antike, im Feudalismus, in den bürgerlichen Haushalten des 19. und 20. Jahrhunderts in Europa, in den komplexen, von Sexismus und Rassismus geprägten Verhältnissen zwischen den Frauen der kolonisierten Länder und ihren männlichen Kolonisatoren nachweisen lässt.

Die sexuelle Ausbeutung ist insofern kennzeichnend, da jede Klasse immer aus zwei verschiedenen Klassen besteht: aus Männern und Frauen, die auch innerhalb der Klasse unterschiedlichen Bedingungen unterworfen waren. Die Klassenposition der Frauen wurde durch ihre sexuellen Beziehungen gefestigt und aktualisiert. Sie drückte sich immer in verschiedenen Graden der Unfreiheit aus, die von der Sklavin, deren sexuelle und reproduktive Fähigkeiten ebenso wie sie selbst zur Ware wurden, über verschiedene Abstufungen bis hin zur „freien“ Ehefrau reichten, deren sexuelle und reproduktive Dienste für einen Mann der Oberschicht ihr zu einer guten gesellschaftlichen Stellung und zu bestimmten Rechten verhalfen. Jede dieser Gruppen hatte zwar sehr unterschiedliche Verpflichtungen und Privilegien in Bezug auf Eigentum, Recht und wirtschaftliche Ressourcen, aber sie teilten die Unfreiheit, sexuell und reproduktiv von Männern kontrolliert zu werden.

Über den Mann hatten Frauen Zugang zu den Produktionsmitteln und Ressourcen oder sie wurden ihnen verwehrt. Durch ihr Sexualverhalten erhielten sie Zugang zur Klasse „anständige Frauen“, aber ein Verstoß gegen die sexuellen Regeln konnte sie sofort deklassieren. Die geschlechtsspezifische Definition sexueller „Abweichung“ kennzeichnete eine Frau als „nicht anständig“, was sie faktisch in den niedrigstmöglichen Klassenstatus versetzte. Diesen Zusammenhang kennen wir beispielsweise auch aus dem kulturellen Bild von der „Heiligen“ einerseits und der „Hure“ andererseits.

Frauen, die heterosexuelle Dienste verweigerten (z. B. alleinstehende Frauen, Nonnen, Lesben), waren mit dem dominanten Mann ihrer Herkunftsfamilie verbunden und erhielten über ihn Zugang zu Ressourcen. Oder aber sie wurden deklassiert. In einigen historischen Epochen schufen Klöster und andere Enklaven für alleinstehende Frauen einen geschützten Raum, in dem diese Frauen funktionieren und ihre Respektabilität bewahren konnten. Die große Mehrheit der alleinstehenden Frauen war jedoch per definitionem marginal und auf den Schutz der männlichen Verwandtschaft angewiesen. Dies galt für die gesamte Geschichte bis zur Mitte des 20. Jahrhunderts in der westlichen Welt und global in Teilen auch heute noch. Die Gruppe der unabhängigen, sich selbst versorgenden Frauen, die es in jeder Gesellschaft gibt, ist klein und in der Regel sehr anfällig für wirtschaftliche

Notlagen, wie es auch heutzutage zum Beispiel bei alleinerziehenden Müttern der Fall ist.

Gerda Lerner beschreibt die Grundeinheit der Organisation einer patriarchalen Gesellschaft als die patriarchale Familie, in der die Regeln und Werte des Patriarchats sowohl zum Ausdruck gebracht als auch ständig weiterentwickelt werden: Die Familie spiegelt nicht nur die Ordnung im Staat wider und erzieht ihre Kinder dazu, ihr zu folgen, sondern sie schafft und verstärkt diese Ordnung ständig. Die patriarchale Familie hat sich historisch als erstaunlich widerstandsfähig und vielfältig erwiesen. In ihr wurde stets, unabhängig vom politischen oder wirtschaftlichen System, die Art von Persönlichkeit, die in einem hierarchischen System funktionieren kann, geschaffen und genährt: Das orientalische Patriarchat umfasste Polygamie und die Einschließung der Frauen in Harems, das Patriarchat in der klassischen Antike und in seiner europäischen Entwicklung basierte auf der Monogamie, aber in all seinen Formen war eine doppelte sexuelle Norm, die Frauen benachteiligte, Teil des Systems.

Die Bindung der Frauen an die familiären Strukturen ist auch dazu geeignet, die Entwicklung von weiblicher Solidarität und Gruppenzusammenhalt zu erschweren. Frauen teilten die Klassenprivilegien der Männer, solange sie unter dem Schutz eines Mannes standen. Für Frauen, die nicht aus den unteren Klassen stammten, sah dies so aus: Als Gegenleistung für ihre sexuelle, wirtschaftliche, politische und intellektuelle Unterordnung durften sie die Macht der Männer ihrer Klasse teilen, die Männer und Frauen der unteren Klassen ausbeuteten. In einer Klassengesellschaft ist es für Menschen, die selbst über eine gewisse Macht verfügen, wie begrenzt sie auch sein mag, schwierig, sich selbst als benachteiligt und untergeordnet zu sehen. Klassenprivilegien dienen dazu, die Fähigkeit von Frauen zu untergraben, sich als Teil einer kohärenten Gruppe zu sehen, was sie in der Tat nicht sind, da Frauen als einzige aller unterdrückten Gruppen in allen Schichten der Gesellschaft vorkommen.

Ein großes Hindernis für die Entwicklung eines Klassenbewusstseins von Frauen war traditionell – und ist es vielleicht in Teilen immer noch – das Fehlen einer Tradition, die die Unabhängigkeit und Autonomie von Frauen zu irgendeiner Zeit in der Vergangenheit zeigt. Es hat historisch nie eine Frau oder eine Gruppe von Frauen gegeben, die ohne männlichen Schutz lebten, zumindest soweit die meisten Frauen wussten. Es hat nie eine Gruppe von Menschen wie sie gegeben, die etwas Bedeutendes für sich selbst oder für die Befreiung der Frau getan haben. Die Unkenntnis ihrer eigenen Geschichte des Kampfes und der Errungenschaften war eines der wichtigsten Mittel, um Frauen in ihrer untergeordneten Position zu halten. Frauen haben seit Jahrtausenden am Prozess ihrer eigenen Unterordnung teilgenommen, sodass sie die Idee ihrer eigenen Minderwertigkeit verinnerlicht haben.

Das System des Patriarchats kann nur durch Kooperation von Frauen funktionieren. Diese Kooperation wird durch eine Vielzahl von Mitteln sichergestellt: eine geschlechtsspezifische Erziehung, historisch die Verweigerung von Bildung, das Nichtvorhandensein von Wissen der Frauen über ihre Geschichte, die Trennung von Frauen durch die Definition von „Hure“ und „Heiliger“, durch Beschränkungen und direkten Zwang, durch Diskriminierung beim Zugang zu wirtschaftlichen Ressourcen und politischer Macht und durch die Gewährung von Klassenprivilegien für angepasste Frauen.

Seit fast 4000 Jahren gestalten Frauen ihr Leben und handeln unter dem Dach des Patriarchats, wo die Beziehung zwischen einer dominanten, als überlegen angesehenen Gruppe und einer untergeordneten, als minderwertig angesehenen Gruppe durch gegenseitige Verpflichtungen und wechselseitige Rechte abgemildert und unsichtbar gemacht wird. Die Beherrschten tauschen Unterwerfung gegen Schutz, unbezahlte Arbeit gegen Unterhalt.

In der patriarchalischen Familie sind die Verantwortlichkeiten und Pflichten nicht gleichmäßig auf die zu Beschützenden verteilt: Die Unterordnung der männlichen Kinder unter die Dominanz des Vaters ist vorübergehend, sie dauert an, bis die Söhne erwachsen und damit selbst dominierende Person in der Familie werden. Die Unterordnung der weiblichen Kinder und der Ehefrauen ist lebenslang. Töchter können ihrer Position in der Familie nur entkommen, wenn sie sich als Ehefrauen einem anderen Mann unterordnen.

In der patriarchalen Familie gilt dieser ungeschriebene Tauschvertrag: wirtschaftliche Unterstützung und Schutz durch den Mann gegen Unterordnung in allen Belangen, sexuelle Dienste und unbezahlte häusliche Dienste durch die Frau. Dieser Tauschvertrag kommt Frauen mitunter gar nicht so nachteilig vor, wie er eigentlich ist. Denn für Frauen gibt es, stärker als dies bei anderen unterdrückten Gruppen der Fall ist, keine klare Abgrenzung, wer Unterdrücker und wer Unterdrückte ist, da die Bindungen innerhalb der patriarchalen Familie ja durchaus von gegenseitiger Zuneigung und einem familiären Verhältnis geprägt sind. In modernen westlichen Gesellschaften entwickelten sich zudem die Eigentumsverhältnisse innerhalb der Familie egalitärer als in Staaten, in denen der Vater die absolute Macht innehat, sodass eine größere Autonomie für Frauen gegeben ist. Doch die wirtschaftlichen und sexuellen Machtverhältnisse innerhalb der Familie änderten sich nicht grundlegend. Zum Teil wurden die sexuellen Beziehungen egalitärer, während die wirtschaftlichen Beziehungen patriarchal blieben, in anderen Fällen kehrte sich dieses Muster um.

In allen Fällen jedoch ändern solche Veränderungen innerhalb der Familie nichts an der grundlegenden männlichen Dominanz im öffentlichen Bereich, in den Institutionen und in der Regierung.[77]

Patriarchat ist, wenn man sich umguckt und überall sind Männer: in Chefetagen, als religiöse Führer, als Regierungschefs, Präsidenten, Rektoren von Grundschulen, als Amtsleiter im Jugendamt, Richter, Chefarzt, im Freihantelbereich im Fitnessstudio, im Rundfunkrat, bei der Bild-Zeitung. Patriarchat ist, wenn Männer so sehr die Norm sind, dass Herrenfußball üblicherweise Fußball genannt wird und Frauenfußball eben Frauenfußball. In einer patriarchalen Gesellschaft, in der traditionell Männer die Gesetze machen, die Entwicklung in Technologie, Medizin und Wissenschaft dominieren, die religiösen Schriften verfassen, ist es nur konsequent, dass der Mann und die mit ihm verknüpfte Männlichkeit die gesellschaftliche Norm darstellt, und das seit 4000 Jahren.

„Patriarchat“ ist in der feministischen Theorie deswegen von zentraler Bedeutung, weil es ermöglicht, Diskriminierung und ungleiche Teilhabe von Frauen als Teile eines übergreifenden Phänomens zu erfassen, auch

---

77 Lerner, Gerda: Die Entstehung des Patriarchats. Frankfurt am Main/New York: Campus 1991.

wenn sie unterschiedliche Lebensbedingungen haben und noch von anderen Diskriminierungsformen betroffen sein können. Das patriarchale Gesellschaftssystem ist die Kontrolle von Männern über private und öffentliche Bereiche, über Politik, Recht, Medien, Wirtschaft, über die bürgerliche Kleinfamilie, und zwar unabhängig davon, ob jeder einzelne Mann persönlich Macht über eine oder mehrere Frauen ausüben kann. Die Vormachtstellung von Männern, wie sie auch durch die Geschlechterrolle vermittelt wird, findet sich also auch im Kleinen in der bürgerlichen Kleinfamilie institutionalisiert, in der zudem die kapitalismusspezifische geschlechtsbezogene Arbeitsteilung zum Tragen kommt.

Wir können die Frauenunterdrückung im Kapitalismus nicht unabhängig von der allgemeinen Wirkungsweise der kapitalistischen Produktionsweise besprechen. Lohnarbeit und Care-Arbeit hängen auf eine spezifische Art zusammen. Frauenunterdrückung ist nicht nur dem Bereich des traditionellen Patriarchats, das viel älter ist als der Kapitalismus, zuzuordnen, sondern Kapitalismus und Patriarchat hängen untrennbar zusammen und bedingen sich gegenseitig. Kapitalismus und Patriarchat sind miteinander verwoben und bilden einen Rahmen, der strukturiert, wie wir miteinander leben, und auf den die kulturellen Ausdrucksformen von Unterdrückung, die „Symptome“, zurückgehen.

7. Feministische Mutterschaft

Es gibt eigentlich gar keine 100-prozentige, keine fertige, feministische Mutterschaft, da wir in einem System leben, in dem Mütter nicht selbstbestimmt sind und in dem die Gleichstellung der Geschlechter weder erreicht noch in greifbarer Nähe ist. Oder vielmehr kann in diesem System eben nicht jede Mutter selbstbestimmt in jeder Hinsicht sein. Nur 12 Prozent der Frauen im Alter von 30 bis 50 Jahren sind der Meinung, dass die Gleichstellung von Frauen und Männern in Deutschland realisiert ist.[78] *So gesehen ist feministische Mutterschaft immer nur eine Annäherung. Eine Annäherung an die Idee, dass Frauen sich für die Mutterschaft entscheiden können, ohne eine Benachteiligung in Bezug auf den Zugang zu Lebensmitteln und Ressourcen fürchten zu müssen und ohne zur Rechtfertigung einer solchen Sachlage in eine dies vermeintlich legitimierende, sexistische Geschlechterrolle gedrängt zu werden. Außerdem ist auch eine Entscheidung gegen die Mutterschaft eine Voraussetzung dafür, sich frei für die Mutterschaft entscheiden zu können.*

Das Wort „feministisch" in „feministische Mutterschaft" kommt von „Feminismus". Das heißt, es ist zielführend, sich anzuschauen, was Feminismus eigentlich ist, statt das Adjektiv „feministisch" einfach in seiner Alltagsbedeutung zu verwenden als „etwas, das Frauen machen, bei dem sie sich empowered fühlen" und dann zu hoffen, dass das am Ende schon irgendwie passt.

---

[78] Bundesministerium für Familien, Senioren, Frauen und Jugend: Mitten im Leben – Wünsche und Lebenswirklichkeiten von Frauen zwischen 30 und 50 Jahren, 2016, S. 15.

Freiheit vs. Care-Arbeit

Ein Mann und eine Frau in dieser Gesellschaft zu sein, unterscheidet sich und findet insgesamt zum Nachteil von Frauen statt, da diese zwei verschiedenen, miteinander in Zusammenhang stehenden Herrschaftsformen unterworfen sind: dem patriarchalen Geschlechterverhältnis und dem Produktionsverhältnis. In Bezug auf das Produktionsverhältnis sind alle Lohnabhängigen den Mechanismen der Ausbeutung im Kapitalismus unterworfen, wobei es für Frauen häufig weniger Zugang und Chancen gibt, was wiederum damit zusammenhängt, dass Frauen den Großteil der Reproduktionsarbeit übernehmen.

Frauen sind in beiden Bereichen benachteiligt. Frauen und insbesondere Mütter sind also nicht frei. Freiheit würde in Bezug auf den konkreten, auf den praktischen Alltag von Müttern bedeuten, dass sie selbst entscheiden könnten, wie viel Care-Arbeit sie machen, wie viel sie lohnarbeiten, wie viel sie lernen, wie viel Raum sie brauchen, um nichts zu machen, was unter kapitalistischen Bedingungen als nicht nützlich erscheint. In dieser Hinsicht ist feministische Mutterschaft ein Dilemma. Um an diesen Punkt zu kommen, an dem eine Mutter frei entscheiden könnte, wie sie ihre Zeit verbringt, ist notwendig, dass eine andere Person die anfallende, vor allem kindbezogene Care-Arbeit, aber auch die pflegebezogene Care-Arbeit erledigt. In der bürgerlichen Kleinfamilie könnte theoretisch auch der Vater die Care-Arbeit erledigen. Praktisch macht er das sehr häufig nicht. In der Praxis besteht Vaterschaft vor allem aus lohnarbeiten und samstags ein bisschen mit dem Sohn Fußball spielen. Und es ist nicht üblich, dass Väter beim Verhandeln darüber, wer sich wann um die Kinder kümmert, wer wann und wie viel Elternzeit nimmt, bereit sind, die ganze Care-Arbeit alleine zu leisten beziehungsweise eine prinzipielle Bereitschaft als Ausgangpunkt zu signalisieren, um dann ernsthaft auf Augenhöhe zu besprechen, wer was wann machen möchte. Damit eine Mutter sagen kann: „Ich möchte freitags nur im Park spazieren gehen", muss eine Person da sein, die freitags das Kind von der Kita abholt, den Nachmittag mit dem Kind gestaltet, sieht, dass die Fingernägel geschnitten werden müssen, weiß, um wie viel Uhr man anfangen muss zu kochen, damit das Essen fertig ist, wenn das Kind Hunger bekommt, die das Kind ins Bett bringt und eben die Art von Beziehung zum Kind hat, dass alles gut funktioniert, weil das Kind sich sicher gebunden fühlt.

Das heißt, um selbstbestimmt und einigermaßen frei Mutterschaft zu leben, müsste sich einiges verändern, was ich als Mutter gar nicht so sehr beeinflussen kann. Ich kann als Mutter nicht auslösen, wie sehr Care-arbeitsbezogen ein Vater seine Vaterschaft lebt. Ich kann nicht beeinflussen, wie sehr der Vater emotional involviert ist, wie sehr er sich mit seiner Sozialisation auseinandergesetzt hat, wie sehr er sich damit auseinandergesetzt hat, was eine Elternbeziehung auf Augenhöhe sein könnte, und wie oft er mich anruft und dumme Fragen über die kindbezogenen To-Dos stellt, während ich alleine im fucking Park bin, weil ich einen Moment für mich brauche. „Hä?!", denken manche an dieser Stelle gerne, „wenn er so wenig engagiert ist, warum hast du dir nicht einen anderen Mann gesucht?" Ja Mann, es geht erstens gar nicht um meinen konkreten Mann, und zweitens hätte dann eben eine andere Frau einen Mann, der normal findet, dass er sechs von sieben Abenden die Woche frei hat, um Freunde zu treffen, und sie nur einen, aber auch nur, weil da der Yogakurs ist und sie ja auch auf ihre Figur achten soll.

Mutterschaft bedeutet in unserer Gesellschaft, und auch unabhängig davon, wie unsere Gesellschaft strukturiert ist, ein Aufeinander-angewiesen-Sein. In einer fiktiven Gesellschaft, in der „Kinderhaben" Männern zugeordnet wäre, würde es das ebenfalls brauchen, denn dieses Aufeinander-angewiesen-Sein ergibt sich daraus, dass Kinder Bedürfnisse haben, die es für ein kindgerechtes Aufwachsen zu erfüllen gilt. Und dies gelingt weit besser, wenn mehrere Erwachsene daran beteiligt sind. Und das nicht etwa, weil Alleinerziehende weniger erziehungskompetent oder anderweitig defizitär wären, denn das sind sie keinesfalls. Vielmehr geht es um das sprichwörtliche „Dorf", in dem Kinder von unterschiedlichen Erwachsenen oder in Kindergruppen unterschiedliche Dinge lernen können, Erwachsene sich gegenseitig supporten und Freiräume schaffen können und in dem unterschiedliche Bedürfnisse ausgehandelt werden können.

Es muss ja nicht unbedingt der Vater sein, der sich mit der Mutter um die Kinder kümmert. Aus der Praxis, so behaupte ich das jetzt einfach mal, kennen fast alle auch eine andere Person, die „mithilft", wenn es „alles zu stressig für die Mama" ist: die Oma. Zumindest, wenn sie in Rente ist. Omas machen das ja gerne. Enkelkinder sind so süß und auch gar nicht so anstrengend wie die eigenen, weil man sie nicht so oft hat. Und so kocht Oma dann mal Mittagsessen, holt die Kinder von Kita und Schule ab, „babysittet" abends, geht mit den Kindern auf den Spielplatz. Das ist cool. Für Großeltern und Enkelkinder kann es eine superschöne Bereicherung sein, eine enge Beziehung zu haben, und auch für die Eltern kann es schön sein, so noch mal eine neue Facette in der Beziehung zu den eigenen Eltern zu entdecken. Trotzdem kann das nicht darüber hinwegtäuschen, dass es insbesondere die Omas sind, die die Care-Arbeit für die Enkelkinder machen und letztendlich wie in einer fortgesetzten Lightversion ihrer eigenen Mutterrolle agieren.

Mütter betrifft nicht nur die Befreiung von Müttern in Bezug auf Lebensgestaltung und Privatleben, sondern auch die allgemeine Befreiung der Frau, für die sich der Feminismus stark macht. Nicht nur, weil Mütter Frauen sind, sondern weil Mütter nicht nur auf die Mutterrolle reduziert werden sollten. Weil Mütter Raum in ihrem Leben haben sollten, andere Sachen zu sein als Mutter.

Die Frage, was Feminismus denn sei, ist eine umkämpfte

Die Inhalte des Themenfelds Feminismus sind uns allen bekannt: Es geht um die Emanzipation von Frauen, es geht um die Gleichberechtigung von Frauen, es geht darum, das Patriarchat abzuschaffen. Aber wenn wir genauer hinschauen, stellen wir schnell fest, dass wir zum Teil sehr unterschiedliche Sachen meinen, wenn wir Emanzipation sagen oder Gleichberechtigung oder Patriarchat. Das liegt zum einen darin begründet, dass es nicht die eine feministische Bewegung gibt – wie es auch im historischen Feminismus nicht nur mehrere Wellen gab, sondern immer auch unterschiedliche Strömungen, die gleichzeitig existierten und bis heute existieren.

Die Entwicklung in der feministischen, aktivistischen Praxis, im durch Medien vermittelten Popfeminismus findet zunehmend als eine Orientierung sowohl an poststrukturalistischen als auch an identitätspolitischen und intersektionalen Ansätzen statt. Das Konzept „Intersektionalität“ (englisch intersection = Schnittpunkt, Schnittmenge) bezeichnet das spezifische Zusammenkommen von unterschiedlichen Dimensionen von Diskriminierung in einer Person. Der Begriff stammt von der Juristin Kimberlé Crenshaw, die in ihrem wegweisenden Essay zum Thema Intersektionalität nicht nur den Begriff einführt, sondern diesen auch anhand der US-amerikanischen Rechtsprechung im Fall „DeGraffenreid v. General Motors“ erklärt. Hier hatte in den 1970er-Jahren ein Gericht die Tatsache, dass General Motors im Rahmen einer Massenentlassung fast allen schwarzen Arbeiterinnen gekündigt hatte, weder als rassistische noch als geschlechtsspezifische Diskriminierung erkannt und dies damit begründet, dass schwarze männliche Arbeiter von der Kündigung ebenso wenig betroffen waren wie weiße Arbeiterinnen.[79] Für die Entlassung der schwarzen Arbeiterinnen konnte also weder Rassismus der Grund sein, da schwarze Männer nicht betroffen waren, noch konnte Sexismus der Grund sein, da weiße Frauen nicht betroffen waren. Trotzdem ist total naheliegend, dass es sich um Diskriminierung handelt, wenn nur schwarze Frauen entlassen werden. Es handelt sich also in diesem Fall um Diskriminierung, die sowohl rassistisch als auch sexistisch ist und sich eben dann nicht bei denen äußert, die nur von Rassismus oder Sexismus betroffen sind, sondern bei denen, die von beidem betroffen sind. Dabei handelt es sich nicht notwendigerweise um einfach nur addierte Diskriminierung, sondern es kann eine spezifische Form von Diskriminierung zustande kommen.

---

[79] Crenshaw, Kimberle: Demarginalizing the Intersection of Race and Sex: A Black Feminist Critique of Antidiscrimination Doctrine, Feminist Theory and Antiracist Politics, University of Chicago Legal Forum: Vol. 1989: Iss. 1, Article 8, 1989.

Intersektionalität ist ein Konzept, das dazu geeignet ist, diese Art der spezifischen Diskriminierung zu beschreiben, und keine Theorie. Und schon vor der Benennung des Ansatzes durch Crenshaw haben insbesondere Feministinnen des Black Feminism zum Zusammenwirken von Rassismus, Sexismus und Klassismus geforscht, beispielsweise Claudia Jones, die bereits 1949 in einem Essay mit dem Namen „Ein Ende der Missachtung der Probleme der Schwarzen Frau!" die intersektionale Lage von schwarzen Frauen als Arbeiterinnen, als von Rassismus Betroffene und als Frauen in einer explizit marxistischen Perspektive beschrieb.[80]

In einer poststrukturalistischen Verwendung des Intersektionalitätskonzepts herrscht eher eine Ablehnung der Verallgemeinerung von Begriffen vor, stattdessen wird das Individuelle fokussiert. Wenn hier nur noch gesehen wird, wie spezifische Kleingruppen intersektional betroffen sind, oder nur die Idee in den Fokus des Aktivismus genommen wird, sein individuelles Verhalten zu ändern, um Unterdrückung zu bekämpfen, besteht die Gefahr, das patriarchale, kapitalistische System, das diese sich durchaus unterschiedlich manifestierenden Formen von Unterdrückung verursacht, nicht mehr oder nicht ausreichend in den Blick zu nehmen oder sich mit symbolischen Verbesserungen für einige zufriedenzugeben. Das Fokussieren von individuellen, mehrfach marginalisierten Personen, was insofern logisch ist, als dass hier ein höherer Leidensdruck bestehen kann, kann dazu führen, dass durch die Wahrnehmung von auf manchen Unterdrückungsachsen weniger betroffenen Individuen

---

80 Jones, Claudia: An End to the Neglect of the Problems of the Negro Woman!, 1949, unter: https://palmm.digital.flvc.org/islandora/object/ucf%3A4865.

als „Privilegierte“ der Blick auf das System zu sehr verwässert wird, sodass nur erschwert ein gemeinsamer Kampf möglich ist und die Wirkungsweisen von Kapitalismus und Patriarchat unsichtbar bleiben.

Insbesondere im Social-Media-Aktivismus ist hier auch die Tendenz zu beobachten, durch das Addieren von individuellen Betroffenheitsmerkmalen die Deutungshoheit und Definitionsmacht in Diskursen zu erlangen. Hier besteht die Schwierigkeit darin, dass sich auf dieser individuellen Ebene gegebenenfalls ergebenden Bedarfen Rechnung getragen werden sollte und Informationen über die Manifestierung der Unterdrückung berücksichtigt werden sollten, es sich aber auf einer gesellschaftsbezogenen Ebene nicht ergeben kann, „für andere zu sprechen“, da auch von den gleichen Unterdrückungsformen Betroffene Individuen mit unterschiedlichen Lebensumständen sind und für einen gemeinsamen Kampf eben die Art und Herkunft der Unterdrückung angegangen werden muss.

Queerfeministische und poststrukturalistisch-feministische Ansätze beschäftigen sich mit dem kritischen Hinterfragen, Verändern und Dekonstruieren des zweigeschlechtlichen und normativ heterosexuellen Geschlechterverhältnisses. Als Mittel von queerfeministischem Aktivismus wird insbesondere die Sprache fokussiert, sowohl im Hinblick auf „geschlechtergerechtes“ Sprechen, also eine Sprache, die unterschiedliche Geschlechtsidentitäten berücksichtigt, als auch in Bezug auf die Sprechakttheorie und die Überzeugung, dass Sprache Realität schaffe. Wenn im queerfeministischen Aktivismus nicht der Ursprung der Diskriminierung analysiert und kritisiert wird, sondern ihr Überbau, die kulturelle, die sprachliche Ebene, auf der sich sexistische, rassistische, homophobe Äußerungen und Handlungen manifestieren, dann geht es lediglich um eine Kritik daran, dass Menschen davon betroffen sind.

Wenn viel Wert darauf gelegt wird, zwischenmenschliche Handlungen, die als unterdrückerisch empfunden werden, zu kritisieren und dies als wichtige politische Handlung zu verstehen, ist das insofern nachvollziehbar, als dass einzelne sexistische, rassistische, klassistische Handlungen durchaus empörenswert sind. Um die Unterdrückung von Frauen und Minderheiten aufzuheben, reicht es aber nicht, nur die Sprache und die individuellen Verhaltensweisen zu kritisieren, da dabei nur die zweifellos kritikwürdigen Symptome bekämpft werden, anstatt die Verhältnisse, die diese Symptome hervorbringen.

Sprache kann einen Einfluss darauf haben, wie wir uns die materielle Realität vorstellen. Verändern kann sie diese allerdings nicht. Insbesondere offensichtlich nicht, wo naturwissenschaftliche Fakten dem entgegenstehen. Aber auch soziale Prozesse und gesellschaftliche Zusammenhänge sind auf jene Art fest in Ideologien eingebettet, dass das Veränderungspotenzial nicht durch kosmetische Eingriffe aktiviert wird. Dass Sprache keinen unmittelbaren Einfluss auf die materielle Realität hat, sieht man auch daran, dass immer noch 90 Prozent der Alleinerziehenden alleinerziehende Mütter sind, obwohl man alleinerziehende Väter miterwähnt. So sehr wir auch Vaterschaft sichtbar machen und moderne Väterbilder unterstützen, sie machen deswegen nicht mehr Care-Arbeit und auch die Ausbeutung der Reproduktionsfähigkeit von Frauen zeigt sich bisher wenig beeindruckt. Da die Ideologie in einer Klassengesellschaft letztendlich die Ideologie der herrschenden Klasse ist und die Funktion hat, die Verhältnisse zu rechtfertigen, hat eine veränderte Sprache der Ausgebeuteten und Unterdrückten nicht das Potenzial, die Verhältnisse zu verändern. Die Idee, eine Gesellschaftsveränderung durch Sprache zu erreichen, ist ein schöner Ansatz, greift aber vielfach zu kurz.

Zentraler Widerspruch zwischen Queerfeminismus einerseits und materialistisch-feministischen Strömungen sowie den herkömmlichen Naturwissenschaften andererseits ist die Auffassung, dass auch materielle Gegebenheiten, die fortpflanzungsbezogenen biologischen Geschlechter, auf eine spezifische Art gesellschaftlich zugeschrieben seien. Nicht nur die Geschlechterrolle gilt dann als sozial konstruiert. Wenn sich das Dekonstruieren von Geschlechterkategorien auf alle Aspekte von Geschlecht bezieht, fällt hinten runter, dass Geschlecht im Sinne der Fortpflanzungsveranlagung insofern ein Grundproblem der Gesellschaftsstruktur darstellt, als dass die doppelte Benachteiligung von Frauen sowohl im System der Erwerbsarbeit als auch im Familiensystem mit der Ausbeutung der Reproduktionsfähigkeit zusammenhängt. Der Zusammenhang zwischen Geschlecht und Unterdrückung lässt sich nicht dadurch abschaffen, dass wir die Kategorie Geschlecht abbauen, da die Reproduktionsfähigkeit eine materiell gegebene ist. Sinnvoll ist es hingegen schon, die Kategorie Geschlechterrollen abzubauen, da insbesondere die Geschlechterrolle Frau zu ihrer Unterdrückung beiträgt. Um handlungsfähig und organisiert diese gesellschaftliche Lage von Frauen zu verändern, muss man klar benennen, wie diese Lage beschaffen ist. Aus einer materialistischen Perspektive ist es notwendig, die kapitalistische Produktionsweise und das patriarchale Geschlechterverhältnis in den Blick zu nehmen.

Reformistische und liberale Strömungen des Feminismus zielen vor allem darauf ab, die Position von Frauen innerhalb des kapitalistischen Systems zu verbessern. In Bezug auf die Chancen am Arbeitsmarkt hat diese Art von Feminismus, obwohl offensichtlich nicht für alle Frauen, einiges dafür getan, dass zumindest einige Frauen etwas erreichen können. Und ich finde das auch gar nicht nur falsch. Klar sollten Frauen die gleichen Bildungschancen haben, und klar sollten Frauen aufgrund ihres Geschlechts nicht der Zugang zu gesellschaftlichen Positionen erschwert werden. Das Problem ist nur, dass ein Feminismus, der darauf abzielt, dass Frauen auch CEOs werden können, nicht mitdenkt, dass das System eben nicht so funktioniert, dass nun alle von uns Vorstandsvorsitzende in einem DAX-Unternehmen werden.

Außerdem denken diese Ansätze nicht oder nur in Teilen mit, dass es die Funktionsweise des Systems selbst ist, wie die sogenannte Arbeitswelt mitsamt ihrer männlichen Vorherrschaft strukturiert ist und wie die Zuständigkeit von Frauen für die Schaffung von neuen Arbeitskräften in Form von Care-arbeitsbezogenen Geschlechterrollen in der hierarchisch-geschlechtsspezifischen Arbeitsteilung im Kapitalismus funktioniert. Dass nicht alle Frauen Vorstandsvorsitzende werden können, sondern nur einige, liegt also auch in der Natur des Kapitalismus begründet. Auch geschlechtergerecht verteilte Kapitalistinnen und Kapitalisten ändern nichts an den Mechanismen, denen Arbeiterinnen und Arbeiter im Kapitalismus unterworfen sind. Natürlich bringt es nicht allen Frauen etwas, wenn es für Vorstandsvorsitzende eine verbindliche Frauenquote gibt. Zumal das in der Praxis ja auch eher nach dem Motto läuft: „Ein paar Frauen, okay, aber bitte nicht alle Frauen. Und bitte nicht so viele Inhalte, die mit Frauen assoziiert sind." Eine Bundeskanzlerin, die aber keine Mutter ist. Frauen, die männlichen Standards genügen. Frauen sind nie gut genug, weil gut genug ist, wenn man ein Mann ist. Männer sind die Norm, die automatisch in Machtpositionen passen.

Trotzdem sind Frauen in gesellschaftlichen Machtpositionen insofern ein kleiner Fortschritt, als dass es dann Frauen gibt, die Einfluss haben, Frauen, denen zugehört wird. Dass es Frauen gibt, die unabhängiger sind als traditionell vorgesehen und nicht niedriger gestelltes Haushaltsmitglied des Ehemannes. Auch wenn das höchstens ein Tropfen auf den heißen Stein ist und diese kulturelle Veränderung eben keine ist, die Freiheit für alle Frauen bedeutet. Aber wir sind hier ja schließlich nicht bei „Frauen machen die ganze Care-Arbeit alleine, während Männer in Führungspositionen sind“ bis zum Kommunismus, zumindest hoffe ich das. Maßnahmen wie beispielsweise solche für mehr Frauen in Führungspositionen werden zum Teil eher kritisch gesehen, weil letztendlich nur einer neoliberalen Ideologie Vorschub geleistet wird und sich nicht grundlegend für alle Frauen etwas ändert. So nachvollziehbar diese Kritik ist, ich finde nachvollziehbar, dass Frauen auch die kleinen Reformen gut finden und dass auch die kleinen Verbesserungen, die im Gesamtbild vielleicht wenig oder gar nicht zur befreiten Gesellschaft führen, angenommen werden. Und ich finde nachvollziehbar, dass Frauen nicht abwarten wollen, bis die Frauenfrage als Nebenwiderspruch dran ist.

Radikalfeministischen und materialistischen Ansätzen ist vor allem daran gelegen, das Problem der Unfreiheit von Frauen „an der Wurzel zu packen“ und auf den Zusammenhang zwischen Kapitalismus und hierarchisch-geschlechtsspezifischer Arbeitsteilung hinzuweisen beziehungsweise das Patriarchat und den Kapitalismus abzuschaffen und die immanente Frauendiskriminierung somit zu beenden. Radikaler Feminismus kann unbequem sein, wenn er uns herausfordert, darüber nachzudenken, wo wir selbst zu unserer Unterdrückung beitragen, wo wir uns einfügen, wo unser Individuum der Unterdrückung egal ist und wo wir unsere Unterdrückung gar nicht erkannt haben, wo wir den Mythen von Kapitalismus und Patriarchat aufgesessen sind.

Obwohl wir alle in diesem System sozialisiert sind und deswegen dazu neigen, die gängigen Narrative zu glauben, müssen wir die Größe der Diskrepanz zwischen der Ideologie der Leistungsgesellschaft, dass man es mit Mühe zu etwas bringt, und der Tatsache anerkennen, dass Mutterschaft als Ausdruck der hierarchisch-geschlechterspezifischen Arbeitsteilung in unserer Gesellschaft Mühe ohne Ende bedeutet, aber diese nicht belohnt wird, sondern zu geringerer sozialer, politischer und materieller Teilhabe führt.

Die zunehmende Repräsentation von Frauen und anderen marginalisierten Gruppen in gesellschaftlichen bzw. wirtschaftlichen Machtpositionen ist ein Zeichen dafür, dass Menschen gesellschaftliche Veränderungen wollen, aber nicht dafür, dass es tatsächlich ebendiese Veränderungen gibt. Hier gilt es, aufmerksam zu sein, ob Veränderungen innerhalb des Systems tatsächlich die Lage und Mitsprache von Frauen und Minderheiten verbessern oder ob es sich um Veränderungen handelt, die der Kapitalismus deswegen gut zulassen kann, weil sich an seiner Funktionsweise nichts ändert und somit auch nicht an der Lage der betroffenen Klasse. Oder um eine Veränderung, bei der es sich eigentlich um zielgruppengerechtes Marketing handelt. Die Verbesserung des Status einer Frau, einer Mutter in einer Gesellschaft bedeutet häufig nur, dass sich die Situation der Frau in einem

Maße verbessert, welches ihr einen gewissen Einfluss im Patriarchat verspricht. Hier muss man aufpassen, dass man nicht die Klassenprivilegien, die Chancen und Möglichkeiten von Frauen höherer Schichten mit der Veränderung der Gesamtsituation von Frauen als Klasse verwechselt. Während wirtschaftliche Macht zu haben und über persönliche Autonomie zu verfügen, eine bessere Kontrolle über das eigene Leben bedeuten, als dies in Gesellschaften, in denen Frauen keine wirtschaftliche Macht haben, der Fall ist, bedeutet dies allerdings nicht „Freiheit" für alle Frauen, solange das Patriarchat nicht grundsätzlich verändert beziehungsweise abgeschafft wird. Reformen verbessern zwar die Lage von Frauen und sind mitunter ein wesentlicher Bestandteil oder auch Ziel von Emanzipationsprozessen, werden aber das Patriarchat nicht grundsätzlich verändern oder eine Verbesserung für alle Frauen, für Frauen als Klasse, herbeiführen.

Ein Feminismus, dem es reicht, die Zustände für einige Frauen zu verbessern und nicht für alle, wird gegen Patriarchat und Kapitalismus nicht viel ausrichten können. Ein Feminismus, dem es reicht, dass wir alle irgendwie gemeinsam das Patriarchat abschaffen wollen, wird dieses Ziel nicht erreichen, wenn er nicht genau auf dessen Wurzeln und Funktionsweise schaut.

Nur weil irgendwo „Choice" draufsteht, ist noch lange nicht Feminismus drin

Ob irgendetwas „feministisch" ist oder nicht, wird häufig am konkreten Beispiel diskutiert. Die Beine rasieren, Make-up tragen, sich für die Hausfrauenrolle entscheiden. Wenn zum Beispiel sich die Beine zu rasieren als feministisch gesehen wird, dann häufig mit dem Verweis darauf, dass man Frauen zutraue, eigene Entscheidungen zu treffen, und dass Frauen sich dann selbstbewusst fühlten und demzufolge mehr erreichen könnten. Aber ich denke, wir können uns zutrauen, da ein bisschen ehrlicher zu uns selbst zu sein: Wenn wir uns mit etwas wohlfühlen, das der klassischen Frauenrolle entspricht, dann ist das einer der Gründe dafür, dass wir in einem System sozialisiert sind, das genau das von uns verlangt. Wir sind „richtig", wenn wir uns die Beine rasieren oder uns schminken. Wir werden dafür anerkannt oder zumindest nicht abgewertet. Sich die Beine zu rasieren, passiert nicht in einem Vakuum, sondern in unserer konkreten Gesellschaft, die ein ganz bestimmtes Ideal hat, wie Frauen sein sollten. Wir existieren alle nicht außerhalb dieser Gesellschaft. Solange Frauen sich schämen, wenn sie unrasiert sind, sind wir überhaupt nicht an dem Punkt, wo „jede einfach für sich entscheiden" kann, ob sie sichtbare Haare trägt. Denn wie soll man sich dafür entscheiden, wenn Körperhaare als „unästhetisch", als „hässlich" und „unhygienisch" gelten, höchstens im Winter getragen werden „dürfen", aber nur, wenn man in einer festen Beziehung oder Single ist, und nicht beim Dating, oder wenn darüber geredet wird, wie man mit Achselhaaren stinkt. Aber wenn Frauen sich wirklich die Körperhaare entfernen wollen? Ja, niemand will dir das wegnehmen.

Es geht nicht darum, Frauen individuell vorzuwerfen, was sie machen. Was ich will, ist eine Gesellschaft, in der man nicht mehr abgewertet wird, wenn man nicht der Frauenrolle entspricht. Denn nur dann kann man eine annähernd freie Entscheidung treffen. Ich will, dass Frauen sich selbstbewusst fühlen können, ohne dass sie dafür ihren Körper verändern müssen. Wir tun uns keinen Gefallen damit, wenn wir beispielsweise Schönheitsoperationen an Frauen im Patriarchat mit persönlichem Glück rechtfertigen, vielmehr sollten wir daran arbeiten, dass dieses persönliche Glück ohne invasive Eingriffe erreicht werden kann. Dabei geht es nicht darum, Frauen, die beispielsweise eine Brustvergrößerung machen lassen, individuell zu kritisieren oder zu verurteilen, sondern es geht um die Kritik an den misogynen, patriarchalen Strukturen, die dahinterstecken, und an der Art, wie uns suggeriert wird, dass wir als Frauen nie gut genug und nur dazu da sind, sexy zu sein.

Und ja, gesamtgesellschaftlich wäre es schon cool, wenn ein paar mehr Frauen sich nicht schminken, sich nicht die Beine rasieren würden. Denn auch wenn ich weder für das System insgesamt verantwortlich noch besonders einflussreich bin, dieses zu verändern, signalisiere ich dennoch mit meinem persönlichen Verhalten in Bezug auf mein Geschlecht, wie Frauen sein sollten oder wie Frauen sein könnten. Wenn man im Sommer meine Beinhaare sehen kann, kann man damit auch sehen, dass es eine Option für Frauen ist, behaart zu sein. Ja, klar sind es die Strukturen, der Kapitalismus, das Patriarchat, die uns alle in eine bestimmte Richtung drängen. Aber wenn ich im Sommer meine Beine rasiere, signalisiere ich damit auch: So sind Frauen, Sommerkleid und haarlose Beine. Es ist wichtig, unrasiert in der Öffentlichkeit zu sein, um zu zeigen: So können Frauen auch sein.

Wir sollten zumindest so ehrlich zu uns selbst sein, darauf zu schauen, dass wir diese Strukturen reproduzieren, wenn wir ihnen nachgeben. Das bedeutet nicht, dass wir schuld an den Zuständen sind. Die Geschlechterrollen, die Klischees, nach denen wir sozialisiert werden, prägen unsere gesellschaftlichen Narrative, die beeinflussen, wer wir sind und was wir wollen. Natürlich ändert sich nichts, weil Einzelne etwas anders machen. Aber wir sollten trotzdem auch als Einzelne etwas anders machen, aus Solidarität mit denen, die auch anders leben wollen, und als Signal, dass wir die Wurzel des Systems verändern wollen, dass wir gesamtgesellschaftlich, dass wir wirtschaftlich andere Schwerpunkte setzen wollen, dass wir anders leben wollen. Und dass wir für andere etwas bewegen wollen.

Ich halte insgesamt wenig von Debatten darüber, ob irgendwas „feministisch" sei, wenn dies dann am Individuum festgemacht wird, ohne die Strukturen anzuschauen. Vor allem deswegen, weil es häufig nur darum geht, irgendwas positiv hervorzuheben, was Frauen sowieso machen, und das unabhängig vom emanzipatorischen Potenzial. Vor allem weil es auch viel zu häufig dafür genutzt wird, zu sagen: „Ich fühle mich empowered", wobei das nicht das Gleiche ist wie eine selbstbestimmte Wahl aus mehreren Optionen treffen zu können, ohne dass eine oder mehrere größere Nachteile damit einhergingen. Power, also Macht, ist, wenn man Nein sagen kann, ohne dass das negative Konsequenzen hat. Es gibt einen Unterschied zwischen sich selbstbewusst fühlen und tatsächlich praktisch mehr Macht haben, Entscheidungen zu treffen und das eigene Leben selbstbestimmt zu gestalten. Es geht nicht darum, Frauen für ihre individuellen Entscheidungen und Verhaltensweisen infrage zu stellen, sondern darum, die Gründe zu kritisieren, die sie dazu bringen, diese Entscheidungen zu treffen.

Ähnlich gilt das auch für Mutterschaft. Mutter zu werden, passiert in einem Kontext, in dem Kinderlosigkeit bei Frauen als „unnormal" gilt und Mutterschaft als „weibliche Erfüllung". Hausfrau oder Zuverdienerin zu werden, passiert in einer Gesellschaft, in der das das „normale“ Modell ist. Aber was ist dann mit Frauen, die gerne viel Care-Arbeit machen wollen? Das ist doch total legitim, oder? Tja, nur weil irgendwo „Choice“ draufsteht, ist noch lange nicht Feminismus drin. Das Trügerische ist, dass es gar nicht unbedingt zu mehr Wahlfreiheit für Frauen führt, wenn uns die klassischen Frauenrollen oder klassischen „Frauentätigkeiten“ als freie Wahl verkauft werden. Und so sehr es sich „antikapitalistisch“ anfühlen mag, ist es nicht antikapitalistisch, sich durch die Hausfrauenrolle dem Arbeitsmarkt zu entziehen und stattdessen zu Hause unbezahlte Care-Arbeit zu machen. Dass Frauen das machen, ist Teil der gegenwärtigen kapitalistischen, patriarchalen Strukturen.

Von konservativer Seite wird gegen feministische Bestrebungen mit der Wahlfreiheit der Frau, doch Hausfrau und Mutter zu werden, argumentiert. Dies impliziert, dass eine konservative politische Agenda Frauen eine Wahlfreiheit bieten könne. Aber de facto ist es in einem derartigen konservativen Gesellschaftsentwurf nur möglich, Hausfrau und Mutter zu werden, wenn man einen Ehemann hat, der dafür bezahlt, und man gleichzeitig bereit ist, sich in ein Abhängigkeitsverhältnis zu begeben. Die Freiheit, sich für ein Abhängigkeitsverhältnis entscheiden zu können, führt nicht zur Befreiung der Mutter. Wenn ich keine andere Wahl habe, sondern nur diese eine, ist es mit der Freiheit nicht weit her. „Du hast es dir doch so ausgesucht!“, heißt es häufig, wenn man die Bedingungen kritisiert, denen Mütter unterworfen sind. Aber es hat alles einfach nix damit zu tun, dass „man das für die Kinder ja gerne macht“. Ich kümmere mich auch gerne um meine Kinder, aber inwiefern soll es denn bitte Sinn ergeben, dass ich deswegen materiell weniger abgesichert sein soll? Wenn Frauen und insbesondere Mütter nicht wählen können, wie sie leben wollen, dann ist mit den Strukturen, die das verursachen, etwas nicht in Ordnung.

Natürlich ist es auf den ersten Blick logisch nachvollziehbar, dass der weniger gut verdienende Elternteil zu Hause bleibt. Natürlich ist es auf den ersten Blick logisch nachvollziehbar, wie die bürgerliche Kleinfamilie aufgebaut ist. Frauen, die wirklich gerne Care-Arbeit leisten wollen, können das gerne in einer Gesellschaft, in der Frauen nicht die Einzigen sind, die Care-Arbeit machen (müssen), und in welcher Mütter materiell versorgt sind, machen. Aber genau das zu tun, was wir im Patriarchat tun sollen, sich „zufällig" genau in die gleiche Nische zu begeben, in der uns das Patriarchat sehen will, hat mit Feminismus nichts zu tun. Das heißt nicht, dass es deswegen „schlecht" ist oder dass Frauen selbst schuld an ihrer Situation sind. „Nicht feministisch" ist nicht das Gleiche ist wie „antifeministisch".

Patriarchat ist nicht nur Zwang, wie man es beispielsweise von (historische) Frauen ausschließenden Gesetzen kennt. Sondern eine modernisierte Form des Patriarchats funktioniert über vermeintliche Zustimmung, wobei die Zustimmung die Gestalt einer Übereinstimmung mit der Geschlechterrolle annimmt. Nicht Zwang gibt den Weg für Frauen vor, sondern Frauen sollen als vermeintlich frei wählende Subjekte den für sie geltenden patriarchalen und kapitalistischen Normen entsprechen. Frauen sollen glauben, dass sie Dinge tun, weil sie es wollen. Aber eigentlich werden Frauen so sozialisiert, dass sie ganz bestimmte Sachen wollen sollen, hübsch oder Hausfrau werden zum Beispiel. Und wenn dann vor allem der Ehemann davon profitiert und der Frau die Altersarmut droht, dann heißt es: „Du hast es ja so gewollt." So werden patriarchale Zustände legitimiert. Wenn Feminismus „Frauenbefreiung“ heißt, dann darf das nicht bedeuten, dass Frauen durch Geschlechterrollen, und egal wie sanft es auch sein mag, in eine bestimmte Richtung gedrängt werden, sondern dass sie selbst entscheiden können, wie sie leben, unabhängig von männergemachten Strukturen und ohne männliche Kontrolle.

Wenn wir als Frauen den Regeln des Patriarchats folgen, aber alle freiwillig, weil die Anerkennung, die wir dafür bekommen, sich wie Empowerment anfühlt, dann haben wir davon trotzdem keine Power, selbstbestimmt unser Leben zu gestalten. Und so leid es mir tut bzw. so gut ich das nachvollziehen kann, aber es hat nun einmal nichts mit Befreiung zu tun, sich genau in die Geschlechterrolle zu fügen, die das System für eine Frau vorgesehen hat. Wenn alles, was du machst, „feministisch“ ist, weil du eine Frau bist, dann kann ja alles so bleiben, wie es ist, nein danke.

So wie es wenig bringt, die sexistischen Strukturen in unserer Gesellschaft am Beispiel der individuellen Frau, die ihre Achseln rasiert, zu diskutieren, bringt es nicht sonderlich viel, Hausfrauen oder Zuverdienerinnen vorzuwerfen, dass sie nicht emanzipiert sind. Der Ausweg daraus, dass Hausfrauen wirtschaftlich abhängig sind und diese Abhängigkeit beispielsweise bei einer Scheidung der direkte Weg in die Altersarmut sein kann oder, schlimmer, wirtschaftliche Abhängigkeit bei häuslicher Gewalt einfach gefährlich ist, ist nicht, dass Frauen sich auf dem Arbeitsmarkt mehr Mühe geben müssen. Einerseits weil dort der Ausbeutungscharakter der kapitalistischen Warenwirtschaft unumgänglich ist, andererseits weil so indirekt die Schuld für die sexistischen Strukturen der Frau angelastet wird, so nach dem Motto: „Wenn du dir genug Mühe gibst, kannst du alles erreichen (und wenn du nicht alles erreichst, hast du dich eben nicht genug angestrengt).“

Es gibt für Mütter keine gute Wahl, die sie treffen können. Werde ich Hausfrau, ist zwar gelöst, wer die Care-Arbeit macht, aber ich begebe mich in ein Abhängigkeitsverhältnis. Wenn ich Zuverdienerin bin, ist das ähnlich. Als Mutter die Hauptverdienerin in der Familie zu sein, ist natürlich möglich, aber mit viel Anstrengung und gegebenenfalls mit finanziellen Einbußen verbunden, weil die Strukturen nicht darauf ausgelegt sind. Wenn ich alleinerziehend bin, habe ich erst recht kaum eine Wahl. Wenn ich Kinder habe, die gepflegt werden müssen, habe ich erst recht kaum eine Wahl. Wenn ich selber Einschränkungen habe, habe ich erst recht kaum eine Wahl. Natürlich haben individuelle Familien unterschiedlich viel Spielraum, je nachdem, wie ihre Einkommensverhältnisse sind, ob sie aufgrund anderer Merkmale als Geschlecht zusätzlich diskriminiert werden, welche innerfamiliären Vorstellungen von Geschlechterrollen vorherrschen, wie die regionalen Kinderbetreuungsstrukturen ausgebaut sind etc.

Was kann ich als Mutter tun, wenn ich selbstbestimmt leben will?

Es ist in unserer Gesellschaft nicht möglich, frei zu leben. Trotzdem gibt es Lebensmodelle, die mehr Selbstbestimmung versprechen als andere. Und es gibt auch innerhalb des kapitalistischen Systems Möglichkeiten, mit der Unterdrückung und Ausbeutung von Müttern umzugehen, die zwar nicht die grundlegende Problematik abschaffen, aber für Mütter immerhin den Umgang damit erleichtern: Die Lohnungleichheit zwischen Männern und Frauen gesetzlich stärker zu regulieren, also den Gender-Pay-Gap zu schließen; Care-Arbeit auf eine Art finanziell zu wertschätzen, die den Renten-Gap verhindert; keine Gehaltsabzüge, wenn das Kind krank ist; familienfreundliche Unternehmensstrukturen, wie keine Meetings nach 16 Uhr; ein Steuermodell, das Allein- und Getrennterziehende nicht schlechter stellt als Verheiratete; die 30-Stunden-Woche für Eltern – all das sind Beispiele für Reformen, die die Situation von Müttern und Familien verbessern würden. Aber nicht grundsätzlich. Nicht für alle Familien. Wenn ich im Niedriglohnsektor mit einer 40-Stunden-Woche zu wenig Geld verdiene, nutze ich die 10 Stunden, die bei Einführung der 30-Stunden-Woche frei werden, nicht für Care-Arbeit, sondern für einen zweiten Job. Auch ein anderes Steuermodell bringt denen, die zu arm sind, um überhaupt Steuern zu zahlen, nichts. Auf die systemimmanente Ausbeutung von Arbeiterinnen und Arbeitern haben derartige Reformen ebenfalls keinen Einfluss.

Das heißt nicht notwendigerweise, dass wir deswegen diese Art von Reform nicht machen sollten. Das heißt, dass wir uns darüber im Klaren sein sollten, dass wir so viel mehr machen müssen, wenn wir eine Gesellschaft wollen, in der wir Sexismus bekämpfen, und zwar von der allgemeinen Abwesenheit von Empathie für Frauen bis zur konkreten sexuellen Gewalt. Wenn wir Fairness und Solidarität wollen, wenn wir Ausbeutung und Unterdrückung nicht abmildern, sondern abschaffen wollen, wenn wir eine Gesellschaft wollen, in der Care-Arbeit von Männern kein „Mithelfen" ist, in der die Vereinbarkeit von Beruf und Familie kein „Frauenthema" mehr ist, müssen wir weiter denken und handeln.

Eine individuelle, ebenfalls nicht das System grundlegend verändernde Strategie, mit der eigenen Mutterschaft umzugehen, kann sein, so gut es geht mit der Mutterrolle zu brechen: Einfach davon ausgehen, 50:50-Elternschaft wäre das übliche gesellschaftliche Modell, und dementsprechend handeln, einfach mehr fordern, einfach Arbeit liegen lassen: Feministische Mutterschaft bedeutet für mich persönlich, dass ich mich nicht von den üblichen Rollenklischees einengen lassen möchte. Wenn wir als Familie etwas unternehmen, dann bringe ich keine klein geschnittenen Möhren und Gurken mit. Ich springe auch nicht sofort auf, wenn das Kind eine neue Windel braucht. Ich beschwere mich öffentlich beim Elternabend in der Kita über die überzogene Erwartungshaltung an Mütter, wenn es heißt, dass wir das Essen in der Vesperbox bitte auch hübsch anrichten sollen. Ich spitze auch nicht über die Ferien die Stifte von meinem Schulkind an, wenn die Lehrerin die Eltern darum bittet. Ich fühle mich tatsächlich einfach nicht zuständig dafür, ständig für die Kinder alles machen zu müssen, nur weil ich die Mutter bin.

Nicht nur die Gesellschaft, in der wir leben, hat Einfluss darauf, wie unsere Kinder sozialisiert werden. Auch wir als Eltern sind Vorbilder für unsere Kinder, und unser Handeln beeinflusst die Erfahrung der Kinder. Wenn ich will, dass sich Sachen verändern, muss ich auch in der Praxis Sachen anders machen. Wir sollten nicht nur vermitteln, dass wir für Gleichberechtigung einstehen und emanzipatorische Werte teilen, wir sollten auch darauf schauen, wie unsere konkrete Familie diesbezüglich positioniert ist. Ich finde es eine schöne Idee, Kinderbücher vorzulesen, in denen Mädchen Astronautinnen werden können und Jungs weinen dürfen. Noch schöner finde ich, wenn es in der Paarbeziehung nicht nur die Mama ist, die sich Gedanken um die Erziehung macht, im Internet nach Kinderbüchern ohne Geschlechterstereotype sucht oder aus der Bücherei ausleiht und sie dann abends vorliest.

Ich finde es wichtig, mir immer wieder zu vergegenwärtigen, dass eben nur 50 Prozent der anfallenden Care-Arbeit in Bezug auf meine Kinder meine Verantwortung sind. Trotzdem funktioniert das nicht für alle Frauen gleich gut. Weil es eben in der Praxis nicht so einfach ist, wie es sich sagt. Manche haben es vielleicht schwer mit ihrem schlechten Gewissen. Den Preis für den Widerstand zahlt nämlich leider wieder die Mutter. Wenn die Stifte vom Kind nicht angespitzt sind, wird die Lehrerin mich darauf ansprechen und nicht den Vater. Auch wenn ich so einige Sachen nicht für meine originäre Aufgabe als Mutter halte, sieht das die Gesellschaft leider anders und ich bin die „Rabenmutter".

In manchen Familien gibt es eine Dynamik in der Beziehung, bei der der Mann häufiger das letzte Wort hat, als es gut ist für eine Beziehung auf Augenhöhe. Da führt dann vielleicht ein bewusstes Nichtwechseln der Windeln nicht dazu, dass der Papa das macht, weil der sich nicht verantwortlich fühlt. Bei vielen Alleinerziehenden bringt Fordern einfach gar nichts. Männer, die sich weigern, sich um ihre Kinder zu kümmern oder Unterhalt zu zahlen, gibt es leider nicht wenig, und in der Regel gibt es dafür keinerlei Konsequenzen. Da kann man noch so viel vom Vater fordern, für so manche alleinerziehende Mutter ist es Realität, dass der Vater sich verweigert und sie nichts dagegen tun kann. Eigentlich sollte es sowieso nicht die Aufgabe von Frauen sein, etwas einzufordern. Eigentlich sollte es nicht die Aufgabe von Frauen sein zu erklären, wie überlastet sie mit der vielen Care-Arbeit sind, wie scheiße es sein kann, so wenig wertgeschätzt zu werden, und was eigentlich Mental Load ist.

Aber damit wir den Raum haben, selbst über unser Leben zu bestimmen und nicht nur notdürftig zu versuchen, Familie und Beruf zu vereinbaren, den Raum für Freizeit, zum Schreiben, Nachdenken, für Bildung usw., brauchen wir Männer, die sich aus Eigeninitiative um Kinder und Haushalt kümmern. Und die am besten noch theoretisch bereit sind, sich alleine um die Kinder zu kümmern, so wie wir als Mütter das sicherheitshalber immer einkalkulieren müssen. Weil ich mich als Mutter in dieser Gesellschaft nur um mich selbst und meine Interessen kümmern kann, wenn da jemand ist, der für den Rest da ist.

Für Frauen in Heterobeziehungen gibt es allerhand Tipps und Tricks, wie man mit der „Vereinbarkeitsproblematik“ umgehen könnte. Manche davon sind, pragmatisch gesehen, gar nicht so schlecht: Man sollte darüber reden, wer für den Haushalt zuständig ist, bevor man mit einem Mann zusammenzieht. Man sollte darüber reden, wer für die Kinder zuständig sein wird, bevor man welche bekommt. Man kann die eigenen Rollenbilder kritisch reflektieren. Man kann einen Putzplan machen, einen Haushaltsplan, einen Finanzplan. Und es gibt Apps zum Tracken der Care-Arbeit. Letztendlich ist leider keine dieser Möglichkeiten besonders wirkungsvoll, wenn nur eine Partnerin dahintersteht. Und letztendlich stellen all diese Tipps nur ein Verwalten des ungerechten Istzustandes dar, unter dem Frauen und Mütter leiden.

Die Mutterrolle abschaffen

Alles, was wir als Frauen, als Mütter, als Väter tun, wird letztendlich an unseren Geschlechter- und Elternrollen gemessen. Damit wir gar nicht erst in diese Situation kommen, müssen wir die Geschlechterrollen abschaffen. Sowohl die Frauen- als auch die Mutterrolle sind Geschlechterrollen, was bedeutet, dass es sich um gesellschaftliche Verhaltenserwartungen handelt, wie Frauen und Mütter handeln sollten, eingebettet in eine gesamtgesellschaftliche Vorstellung, wie Frauen und Mütter *nun mal sind.* Aber auch Männern und Vätern wird eine soziale Rolle zugeschrieben, wie sie sein und sich verhalten sollten.

Bereits die Existenz der Geschlechterrollen als solche stellt insofern einen Unterdrückungsmechanismus dar, als dass der zugeschriebene Aspekt der Geschlechterrolle, der sich für eine Person passend anfühlt, eine andere Person der Gruppe nicht repräsentiert. Die Tatsache, dass alle Frauen Individuen sind, macht es unmöglich, ein für alle Frauen passendes Attribut von Geschlechterrolle zu finden. Das heißt, von der Fortpflanzungsveranlagung einmal abgesehen, gibt es keine einzige Sache, die Frauen gemeinsam ist oder die diese auszeichnet. Die materielle Realität weggenommen, bleiben nur mehr Klischees. Das Konzept von Geschlechterrollen ist deswegen nicht nur schädlich in ihrer Auswirkung auf Individuen, die in ihrem einzigartigen Charakter zwangsläufig nicht komplett in so eine Rolle hineinpassen können, sondern die Vorstellung, dass wir Verhaltensmerkmale mit einem biologischen Geschlecht in Verbindung bringen können oder dass ein biologisches Geschlecht spezifische Vorlieben, Interessen, Kompetenzen etc. mit sich bringen würde, ist an sich fehlerhaft.

Es gibt immer wieder Punkte, an denen sich Geschlechterrollen und Persönlichkeit der Einzelnen samt ihrer persönlichen Freiheit widersprechen. Deswegen und weil Abweichungen von der assoziierten Geschlechterrolle bestraft werden, können wir nicht innerhalb der

Geschlechterrollen befreit werden. Jemanden innerhalb der Grenzen von Geschlechterrollen befreien zu wollen, ist überhaupt keine Befreiung, sondern ein Widerspruch. Auch der Versuch, diesen Widerspruch aufzulösen, indem als „männlich" oder „weiblich" definierte Inhalte nicht mehr als zwei separate Geschlechterkategorien, sondern als Spektrum neu definiert werden, ist zum Scheitern verurteilt. Der Glaube an ein geschlechtsspezifisches Spektrum enthält immer noch die Idee einer eindimensionalen Variation zwischen zwei Extremen maximaler „Männlichkeit" und „Weiblichkeit", die so in der Praxis nicht vorzufinden ist.

Auch „moderne" Definitionen von „Männlichkeit", „Weiblichkeit" oder „Mütterlichkeit" sind letztendlich kein guter Kompromiss, sondern ein Widerspruch, da der Mechanismus der gleiche bleibt, egal ob ich ein Frauenbild von 1950 imaginiere oder eines von 2020. Da die Geschlechterrollen auch die Funktion haben, die unterlegene Position von Frauen, insbesondere Müttern, in Kapitalismus und Patriarchat zu gewährleisten, wird es nicht funktionieren, konkrete Gleichberechtigung herzustellen, solange das Zuweisen einer Geschlechterrolle nicht aufhört. Zudem ändert sich nichts an den Problemen, auf die man zwangsläufig stößt, wenn Menschen sich in eine vorgefertigte Geschlechterkategorie einfügen sollen. Wenn wir unsere Selbstbeschreibung als Mann oder Frau mit einem sozial oder kulturell konzipierten Inhalt füllen, tragen wir dazu bei, bestimmte Interessen, Vorlieben, Kompetenzen etc. mit einem bestimmten Geschlecht zu verknüpfen, so progressiv oder unverdächtig der konkrete Inhalt auch sein mag.

Geschlechterrollen sagen nicht nur, dass Männer so und Frauen ganz anders sind, sie hierarchisieren zudem zuungunsten von Frauen. Frauen sind nicht nur die andere Seite der Medaille, Frauen sind die schlechtere Seite. Geschlechterrollen stellen also nicht nur eine Einschränkung dar, wenn es darum geht, die eigene Persönlichkeit zu entwickeln oder in seinen persönlichen Facetten wahrgenommen zu werden. Sondern sie beinhalten auch die konkrete Abwertung von Frauen. Angesichts der Tatsache, dass es eine Hierarchie ist, die die „Männlichkeit" der „Weiblichkeit" vorzieht, werden Frauen, denen die weibliche Geschlechterrolle zugewiesen wird, in jedem Fall bestraft. Sowohl in dem Fall, in dem sie von dieser Rolle abweichen, als auch in dem Fall, in dem sie sich, so gut es geht, der Geschlechterrolle fügen, da die Einhaltung der weiblichen Geschlechterrolle Unterwerfung und Unterordnung bedeutet. Auch Männer werden für eine Abweichung von ihrer Rolle bestraft, insbesondere, wenn sie „minderwertige", „weibliche" Verhaltensweisen, Persönlichkeitsmerkmale oder Interessen zeigen. Trotzdem ist die männliche Rolle die als höherwertig angewiesene, sodass Männer auch vom Gefüge der Geschlechterrollen profitieren. Zudem beziehen sich Geschlechterrollen für Frauen nachteilig aufeinander: Frauen werden dazu sozialisiert, nicht gut Nein sagen zu können, weil sie nicht unfreundlich und immer für die anderen da sein sollen, Männer werden dahingehend sozialisiert, dass sie bekommen, was sie wollen, wenn sie sich nur dominant durchsetzen, und dass ihnen das, was sie auf diese Art bekommen können, auch zusteht.

Dass Geschlechterrollen den Menschen nicht materiell innewohnend sind, heißt auch, dass sowohl Geschlechterrollen selbst veränderlich sind als auch die Individuen, die sie leben. Positionen zur eigenen Geschlechterrolle können reflektiert werden, Geschlechterstereotype können ausgeräumt werden und das Abschaffen eines spezifischen Geschlechterstereotyps kann auch einen kleinen Schritt in Richtung Befreiung darstellen.

Wenn ich sage, wir müssen die Mutterrolle abschaffen, meine ich damit nicht, dass wir aufhören sollten, uns umeinander zu kümmern. Was wir abschaffen müssen, ist die Zuschreibung und nicht notwendigerweise der Inhalt. Wobei die Inhalte, die wir doch abschaffen sollten, im Patriarchat eher bei der männlichen Rolle angesiedelt sind. Wenn beispielsweise sexuelle Übergriffe passieren, liegt das nicht daran, dass die Frau schlecht Nein sagen kann, sondern am Verhalten des Täters. Hier wird deutlich, wie perfide die Frauenrolle funktioniert: Erst werden Frauen so sozialisiert, dass sie sich vorrangig um andere kümmern sollen und sich selbst zurücknehmen. Dann kann es passieren, dass es schwerfällt, Nein zu sagen, dass man sich verpflichtet fühlt oder sich nicht gut von den Bedürfnissen von anderen abgrenzen kann.

Die Abschaffung der bürgerlichen Kleinfamilie, die mit der Abschaffung der Mutterrolle notwendigerweise zusammenhängt, ist ein Thema, mit dem von konservativer und rechter Seite immer wieder Politik gemacht wird. Es werden Ängste geschürt, und es werden düstere Bilder von der Zukunft „unserer Kinder" gezeichnet. Bei der Abschaffung der bürgerlichen Kleinfamilie geht es selbstverständlich nicht darum, dass Menschen nicht mehr in Familien zusammenleben sollten oder dürften. Es geht darum, das Sich-umeinander-Kümmern so zu gestalten, dass sowohl die Bedürfnisse der Eltern als auch die der Kinder berücksichtigt werden können. Wenn Erwachsene Verantwortung füreinander übernehmen und sich die Care-Arbeit teilen, dann ist das eine gute Sache, und ich denke, dass wir in Bezug auf Care-

Arbeit mehr „Dorf" brauchen, als es die bürgerliche Kleinfamilie bieten kann. Denn auch in einem Setting, in dem es nicht mehr die Mutter wäre, die sich häufig in ein Abhängigkeitsverhältnis begeben muss und deren persönlichen Bedürfnisse regelmäßig übergangen werden, ist es eigentlich eine Überbelastung für die bürgerliche Kleinfamilie, auch wenn der Vater viel Care-Arbeit macht.

Es fehlt an Rahmenbedingungen, als Familie in unterschiedlichen Konstellationen zu leben oder in solidarischen Nachbarschaften. Es fehlt an öffentlicheren Care-Strukturen und an einer wohlwollenden gesellschaftlichen Haltung gegenüber der Tatsache, dass es uns als Mensch guttut, Sachen zusammen zu machen, und dass das eben nicht alles in die sowieso schon überforderte Kleinfamilie geschoben werden sollte.

Ich will gleichzeitig bessere Bedingungen für Care-Arbeit und für Frauen die Möglichkeit, selbst zu entscheiden, wie viel sie davon machen wollen. Ich will, dass die Stimme einer Mutter im familiären Aushandlungsprozess nicht mit der Begründung der Lohnarbeit des Mannes irrelevant gemacht werden kann. „Vereinbarkeit von Familie und Beruf" sollte kein Frauenthema mehr sein.

Es ist mir völlig egal, dass man als Frau nicht egoistisch sein soll, aber ich bin so egoistisch, dass ich für mich selbst Feministin bin. Das bedeutet nicht, dass ich unsolidarisch bin oder deswegen Frauen, die von noch viel größerer Unfreiheit betroffen sind als ich selbst, nicht berücksichtigen wollte. Gerade weil es Frauen gibt, die viel krasserer Armut und Gewalt unterworfen sind, brauchen wir einen Feminismus, der nicht nur darauf schaut, wie sich Feminismus kulturell ausdrückt, sondern darauf, wie sich grundlegende Mechanismen von Frauenunterdrückung abschaffen lassen, wie die spezifische Unterdrückung von Frauen unter kapitalistischen Produktionsbedingungen funktioniert und wie sich materielle Versorgung und Sicherheit in einer selbstbestimmten Lebensgestaltung für Frauen realisieren lassen.

Trotzdem ist nichts daran falsch, für sich selbst ein gutes Leben zu wollen. Man muss sich nicht als Frau zuerst für die anderen aufopfern, um danach erst für sich selbst etwas wollen zu dürfen. Das bedeutet auch, dass wir unsere Spielräume nutzen müssen. Dass wir unser Wissen um die Funktionsweise von Patriarchat und Kapitalismus, von Rahmenbedingungen für Familien in unserer Gesellschaft nicht dafür nutzen sollten, in unserer Situation zu verharren. Nicht jede Selbstermächtigung ist neoliberale Selbstoptimierung.

Wir können selbstbewusst sein, wir können für unsere Belange einstehen, wir können unserem Mann sagen, dass er, verdammt noch mal, jetzt die Windel wechseln soll. In diesem Zusammenhang kann es auch hilfreich sein, sich zu vergegenwärtigen, dass „Empowerment“ bei aller Kritik sehr wohl das Potenzial hat, uns Spielräume nutzen zu lassen, uns zu emanzipieren.

Wir müssen uns nicht den Verhältnissen ergeben oder mit dem abstrakten Patriarchat rechtfertigen, dass unser Mann uns nicht als Person auf Augenhöhe wahrnimmt. Wir sollten uns stattdessen von ihm trennen (können). Dafür ist dann auch wieder eine solidarische Gemeinschaft relevant. Und das unabhängig von Liebesbeziehungen oder davon, wer mit wem schläft oder wer kein Paar mehr ist. Und gerade in Fällen, in denen ein biologischer Vater, warum auch immer, nicht zur Verfügung steht, sollte unser Zusammenleben so strukturiert sein, dass da Menschen sind, die sich kümmern.

Deswegen müssen wir die Benachteiligung von Frauen bei der traditionellen Aufteilung von Lohn- und Care-Arbeit abschaffen. Wir brauchen grundlegende gesamtgesellschaftliche und wirtschaftliche Veränderungen und die Abschaffung der einengenden Geschlechterrollen, bei denen es sich um eine sozial und kulturell hergestellte Geschlechterdifferenz handelt – um Freiheit und Gleichwertigkeit für Frauen zu erreichen, Sexismus und sexuelle Gewalt gegen Frauen zu verhindern, die für Frauen nachteiligen Unterschiede zwischen Mutter- und Vaterrolle abzuschaffen und Frausein unabhängig von Männern zu gestalten.

8. Wohin gehen wir?

Es gibt keine einfache Lösung, die ich euch jetzt sage

Ich will hier im letzten Kapitel des Buches keinen Appell schreiben, dass wir uns einfach alle nur irgendwie anstrengen und uns gegenseitig wertschätzend behandeln und Verständnis füreinander entwickeln müssen, um die Gesellschaft zum Besseren zu verändern. Erstens, weil ich fest davon überzeugt bin, dass „sich Mühe zu geben" im privaten Rahmen oder meinetwegen in der Lohnarbeit letztendlich manchmal individuell, aber nie für alle was bringt, solange das große Ganze das unangetastete kapitalistische Patriarchat bleibt. Denn das System, in dem wir leben, ist es, das den verheerenden ökonomischen und sozialen Rahmen vorgibt, sodass sich innerhalb des Rahmens Mühe zu geben natürlich nicht viel bringen kann.

Zweitens erinnert mich so ein Appell unangenehm an die Art und Weise, wie sowieso immer an Frauen appelliert wird, andere gut zu behandeln, für gute Atmosphäre zu sorgen, in der sich alle wohlfühlen, eben Care-Arbeit und emotionale Arbeit zu leisten. Ich will nicht sagen, dass wir als Frauen alle einfach harmonisch zusammenarbeiten sollen, weil es mich sehr nervt, dass Frauen so sozialisiert werden, für Harmonie und Ausgleich zuständig zu sein, weil das auch immer eine mitunter große Zurücknahme bedeutet. Das macht ein Anecken schwer aushaltbar, das macht, dass Bedürfnisse, die gesellschaftlich als für Frauen unpassend gelten, unsichtbar gemacht und damit nicht erfüllt werden. Und letztendlich werden auch echte Kompromisse verhindert, wenn es immer die „am weiblichsten sozialisierten" Frauen sind, die sich zurücknehmen, denn bei echten Kompromissen sollte es doch darum gehen, dass alle Fraktionen ähnlich viel geben und nehmen.

Am Ende dieses Buches soll keine These stehen, die wir an die Wand nageln können. Aber vieles scheint klarer, nachdem wir es uns vor Augen geführt haben. Denn wie so oft versuchen wir Menschen Symptome zu bekämpfen, um uns Linderung zu verschaffen, ohne die Ursachen zu kennen. Wenn wir verstehen, dass auch wenn wir uns mit diesen Themen auseinandersetzen, wir nicht davor gefeit sind, in Rollenbilder zu verfallen und nur allzu bereit sind, das mit persönlichen Vorlieben zu begründen Vorurteile zu hegen, und auch nicht davor, Ideologien zu verkennen, wird uns vieles bewusster.

Es ist systemimmanent, dass Menschen, die in diesem System sozialisiert sind, nicht unabhängig von dessen Funktionsweisen und Rollen sind. An dieser Stelle reicht es nicht, den Schritt zu gehen, das eigene Verhalten individuell zu verändern. Wir müssen weitergehen und die Grundlagen, den Kapitalismus und das Patriarchat betrachten und an der Wurzel Veränderungen herbeiführen. Und genauso wichtig ist es zu verstehen, dass wir in diesem kapitalistischen System und im Patriarchat oft nicht anders können, als so zu agieren, wie diese Strukturen es von uns verlangen, wobei nicht vergessen werden darf, dass es unterschiedlich viel Handlungsspielraum gibt. Wir existieren aber nicht außerhalb des Systems. Die Grundlage zu verändern, muss nicht heißen, dass wir erst alle Symptome nacheinander abarbeiten müssen.

Wir müssen nicht erst gesamtgesellschaftlich die „richtige" Art der geschlechtergerechten Sprache finden, um uns um materielle Gleichstellung zu bemühen, weil Kultur nicht statisch ist und man dementsprechend nicht damit fertig wird, sie möglichst sensibel zu gestalten, und das in einem unsensiblen System. Wir müssen nicht beweisen, dass wir als Selbstversorgerin auf dem Land leben könnten, wenn wir den Kapitalismus kritisieren wollen. Nicht nur, weil Kapitalismuskritik nicht bedeutet, auf den Entwicklungsstand vor der Industrialisierung zurückzuwollen, sondern dass man die Produktionsverhältnisse an etwas anderem als Profit ausrichten möchte, beispielsweise an den sozialen, menschlichen Bedürfnissen. Kritik an der Fleischindustrie darf auch von Menschen kommen, die keine Vegetarier sind. Man muss nicht für jede Konstellation eine Lösung wissen, um die Gesellschaft verändern zu wollen.

Jemandem die Kritik zu verwehren, weil er bestimmte Dinge, die er vertritt, nicht zu 100 Prozent erfüllt oder vermeintlich nicht erfüllt, bedeutet: denjenigen und hier vor allem diejenigen stumm zu machen. Kritik kann sowieso nur innerhalb der gesellschaftlichen Verhältnisse stattfinden und nicht von außen an diese herangetragen werden, da Kritik immer die Kritik einer Person ist, die, egal in welcher Position, im Zusammenhang des Kapitalverhältnisses stattfindet.

Wir sollten mutig sein, weiter zu denken

Wir sollten gesellschaftliche Zustände wissenschaftlich analysieren, kritisch denken und neoliberale Ideen entlarven, auch wenn es wehtut. Wir sollten Wissenschaftsfeindlichkeit nicht nur ablehnen, wenn es um Esoteriker und „Querdenker“ geht, sondern ganz allgemein, wenn wissenschaftliche Erkenntnisse geleugnet werden oder wenn regressive Ideologien mit wissenschaftlich klingenden Versatzstücken vermeintlich legitimiert werden.

Wir müssen kritisch untersuchen, inwiefern unsere Ideen und Vorstellungen in Bezug auf die materiellen, auf die ökonomischen Verhältnisse nicht angemessen sind. Ein solch falsches Bewusstsein kommt zustande, wenn die realen Verhältnisse verzerrt oder einseitig dargestellt und die realen Herrschaftsverhältnisse verschleiert werden. Aus dem Klassencharakter der gesellschaftlichen Verhältnisse im Kapitalismus ergibt sich die Tendenz, dass die Vorstellungen der herrschenden Klasse, die mit den bestehenden Produktionsverhältnissen im Einklang stehen, auch die herrschenden Vorstellungen in der Gesellschaft sind. Während der Ideologiebegriff umgangssprachlich häufig als Synonym für „Weltanschauung" genutzt wird und das vor allem dann, wenn man am anderen eine Weltanschauung zu erkennen meint, die man ablehnt, so meint er im engeren Sinne verbreitete, kulturell übliche Vorstellungen und Deutungsmuster, die als Rechtfertigung für soziale Ungerechtigkeit, Unterdrückung und Ausbeutung dienen und dazu, diese aufrechtzuerhalten.

Ideologie ist also insofern der herrschenden Klasse zuträglich, als dass sie dafür sorgt, dass bestehende Machtverhältnisse reproduziert werden. Wir müssen uns darüber klar werden, wo und welche Ideologien falsche Vorstellungen von den Verhältnissen sind und inwiefern diese unsere politische Kraft einschränken. Zur Kritik der Verhältnisse, zur Überwindung dieser müssen wir uns mit der Funktionsweise der gesellschaftlichen Formen Ware, Wert, Kapital auseinandersetzen. Wir müssen uns darüber klar werden, dass die Vorausgesetztheit von Reproduktionsarbeit nicht nur Bedingung für das Ökonomische ist, sondern auch grundlegend unser vermeintlich Privates strukturiert.

Wir müssen die neoliberalen Verklärungen gesellschaftlicher Exklusions- und Ausbeutungsverhältnisse in den Blick nehmen. Auch wenn es von grundlegender Wichtigkeit ist, sich mit den grundsätzlichen Funktionsweisen von Kapitalismus und Patriarchat in Bezug auf Mutterschaft und die Frauenrolle auseinanderzusetzen und damit, was diese konkret bedeuten, darf man nicht vergessen, dass es noch andere Themen gibt, die in diesem System hervorgebracht werden und die sich in Form von Diskriminierung, weniger Teilhabe und Gewalt äußern. Das heißt, nicht nur die Frauenfrage auf dem Schirm zu haben, sondern auch die rechtsextremen Kontinuitäten, das Zusammenwirken von Sexismus, Rassismus und Antisemitismus in der extremen Rechten sowie die Verbindung dieser zur sogenannten bürgerlichen Mitte. Wir müssen Ideologien kritisch hinterfragen, reflektieren und daraus Schlüsse ziehen, die als vernünftig erscheinen. Dabei müssen wir vermeiden, dass die kritische Auseinandersetzung wieder selbst auf eine Ideologie hereinfällt.

Aufgrund unserer Sozialisation im Neoliberalismus sind wir ein großes Maß an Individualismus, an Selbstoptimierung gewöhnt. Jeder kann es schaffen, jeder ist sich selbst der Nächste. Auch identitätspolitische Diskurse, die auf die Sichtbarkeit des individuellen Struggles abzielen, sind nicht zuletzt deswegen erfolgreich, weil eine den Einzelnen in den Blick nehmende Sichtweise geläufig ist und keine, die das Kollektiv und die darauf bezogenen Bedingungen in den Blick nimmt. Dass es in diesem System nicht möglich ist, dass wir uns dem Geld-für-Leistung-Prinzip oder dem Wohnung-gegen-Geld-Prinzip einfach entziehen können, weil wir es gerade wollen, ist klar.

Aber ich bin davon überzeugt, dass wir, wenn es uns ernst damit ist, die Gesellschaft und das politische System zu einem gerechteren, zu einem partizipativen verändern wollen, Wege finden müssen, nicht nur mit unseren individuell unterschiedlichen Interessen, Vorlieben, Leistungsfähigkeiten und Persönlichkeiten umzugehen, sondern auch damit, dass sich das System nicht auf alle Individuen gleich auswirkt und dass auch unterschiedliche Diskriminierungsformen eine nicht zu unterschätzende Rolle spielen, sowie damit, dass wir unterschiedliche Analysen der Situation haben, dass wir unterschiedliche politische Standpunkte haben und dass wir unterschiedlich viele Ressourcen haben, uns politisch zu bilden und uns politisch zu betätigen.

Trotzdem dürfen wir schreien, dürfen wir wütend sein, dürfen wir fordern. Einige von uns sind erst seit kurzer Zeit Feministinnen, weil sie sich über die Mutterschaft verstärkt mit ihrer gesellschaftlichen Position auseinandergesetzt haben, manche sind Queerfeministinnen, andere Marxistinnen, andere sind linksliberal oder in der SPD oder haben nur so ein Bauchgefühl, dass es ungerecht zugeht in der Welt. Manche finden vor allem Antirassismus wichtig, andere interessieren sich für Frauenrechte, für marginalisierte Gruppen und gruppenbezogene Menschenfeindlichkeit im Allgemeinen, sind Expertinnen bezüglich Antisemitismus oder fokussieren, wie schwierig gesellschaftliche Zugänge und medizinische und pflegerische Versorgung für Menschen mit Behinderung sind. Mit diesen Unterschieden müssen wir irgendwie umgehen. Und so sehr ich mir wünsche, dass Solidarität Grundlage unserer Kämpfe und unserer Überzeugung ist, dass wir ein gutes Leben für alle wollen, denke ich nicht, dass wir das dadurch erreichen, indem wir alle über Gruppendynamik auf Linie bringen.

Mein Ziel ist auch, ehrlich gesagt, nur eingeschränkt ein inklusiver Feminismus für alle, mein Ziel ist die Befreiung von Frauen vom Patriarchat und vom Kapitalismus und allen anderen, die darunter leiden. Ich denke nicht, dass inklusiver Feminismus heißt, dass wir alle das Gleiche in den gleichen Räumen machen, sondern dass wir anerkennen, dass unterschiedliche Gruppen unterschiedliche Partikularinteressen haben, die nicht gegeneinander oder beispielsweise gegen die Interessen von Frauen ausgespielt werden sollten.

Und der wichtigste Punkt ist hier einer, der auf den ersten Blick fast ein bisschen konträr dazu scheint: Wir sollten uns darüber bewusst werden, dass wir trotz unterschiedlicher Positionierungen in unserer Gesellschaft – nicht nur in Bezug auf Antisemitismus-, Sexismus- oder Rassismuserfahrung, sondern auch unter anderem in Bezug darauf, wie wir uns politisch positionieren, welchen Denkschulen wir nahestehen, ob uns das überhaupt interessiert – letztendlich unabhängig von identitätspolitischen Überlegungen denselben systemimmanenten Mechanismen des Kapitalismus und denselben geschlechtsbezogenen, reproduktionsbezogenen Bedingungen unterworfen sind.

Ich will das gute Leben

„Ein gutes Leben für alle" bedeutet nicht nur, dass Zugang zu Ressourcen nicht davon abhängen darf, ob jemand Lohnabhängiger ist oder Anteilseigner an Produktionsmitteln, ob man eine Frau ist und wie innerhalb des kapitalistischen Systems unterschiedliche Diskriminierungsformen auf uns einwirken und zusammenkommen. Ein gutes Leben für alle bedeutet auch ein gutes Leben für Menschen, deren (politische) Überzeugung ich nicht oder nur in Teilen teile.

Wenn wir in einer Gesellschaft leben wollen, in der nicht durch Herrschaft der politische und gesellschaftliche Rahmen vorgegeben ist, in dem wir leben müssen, heißt das, dass wir gemeinsam eine Gesellschaft entwickeln müssen, weil wir alle Anteil an Ressourcen und Entwicklung haben: „Das Wesen der sozialistischen Gesellschaft besteht darin, daß die große arbeitende Masse aufhört, eine regierte Masse zu sein, vielmehr das ganze politische und wirtschaftliche Leben selbst lebt und in bewußter freier Selbstbestimmung lenkt", hat Rosa Luxemburg geschrieben.[81] Eine nicht durch Herrschaft strukturierte Gesellschaft heißt, eine Gesellschaft gemeinschaftlich zu organisieren. Gemeinschaftlich auch mit denen, die eine andere Meinung haben als man selbst.

Weil mich nervt, dass Frauenrolle auch bedeutet, dass man sich fürsorglich pflegend um die anderen kümmern und die eigenen Belange hintanstellen soll, bin ich nicht nur für alle anderen Frauen, die ich alle befreit sehen will, Feministin, sondern auch für mich selbst. Ich will ein gutes Leben für mich. Ich will ein gutes Leben für meine 50:50-Familie aus zwei Kindern und drei Erwachsenen. Und ich will nicht nur Lohn- und Care-Arbeit unter einen Hut bekommen, in einer Rolle, in der ich mich wohlfühle, sondern auch noch darüber hinaus Freizeit und Bildung.

Für mich heißt gleichberechtigte Elternschaft auf Augenhöhe, dass nicht ich, weil ich die Frau bzw. Mutter bin, am Ende doch wieder mehr Care-Arbeit und Mental Load übernehme. Und ich bin immer wieder erschrocken, wie wirkungsmächtig Geschlechterrollen und der deutsche Müttermythos sind und wie diese die Retraditionalisierung bedingen und wie schwer es ist, anders zu leben, weil die gesellschaftlichen Strukturen und politischen Rahmenbedingungen das nicht vorsehen. Um die Bedürfnisse von wirklich allen zu erfüllen, brauchen

---

81 Luxemburg, Rosa: Was will der Spartakusbund? II. In: Die Rote Fahne, Nr. 29, 1918.

wir nicht „bessere Vereinbarkeit“, sondern ein anderes Gesellschaftssystem. Zumal es noch so viel mehr gibt, was Menschen wollen können, wofür sie Raum brauchen.

Ich will nicht nur eine Gesellschaftsform, in der Väter ihre Hälfte der Care-Arbeit machen, sodass Mütter echte Wahlfreiheit haben, sondern auch eine, die außerdem von Solidarität und Kooperation und nicht von Leistung geprägt ist und Zeit und Raum nicht nur für eine faire Verteilung von Lohn- und Care-Arbeit lässt, sondern auch für persönliche Interessen, zwischenmenschliche Erfahrungen, Bildung um der Bildung willen, Aktivismus und das Einfach-mal-nichts-Tun. Als Mütter sollten wir, um Barbara Vinken zu zitieren, „[u]ns selbst zuliebe [...] uns nicht dem Druck des Vorbilds der deutschen Mutter aussetzen. Das bedeutet Abschiednehmen vom deutschen Sonderweg der Weltverbesserung. Wir sollten abfallen vom deutschen Glauben, der in der von Mutterliebe durchdrungenen Familie das Versprechen einer heilen Welt sieht“.[82]

Ich will nicht Männer darum bitten, mir auch Rechte abzugeben. Ich will einen solidarischen Kampf für weltweite Frauenrechte. Ich will Frauenemanzipation. Mütteremanzipation. Ich will, dass Frauen ernst genommen werden, ich will, dass wir effektiv sein können, dass wir einen Einfluss haben, dass unsere Belange relevant sind. Ich möchte auch nicht darum bitten, genug Lebensmittel zu haben. Was wir brauchen, sind Klassenbewusstsein und konkrete Aktion. Konkret veränderte Verhältnisse. Und zwar nicht so, dass ich euch jetzt sage, was ihr machen sollt, und ihr das dann macht, sondern so, dass wir gemeinsam die Gesellschaft gestalten. Eine Gesell-

---

[82] Vinken, Barbara: Die deutsche Mutter, Fischer Taschenbuch Verlag, 2. Auflage, 2011, S. 36.

schaft, in der gilt: „Jeder nach seinen Fähigkeiten, jedem nach seinen Bedürfnissen!“ (Karl Marx)[83]

Ich will die Abschaffung der kapitalistischen Gesellschaftsform mit ihrer durch ein patriarchales, hierarchisches Geschlechterverhältnis legitimierten geschlechtsspezifischen Arbeitsteilung. Und für die, die immer sagen, dass der Kapitalismus ja trotz allem das beste aller Systeme sei wegen der persönlichen Freiheit, die aber komischerweise nicht für die Unterdrückten und Ausgebeuteten gilt, und weil es dem „Markt“ ja auf jeden Fall gutgehen müsse, was auch immer das heißt – dem oder der möchte ich gerne sagen: Das „beste aller Systeme“ ist nicht nur direkt verantwortlich für Ausbeutung und Unterdrückung und hängt nicht nur eng mit ungerechten Geschlechterrollen und der Benachteiligung von Frauen und insbesondere Müttern zusammen, sondern hat auch die Krise unserer Zeit ausgelöst: die Klimakrise. Ich will eine Welt gewinnen, aber wahrscheinlich geht sie gerade komplett zugrunde, denn die kapitalistische Produktionsweise ist unvereinbar mit nachhaltigem Wirtschaften. Das klingt entmutigend.

Aber Kapitalismus ist kein Naturgesetz. Die aus ihm stammenden und ihn umgebenden Ideologien sind keine Unabänderbarkeiten. Das heißt, wir können den Kapitalismus abschaffen und wir sollten den Kapitalismus abschaffen. Wir sollten nicht nur Care-Arbeit gerecht aufteilen, sondern alle anderen Ressourcen auch.

Die Gesellschaft kann sich verändern. Das Wirtschaftssystem kann sich verändern.

Tragen wir unseren Teil dazu bei.

---

83 Marx, Karl: Kritik des Gothaer Programms. Marx-Engels-Werke Band 19. Berlin: Dietz Verlag, 1973, S. 21.

Glossar

Arbeiter
Arbeiter im marxistischen Sinne meint nicht nur Menschen ohne Hochschulabschluss oder klassische Industriearbeiter, sondern die Gesamtheit der Lohnabhängigen, die ihre Arbeitskraft verkaufen müssen.

Ausbeutung
Ausbeutung beschreibt den Zustand, wie sich in einem gesellschaftlichen Kontext eine Gruppe auf Kosten einer anderen, der ausgebeuteten Gruppe bereichert.

Bürgerliche Kleinfamilie
Die bürgerliche Kleinfamilie ist die klassische Familienform, sowohl in konservativen Idealbildern als auch in der konkreten staatlichen Förderung, zum Beispiel in Form des Ehegattensplittings. Sie besteht aus einem verheirateten Heteropaar mit mindestens einem Kind, die miteinander in einem Haushalt leben.

Care-Arbeit
Care-Arbeit, auch Sorgearbeit oder Fürsorgearbeit genannt, bezeichnet die Tätigkeiten des Sorgens und Sich-Kümmerns. Damit sind die Arbeiten in der Familie, wie die Betreuung, Erziehung und Bildung der Kinder, und die Altenpflege gemeint, aber auch Arbeiten für andere Familienmitglieder und den Freundeskreis. Sie schließt unter anderem Putzen, Kochen, Einkaufen, Haushaltsführung mit ein.

Emotionale Arbeit
Emotionale Arbeit wird im Sinne von Care-Arbeit verwendet und meint, für die Gefühle von dritten Personen

da zu sein und sich um diese im Kontext der Beziehung zu kümmern, wie es in unserer Gesellschaft Frauen häufig für ihre Ehemänner tun. Ursprünglich kommt der Begriff Emotionsarbeit aus dem Bereich der Lohnarbeit und bezieht sich auf ein Phänomen, das am ausgeprägtesten in Dienstleistungsberufen anzutreffen ist: die eigenen Emotionen zu unterdrücken und stattdessen Freundlichkeit, Freude oder beispielsweise Interesse zu zeigen, um Kundinnen und Kunden ein gutes Gefühl zu vermitteln.

Geschlecht

Der Begriff Geschlecht wird im Deutschen missverständlich sowohl für das biologische Geschlecht („Sex“) als auch für das soziale Geschlecht („Gender“) verwendet. Das biologische Geschlecht bezieht sich auf den materiellen Teil, also die Fortpflanzungsveranlagung. Das soziale Geschlecht ist kulturellen und individuellen Bedeutungen unterworfen.

Ideologie

Ideologie heißt zunächst allgemein Ideenlehre oder Weltanschauung. Bei Marx bezeichnet sie ein durch gesellschaftliche Vorurteile bzw. Vorstellungen entstehendes, falsches Bewusstsein über die Verhältnisse, das bestehende Herrschaftsverhältnisse rechtfertigt.

Kapitalismus

Der Kapitalismus, in Deutschland auch (soziale) Marktwirtschaft genannt, beruht auf dem Privateigentum an den Produktionsmitteln von einigen und der Lohnabhängigkeit der meisten, woraus sich der Klassengegensatz ergibt, sowie einer Steuerung von Produktion und Konsum über den Markt. Den Unternehmern als Eigentümer des gesamten Produktionskapitals geht es nicht darum, den Wohlstand der Bevölkerung zu verbessern, sondern darum, ihren eigenen Profit zu erhöhen, der von lohnabhängigen Arbeitern für das Unternehmen geschaffen wird, ohne dass diese selbst davon profitieren.

Kommunismus
Kommunismus bezeichnet eine herrschaftslose Gemeinschaft gleichgestellter Menschen, die entsprechend ihrer Bedarfe am Gemeineigentum Anteil haben und in der es dementsprechend keinen Klassengegensatz gibt. Kommunismus stellt die höchste Entwicklungsstufe des Sozialismus dar.

Liberaler Feminismus
Liberaler Feminismus, auch Choice Feminismus, beschäftigt sich mit dem individuellen Weiterkommen von Frauen und setzt dabei auf Leistungsfähigkeit der Einzelnen. Liberaler Feminismus kritisiert das Patriarchat, aber nicht den Kapitalismus.

Lohnarbeit
Lohnarbeit, auch Erwerbsarbeit, bezeichnet die Arbeit gegen Geld, also bei Lohnarbeit gegen Lohn. Erwerbsarbeit bezieht begrifflich beispielsweise Selbstständige, FSJ-lerInnen (FSJ = Freiwilliges Soziales Jahr) und andere mit ein, die nicht im klassischen Sinne Lohn bekommen. Andere Arten von Arbeit sind zum Beispiel unbezahlte Arbeit in Form von ehrenamtlichem Engagement, Sklavenarbeit oder die unbezahlte Arbeit in der Familie, also die Care-Arbeit oder Sorgearbeit.

Marxismus
Marxismus bezeichnet die von Karl Marx und Friedrich Engels begründete Gesellschaftslehre und Theorie der

politischen Ökonomie, zu deren Kernpunkt die von Karl Marx kritisierten kapitalistischen Produktionsverhältnisse gehören. Ihr Ziel besteht darin, anstelle der bisherigen Klassengesellschaft eine klassenlose Gesellschaft zu erreichen.

Der Marxismus ist eine sozioökonomische Analysemethode, die sich auf eine materialistische Interpretation der historischen Entwicklung, besser bekannt als historischer Materialismus, stützt, um Klassenbeziehungen und soziale Konflikte zu verstehen, sowie auf eine dialektische Perspektive, um soziale Veränderungen zu betrachten. Einige marxistische Denkschulen legen mehr Gewicht auf bestimmte Aspekte des klassischen Marxismus, während sie andere Aspekte ablehnen oder abändern. Der Marxismus hatte einen tiefgreifenden Einfluss auf die akademische Welt, darunter die Kulturwissenschaften, Wirtschaftswissenschaften, Bildung, Ethik, Filmtheorie, Geschichte, Literaturkritik, Medienwissenschaft, Philosophie, Politikwissenschaft, Psychologie, Wissenschaftsforschung, Soziologie.

Materialismus
Materialismus meint philosophische Strömungen, die davon ausgehen, dass die gegenständliche und die geistige Wirklichkeit ausschließlich aus Materie bestehen oder auf materielle Prozesse zurückzuführen sind. Das materialistische Denken ist grundlegend für die modernen Naturwissenschaften sowie religionskritische und philosophisch-atheistische Positionen. Die Materie ist dann bestimmend für das Bewusstsein.

Mental Load
Mental Load meint das Tragen der Verantwortung und das Wissen, welche spezifischen Schritte in Bezug auf

eine spezifische Aufgabe nötig sind bzw. in Haushalt und Familie „alles im Blick zu haben“ und zu organisieren. Mental Load kommt auch im Bereich der Lohnarbeit vor.

Misogynie
Misogynie wird auch Frauenhass oder Frauenfeindlichkeit genannt und bezeichnet die kulturell verankerte Verachtung, die Geringschätzigkeit und den Hass gegenüber Frauen, die darauf abzielen, dass Männer höherwertig seien als Frauen.

Queerfeminismus
In Anlehnung an den Poststrukturalismus kritisieren Queerfeministinnen häufig das, was sie als essentialistische Ansichten über Sexualität und Geschlecht betrachten. Stattdessen untersuchen sie diese Konzepte als soziale und kulturelle Phänomene, oft durch eine Analyse der Kategorien, Binaritäten und Sprache, in denen diese dargestellt werden.

Reproduktionsarbeit
Reproduktionsarbeiten sind Tätigkeiten, die zur Erhaltung der menschlichen Arbeitskraft einschließlich der Kinder notwendig sind, die keine Erwerbsarbeitsverhältnisse darstellen, sondern die in den Bereich Care-Arbeit, in Form von beispielsweise Hausarbeit, Pflegearbeit für Alte, Kranke und Behinderte, Kinderbetreuung und -erziehung, oder in den Bereich ehrenamtliches Engagement, zum Beispiel in Form von politischen oder Selbsthilfegruppen, fallen.

Residenzmodell
Das Residenzmodell bezeichnet eine Familienkonstellation, bei der das Kind nach einer Trennung bei einem

alleinerziehenden Elternteil lebt. Der andere Elternteil kann Besuchskontakt haben und ist dem Kind gegenüber barunterhaltspflichtig.

Second Shift
Second Shift bezeichnet die Care-Arbeit, häufig in Form von „die Kinder von Kita und Schule abholen", Einkaufen gehen, die Kinder bespaßen und gleichzeitig das Abendessen kochen, die häufig von Teilzeit, manchmal auch Vollzeit arbeitenden Frauen nach der Lohnarbeit erledigt wird. Während also der Vater in dem Szenario nach der Arbeit Feierabend hat, beginnt für die Mutter nach der ersten Schicht in Form von Lohnarbeit die zweite Schicht als Care-Arbeit. Alleinerziehende Mütter sind hiervon insbesondere betroffen.

Sexismus
Sexismus ist die Diskriminierung aufgrund des weiblichen Geschlechts („Sex"), welche mit der in unserem System fest verankerten Misogynie zusammenhängt.

Sozialisation
Sozialisation bezeichnet den Prozess des Verinnerlichens von sozialen Regeln sowie die Entwicklung der Persönlichkeit während des Heranwachsens in einer Gesellschaft, die durch direkte Einflüsse, wie Erziehung im privaten und in Bildungsinstitutionen, aber auch durch indirektere Einflüsse, wie die Interaktion und Einflüsse der Umwelt, zustande kommt. Sozialisation meint also das Hineinwachsen in soziale Beziehungsnetze.

Sozialismus
Sozialismus gilt als Vorstufe zum Kommunismus. Der Grundgedanke dieser Gesellschaftsform ist Gemein-

schaft und Gleichheit. Es soll keinen Klassengegensatz geben, und Privateigentum (an den Produktionsmitteln, keinesfalls zu verwechseln mit persönlichem Eigentum, niemand will dir deine Zahnbürste oder deine Eigentumswohnung, in der du selbst wohnst, wegnehmen) soll in den gemeinschaftlichen Besitz übergehen, also vergesellschaftet werden.

Unterdrückung
Unterdrückung beschreibt einen Zustand, bei dem Individuen oder Gruppen in ihrer Entwicklung gehindert oder ihrer Rechte beraubt werden.

Wechselmodell
Beim Wechselmodell, auch paritätisches Wechselmodell, verbringen die Kinder gleich viel Zeit bei ihren getrennt lebenden Eltern und wechseln im regelmäßigen Rhythmus zwischen beiden Haushalten. Das „unechte Wechselmodell" ist ein Residenzmodell mit im Vergleich zum Residenzmodell deutlich erhöhtem Umgang mit demjenigen Elternteil, bei dem das Kind weniger wohnt.

Danksagung

Danke Haymon Verlag, dafür, dass ihr dieses Buch möglich gemacht habt.

Danke Vanessa Traue, für dein Feedback. Danke an alle, Freundinnen und Freunde, Genossinnen und Genossen, für eure Solidarität und Freundschaft. You know who you are. Danke an meine Familie, für die Care-Arbeit, die es mir ermöglicht, auch andere Sachen zu sein als Mutter. Danke Jakob Kartschall, für acht Jahre Babysitting, das mir Raum zum Denken gegeben hat.

Mein besonderer Dank gilt Arvid Wruck. Danke fürs Lesen, fürs Fragenbeantworten und für deinen Support. Thank you for being my friend.

Literaturverzeichnis

Bertelsmann Stiftung (hrsg.), Anne Lenze: Alleinerziehende weiter unter Druck. Bedarfe, rechtliche Regelungen und Reformansätze, 2021.

Bleiker, Marco; Gampe, Anja; Daum, Moritz M.: Effects of the Type of Childcare on Toddlers' Motor, Social, Cognitive, and Language Skills. Swiss Journal of Psychology, 2019.

Bundesagentur für Arbeit: Die Arbeitsmarktsituation von Frauen und Männern, 2020.

Bundesministerium für Familie, Senioren, Frauen und Jugend: Familie heute. Daten. Fakten. Trends. Familienreport, 2020.

Bundesministerium für Familie, Senioren, Frauen und Jugend: Gender Care Gap – ein Indikator für die Gleichstellung, unter: bmfsfj.de/bmfsfj/themen/gleichstellung/gender-care-gap/indikator-fuer-die-gleichstellung/gender-care-gap-ein-indikator-fuer-die-gleichstellung-137294.

Bundesministerium für Familie, Senioren, Frauen und Jugend: Kinder, Haushalt, Pflege – wer kümmert sich?, 2021.

Bundesministerium für Familie, Senioren, Frauen und Jugend: Lebenssituation, Sicherheit und Gesundheit von Frauen in Deutschland, 2004.

Bundesministerium für Familie, Senioren, Frauen und Jugend: Männer-Perspektiven. Auf dem Weg zu mehr Gleichstellung?, 2016.

Bundesministerium für Familien, Senioren, Frauen und Jugend: Mitten im Leben – Wünsche und Lebenswirklichkeiten von Frauen zwischen 30 und 50 Jahren, 2016.

Bundesministerium für Familie, Senioren, Frauen und Jugend: Väterreport Update, 2021.

Bundesministerium für Wirtschaft und Energie: Jahresbericht der Bundesregierung zum Stand der Deutschen Einheit, 2021, unter: https://www.bmwi.de/Redaktion/DE/Publikationen/Neue-Laender/2021-jahresbericht-der-bundesregierung-zum-stand-der-deutschen-einheit-jbde.html.

Carlana, Michela: Implicit stereotypes: Evidence from teachers' gender bias, in The Quarterly Journal of Economics, unter: https://academic.oup.com/qje/article/134/3/1163/5368349?fbclid=IwAR1DrDVSfgGVFo3IgHBXhvypJjbTSPVTOWzgifw63kzMdmZ2Qu85NOTfgCg&login=false, 2019.

Crenshaw, Kimberle: Demarginalizing the Intersection of Race and Sex: A Black Feminist Critique of Antidiscrimination Doctrine, Feminist Theory and Antiracist Politics, University of Chicago Legal Forum: Vol. 1989: Iss. 1, Article 8, 1989.

Domscheit-Berg, Anke: Familienpolitik in Ost- und Westdeutschland und ihre langfristigen Auswirkungen, Heinrich-Böll-Stiftung, 2016, unter: https://www.boell.de/de/2016/11/09/familienpolitik-ost-und-westdeutschland-und-ihre-langfristigen-auswirkungen.

Eckert, Till: Diese australische Politikerin stillt ihr Baby im Parlament – und das ist vorbildlich. Die Zeit, 2017, unter: https://www.zeit.de/zett/politik/2017-05/diese-australische-politikerin-stillt-ihr-baby-im-parlament-und-das-ist-vorbildlich.

Flory, Judith: Gender Pension Gap. Entwicklung eines Indikators für faire Einkommensperspektiven von Frauen und Männern. Eine Untersuchung des Fraunhofer-Instituts für Angewandte Informationstechnik (FIT) für das Bundesministerium für Familie, Senioren, Frauen und Jugend, 2011.

Frederick, David A.; John, H. Kate St.; Garcia, Justin R. et al.: Differences in Orgasm Frequency Among Gay, Lesbian, Bisexual, and Heterosexual Men and Women in a U.S. National Sample. Arch Sex Behav 47, 2018.

Hartmann, Bastian: Unterhaltsansprüche und deren Wirklichkeit, SOEP – The German Socio-Economic Panel Study at DIW Berlin, 2014.

Hobler, Dietmar; Pfahl, Svenja; Zucco, Aline: 30 Jahre Deutsche Einheit. WSI Report, Düsseldorf, 2020.

Jones, Claudia: An End to the Neglect of the Problems of the Negro Woman!, 1949, unter: https://palmm.digital.flvc.org/islandora/object/ucf%3A4865.

Kaminsky, Anna: Frauen in der DDR. Berlin: Ch. Links Verlag, 2016.

Lerner, Gerda: Die Entstehung des Patriarchats. Frankfurt am Main/New York: Campus, 1991.

Lühmann, Michael: Meinungskampf von rechts. Über Ideologie, Programmatik und Netzwerke konservativer Christen, neurechter Medien und der AfD, Weiterdenken – Heinrich-Böll-Stiftung Sachsen, 2016.

Luxemburg, Rosa: Was will der Spartakusbund? II. In: Die Rote Fahne, Nr. 29, 1918.
Marx, Karl: Das Kapital. Kritik der politischen Ökonomie. Erster Band. Marx-Engels-Werke Band 23. Berlin: Dietz-Verlag, 1962.
Marx, Karl: Kritik des Gothaer Programms. Marx-Engels-Werke Band 19. Berlin: Dietz Verlag, 1973.MEW 19:21.
Murphy, Emily; Oesch, Daniel: The Feminization of Occupations and Change in Wages: A Panel Analysis of Britain, Germany, and Switzerland in Social Forces Advance Acces, 2015.
Oberlandesgericht Düsseldorf: Düsseldorfer Tabelle 2021, unter: https://www.olg-duesseldorf.nrw.de/infos/Duesseldorfer_Tabelle/Tabelle-2022/index.php.
Peuckert, Rüdiger: Familienformen im sozialen Wandel. Springer Fachmedien Wiesbaden GmbH 9. Auflage, 2019.
Reisin, Andrej: Warum holt der Staat das Geld nicht zurück?, Das Erste: Tagesschau, unter: https://www.tagesschau.de/faktenfinder/inland/unterhaltsvorschuss-111.html.
Rouw, Elien, von Gartzen, Aleyd & Weißenborn, Anke: Bedeutung des Stillens für das Kind: Bundesgesundheitsblatt 61, 2018.
Schiefer, Katrin; Bujard, Martin: Papa arbeitet viel: Arbeitszeit von deutschen Vätern und mögliche Ursachen in Bevölkerungsforschung Aktuell 06, 2012.
Schoep, Mark E.; Adang Eddy M. M.; Maas Jaques W. M. et al: Productivity loss due to menstruation-related symptoms: a nationwide cross-sectional survey among 32 748 women, 2019.
Schröttle, Monika im Deutschlandfunk Kultur, 2021, unter: https://www.deutschlandfunkkultur.de/femizide-in-deutschland-getoetet-weil-sie-frauen-sind-100.html.
Shang, Aijing et al.: Are the clinical effects of homoeopathy placebo effects? Comparative study of placebo-controlled trials of homoeopathy and allopathy, The Lancet, 2005.
Statistisches Bundesamt: Betreuungsquote von Kindern unter 6 Jahren nach Bundesländern, unter: https://www.destatis.de/DE/Themen/Gesellschaft-Umwelt/Soziales/Kindertages betreuung/Tabellen/betreuungsquote.html;jsessionid=E4BE60B2034BB6241FB5D212347F6C11.live721
Statistisches Bundesamt: Qualität der Arbeit; Gender Pay Gap, unter: https://www.destatis.de/DE/Themen/Arbeit/Arbeitsmarkt/Qualitaet-Arbeit/Dimension-1/gender-pay-gap.html.

Statistisches Bundesamt: Pressemitteilung Nr. 146, 25. März 2021, unter https://www.destatis.de/DE/Presse/Pressemitteilungen/2021/03/PD21_146_22922.html.

Statistisches Bundesamt: Qualität der Arbeit; Personen in Elternzeit, unter: https://www.destatis.de/DE/Themen/Arbeit/Arbeitsmarkt/Qualitaet-Arbeit/Dimension-3/elternzeit.html.

Statistisches Bundesamt: Qualität der Arbeit; Eltern, die Teilzeit arbeiten, unter https://www.destatis.de/DE/Themen/Arbeit/Arbeitsmarkt/Qualitaet-Arbeit/Dimension-3/eltern-teilzeitarbeit.html.

Statistisches Bundesamt: Soziales; Eltern- und Kindergeld, unter https://www.destatis.de/DE/Themen/Gesellschaft-Umwelt/Soziales/Elterngeld/_inhalt.html.

Steinbach, Anja; Helms, Tobias: Erste Ergebnisse der Studie „Familienmodelle in Deutschland" (FAMOD), unter: https://www.uni-due.de/imperia/md/images/famod/famod_erste_ergebnisse.pdf, 2021.

Tischewski, Oda: Ich habe panische Angst, jemals wieder schwanger zu werden, Rundfunk Berlin-Brandenburg, unter: rbb24.de/panorama/beitrag/2021/11/geburt-gewalt-frauen-schutz-psychische-folge.html.

Universität Bielefeld; Stiftung EVZ Trügerische Erinnerungen: Wie sich Deutschland an die Zeit des Nationalsozialismus erinnert, 2018.

University of Bath: Gendered Housework: Spousal Relative Income, Parenthood and Traditional Gender Identity Norms, unter: https://journals.sagepub.com/doi/epub/10.1177/09500170211069780, 2022.

Vinken, Barbara: Die deutsche Mutter, Fischer Taschenbuch Verlag, 2. Auflage, 2011.

Wandt, Christina: Uniklinik Essen muss immer wieder werdende Mütter abweisen, Westdeutsche Allgemeine Zeitung, unter: waz.de/staedte/essen/uniklinik-essen-muss-immer-wieder-werdende-muetter-abweisen-id233203627.html.

Whitfield, Charles L.: The „False Memory" Defense: Using Disinformation and Junk Science In and Out of Court. In: Journal of Child Sexual Abuse. 9, Nr. 3–4, 2001.

Wirtschafts- und Sozialwissenschaftliches Institut der Hans-Böckler-Stiftung: Neuer WSI-Verteilungsbericht Mittelschicht: Positive Entwicklung bis zur Corona-Krise – jetzt erleidet vor allem untere Mitte Einkommensverluste, unter: https://www.boeckler.de/de/pressemitteilungen-2675-mittelschicht-positive-entwicklung-bis-zur-corona-krise-36742.htm, 2021.

Wissenschaftliche Dienste des Deutschen Bundestages: Vergewaltigung in der Ehe – Strafrechtliche Beurteilung im Europäischen Vergleich, unter: https://www.bundestag.de/resource/blob/407124/6893b73fe226537fa85e9ccce444dc95/wd-7-307-07-pdf-data.pdf, 2008.

Zucco, Aline; Özerdogan, Anil: Verteilungsbericht 2021, WSI Report, Düsseldorf.

Auflage:
4 3 2
2025 2024 2023

HAYMONverlag
Innsbruck-Wien
www.haymonverlag.at

ISBN 978-3-7099-8178-8

Inhaltliche Betreuung: Haymon Verlag / Katharina Schaller
Lektorat: Verena Zankl
Projektleitung: Haymon Verlag / Lisa-Marie Holzknecht
Buchinnengestaltung nach Entwürfen von: himmel. Studio für Design und Kommunikation, Innsbruck / Scheffau – www.himmel.co.at
Satz: Karin Berner
Satz und Gestaltung Umschlag: Tina Spindlegger
Autorinnenfoto: Haymon Verlag / Mike Auerbach

Linda Biallas arbeitet als Sozialarbeiterin in Berlin und schreibt über ihre eigene Mutterwerdung, über das Leben in einer ungewöhnlichen Familienkonstellation mit zwei Kindern, über das Allein- und Getrennterziehen, vom Sexismus, den sie als Frau erlebt, und dem Schmerz, immer wieder gegen Mauern zu laufen. Und: Sie ist wütend. Wütend, wie viele Mütter es sind. Sie zeigt auf: Wir müssen endlich das System hinterfragen und neue Zukunftsvisionen für das Muttersein im 21. Jahrhundert einfordern.

Linda Biallas arbeitet als Sozialarbeiterin in Berlin und schreibt über ihre eigene Mutterwerdung, über das Leben in einer ungewöhnlichen Familienkonstellation mit zwei Kindern, über das Allein- und Getrenntерziehen, vom Sexismus, den sie als Frau erlebt, und dem Schmerz, immer wieder gegen Mauern zu laufen. Und: Sie ist wütend. Wütend, wie viele Mütter es sind. Sie zeigt auf: Wir müssen endlich das System hinterfragen und neue Zukunftsvisionen für das Muttersein im 21. Jahrhundert einfordern.